谨以本文集，献给 1930 年创建的浙江大学生物学系以及 1952 年以后创建的浙江师范学院、杭州大学生物系的众多先辈师长们。他们在各个历史时期，努力传承浙江大学的治学办学理念，弘扬永远的浙大“求是精神”，培养出了一代又一代杰出的生物科学专业人才。

谨以本文集，表达后辈们对前辈师长永恒的纪念和天长地久的感恩，并且以此向浙江大学 120 周年校庆献礼！

永恒的纪念

少敏敬题

纪念江希明教授诞辰100周年暨缅怀前辈师恩文集

主　编　毛树坚

编　委　（以姓氏笔画为序）

丁　平　丁仁瑞　毛树坚　冯根生
周　宏　邵健忠　项斯端　诸葛阳
管敏鑫　薛艳庄

ZHEJIANG UNIVERSITY PRESS
浙江大学出版社

前　言

本文集表达的是一群后辈对前辈师长的回忆、怀念、纪念以及感恩之情。

本文集记录了浙江大学生物系的一小段历史(1952—1998 年)。浙江大学生物系创建于 1930 年,1952 年院系调整后被撤销。继之而起的是浙江师范学院生物系与杭州大学生物系。1998 年,四校合并,成立了浙江大学生命科学学院。这一段历史,不是浙江大学的历史,又是浙江大学的历史。本文集对这段历史作了一定的诠释。

本文集简要回顾了竺可桢校长与贝时璋先生等老一辈教育家、科学家所倡导的浙江大学生物系的治学、办学理念与“求是精神”。他们倡导的理念和精神通过贝时璋先生的两位学生:浙江师范学院生物系系主任江希明教授与杭州大学生物系系主任陈士怡教授,以及众多浙江大学校友的努力,在不同时期的生物系中,得以继续传承和发扬。

九位耄耋老教授在 2014 年倡议召开“纪念江希明教授诞辰 100 周年暨缅怀前辈师恩座谈会”,座谈会留下了一批非常珍贵的纪念文章。九位老人在与浙大校友会生科院分会同仁商量以后,决定以这批文章为基础,再扩大征稿、约稿,整理出版一册纪念文集,定名为《永恒的纪念——纪念江希明教授诞辰 100 周年暨缅怀前辈师恩文集》。

本文集的作者众多,他们大多数从事生物学教学与研究工作,并不善于一般的写作,甚至视写文章为畏途,加上所处的时代与环境不同,看问题的视角不同,所怀念与追思的对象不同,所记述的内容不同,因此本文集中各文章的文体与风格不同,甚或惯用的语气、词汇、辞藻、方言俚语等等,都有不同。因此,本文集的内容与文字的表达,显得有些杂乱,雅俗不一,良莠不齐。但为求真实与客观,保持作者与文章在精神与感情层面的原汁原味,在编辑过程中,对各篇文章,除了改正少数错别字外,基本都不作处理。这是要向作者与读者说明的,同时也要请予谅宥的。

本文集得以出版面世,除了各位作者的热心供稿与广大校友的真诚支持外,还得到浙江大学生命科学学院前院长、浙江大学校友会生科院分会会长管敏鑫教授的精心参与和策划,以及现任院长彭金荣教授的热情指导。编者才疏学浅,年迈智衰,但在老人们老而弥坚、锲而不舍的崇高道德精神感召下,也为感念师恩,勉力受托主持编务。幸有生命科学学院周宏副教授全力以赴的襄助,又有邵健忠、丁平两位教授的鼓励与参与,才得以完成编纂任务。编委薛艳庄、项斯端、丁仁瑞、诸葛阳四位教授以近九旬高龄,冒暑挥汗,分别审阅全部文稿,以使文集减少失误,并增添璀璨。当然,浙江大学罗卫东副校长的鼎力支持与浙江大学出版社精湛的付梓安排,犹如交响乐演奏进入高潮时的定音鼓,是必不可少的。在此,一并表示衷心的感谢。

主编　毛树坚

2016 年中秋

求是精神的传承

（代序）

薛艳庄

浙江大学自1930年始建生物学系以后，揽集了不少我国早期的生物学家，如贝时璋、罗宗洛、张孟闻、谈家桢、许骧、蔡堡、张肇骞、董聿茂、仲崇信等，他们都是当年生物学各分支学科的翘楚。在抗日战争时期颠沛流亡的办学途中，他们依旧做出了许多可以并肩于国际水准的科研成果，受到国内外学术界的赞誉。

江希明教授早年毕业于浙江大学生物学系，是竺可桢、贝时璋等教育家、科学家的学生，深受浙大“求是精神”的教育与熏陶。后又留学德国慕尼黑大学，受欧洲大陆大学科学精神的培养。在江先生身上，科学精神与求是精神相得益彰。江先生获博士学位后，奔返祖国，报效母校。1951年后，江先生任浙江大学生物学系系主任。

1952年，全国高校院系大调整，浙江大学被调整为工科大学，生物学系被撤销。由此浙江省无一所培养生物学专业人才的大学。好在当年省有关领导，在院系调整中，把浙江大学生物学系系主任江希明教授以及一部分生物学系老教授留在了浙江，请他们立即组建浙江师范学院生物系，仍然聘请江希明教授任系主任。从而在浙江省保留了一块培养生物学人才的基地，江先生他们也得以继续传承浙江大学的治学理念和求是精神。

江希明教授率领当年浙大生物学系董聿茂、王曰玮、吴长春等教授，又调集了一批毕业于浙大的教师，重新组建浙江师范学院生物系。1958年，浙师院合并到杭州大学，由毕业于浙大生物学系而留法归来的陈士怡教授参与并主持杭州大学生物系。由此，无论是浙师院生物系还是杭州大学生物系，都仍然滋养于老浙大的治学办学理念和求是精神的氛围中。而且在后来几十年中，仍然不断地受老浙大治学理念和求是精神的涵盖和辐射，培育出一批又一批的生命科学专业人才，其中不乏奋斗在生命科学研究前沿，而且颇有成就的一批中青年精英人才。

浙江大学在20世纪80年代，重新建立了有关生命科学的专业。90年代末，浙江省四所高校合并成新的浙江大学，汇集四所高校生命科学专业的师资，建成新的生命科学学院。浙江大学生命科学学院，无论是教学、科研的环境与设备，还是人才资源，都居于国内的一流水平，远非历史上各时期的浙大生物学系所能比拟。祝愿新的生命科学学院，继往开来，越办越好，为生命科学的进展，为我国的科技、教育事业的发展与进步作出更多贡献。

回溯悠悠的历史长河源头，展望今天的生命科学学院发展。江希明、董聿茂、王曰玮、陈士怡、吴长春以及老一辈的许多老师，他们在传承老浙大的治学、办学理念过程中都作出了各自的贡献，功不可没，历史不会忘记他们。

九位当年受江希明等教授亲炙的学生，如今也都成了白发苍苍的耄耋老人。他们倡议，在江希明教授诞辰100周年之际，举行一次座谈会，借以缅怀与感恩众位先师前辈的教育与培养。倡议得到广大校友的支持与参与，最后形成了本文集的许多华彩文章。

我认为，这些文章对保存校史，对弘扬浙大的“求是精神”，对探索浙大的治学与办学理念，都是极有用的。再展开一点说，为倡导尊师重教的社会风尚，推崇人类感恩的道德良知，以及鼓励青年学子勤奋治学等等，都有值得借鉴的正能量内容。

负责编辑文集的老友嘱我为文集写序，我把这段历史的过程和自己的一点点看法写出来，或可谓之序。

2015年6—7月于浙大求是村

目　录

座谈会纪实篇

纪念文选篇

历史忆往篇

瞬息永存篇

座谈会纪实篇

倡议书

亲爱的校友：

我们是江希明教授的几名老学生。2013年是江希明教授诞辰100周年。我们怀着崇敬与感恩的心情，倡议在今年教师节期间举行一次“纪念江希明教授诞辰100周年暨缅怀前辈师恩座谈会”，热切盼望您的支持与光临。

历史上的浙大生物学系，拥有一批名师，蜚声国内外。在艰苦卓绝的抗日战争时期的流亡办学中，仍有卓越的研究成果，因而得到国际学者李约瑟博士（英国胚胎生物化学家，《中国科学技术史》作者）等的好评，浙大被誉为“东方剑桥”。

1950年后，江希明教授担任浙大生物学系系主任。1952年，在全国高等学校院系调整中，浙大生物学系被撤销，时任理学院院长的谈家桢先生率大部分生物学系师生并入上海复旦大学生物系，生物学系系主任江希明教授率部分教师留下，并奉命重新组建浙江师院生物系（后合并为杭州大学生物系）。江希明教授先后调集15位出身于浙江大学生物学系的教师，其中5位教授：江希明、董聿茂、陈士怡、王曰玮、吴长春等先生，他们都是当年各自专业领域内的领军人物。江希明、王曰玮、陈士怡等先生先后主持过生物系。他们深受老浙大求是精神的熏陶，又有深厚的学养，因而能以不同的方式，继承与发扬老浙大的优良治学传统，使老浙大的校风、学风，乃至专业领域内的学术水准，能在不同的平台上得以传承与发扬。1998年，浙江省四所高校合并成新的浙江大学。老一辈师尊们的老浙大办学与治学理念，对老浙大的“求是”情愫，得以回归！

长江后浪推前浪。今日浙大生科院，精英荟萃，设备精良，远非老浙大生物学系可以比拟。但饮水思源，优秀的求是精神永远值得传承，老一辈师尊们的优秀品格永远值得我们缅怀，他们为生物系、为生命科学所作出的历史性贡献，也值得永存浙大史册！

我们以十二万分的感激心情，感谢生命科学学院领导对我们倡议的支持和指导，也感谢许多校友热情的回应。我们热切地希望校友们来参加“座谈会”与“学术汇报会”，共念母校与师恩！

老校友（以年龄为序）

俞志隆　项斯端　诸葛阳　张冠春
薛艳庄　丁仁瑞　梁海曼　魏崇德　谨启
毛树坚

2014年8月

座谈会开场白

丁仁瑞

尊敬的各位来宾，老师们、同学们：

“纪念江希明教授诞辰100周年暨缅怀前辈师恩座谈会”开始，请全体起立，向我们尊敬的前辈师长们致敬，鞠躬！

请坐！

这次会议是江希明先生的9个老学生倡议发起的。倡议者中最年长的俞志隆教授已经93岁高龄，最年轻的毛树坚教授也已经83岁了。我代表倡议者们欢迎各位的光临。我们非常感谢浙大校友会领导和生科院领导的支持和指导。

今天到会的有：浙江大学副校长罗建红教授，浙大校友会总会副会长张美凤教授，生命科学学院院长彭金荣教授和郑胜书记（副院长）。

我们特别感谢科技界、教育界的前辈：陈子元院士、郑树教授与钱铭岐老同志的到来。

陈子元院士是江希明先生的老朋友，核农学领域的老前辈，原浙江农业大学老校长；

郑树教授是肿瘤生物学专家，江希明先生生前科研的合作者，原浙江医科大学老校长，原浙江省人大常委会副主任；

钱铭岐同志是江希明先生生前的老朋友，浙江省科技界的老领导，革命老前辈。

各位今天的光临指导，为座谈会增光添辉。

今天到会的许多校友来宾，在各自的专业领域中都有辉煌的成就，作出了重大的贡献，是当今科技界、教育界的精英和先进。你们的到来给今天的座谈会带来了清新的先进科技信息和智慧的光环。为此，我们在下午还将举行一场学术报告会，请大家继续光临参加。

今天，我们一批长幼不一的江希明先生生前的好友、同事、学生聚集一堂，怀着无比崇敬与感恩的心情来纪念我们的恩师——老浙大生物学系系主任，原浙师院生物系系主任、原杭州大学副校长、顾问，原浙江省政协副主席，原浙江省科协主席，原中国动物学会副理事长，原浙江省动物学会理事长江希明教授；同时也缅怀曾就任浙江大学理学院院长、生物系的创始系主任贝时璋院士，理学院院长、生物学系系主任谈家桢院士，系主任董聿茂教授，原浙师院生物系系主任王曰玮教授，原杭州大学生物系系主任陈士怡教授，以及吴长春、郁永侁、吴宝华、蔡壬侯、唐愫、王复振、陆曼琦、方云亿、毛节荣、金逸民等老一辈教育家和科学家。他们为创建、发展浙江大学和杭州大学生物系、生命科学学院，为培养年轻一代和开创新的研究领域作出了卓越的贡献。纪念他们就是要学习他们严谨治学、一生为生命科学奋斗的精神。让他们的光和热永远激励我们为培养优秀的生命科学英才、为浙大生命科学学院奔向世界一流先进水平而奋勇前进。

现在座谈会开始，请各位依次发言。

“纪念江希明教授诞辰100周年暨缅怀前辈师恩”座谈会上的讲话

浙江大学副校长　罗建红

各位老领导、老教授，尊敬的各位生科院的老校友，今天非常高兴见到大家。

我今天早上本来另外还有个会，但昨晚管敏鑫给我打电话说，我们生科院有很多老校友、老领导今天都要来，所以叫我无论如何要来一下。我想还是非常应该的。

江希明教授跟他那一代以及后面的许多教授都为浙大生物学的发展作出了不可磨灭的贡献。我们学校的生物学发展经历了复杂的历程，原来的几所学校，老浙大、老农大、老杭大、老医大都有比较大的生物学模块，且各有千秋。老浙大是后来重建的，老杭大在基础生物学方面做得最扎实，农大的研究与植物相关，老医大各专业中也有一些基础生物学内容。四校合并之后组建了生科院，代表了我们学校的基础生物学部分。这一部分与医学院的基础医学部分有很大的重叠，因为基础医学里面大概有一半的内容是基础生物学，另一半则与医学相关。我校与农学相关的学科也有生物学，另外学校还成立了几个与生物学相关的、做交叉研究的、更独立的研究机构。如求是高等研究院，做的是灵长类的认知研究；浙大跟加州大学合作建立的纳米技术研究院，很多研究跟生物检测相关；华家池校区的系统神经与认知科学研究所，主要通过核磁共振技术做脑的认知研究。所以说，现在浙大整个生物学模块，比以往历史上任何时候都要强大。

在紫金港校区南侧，从农、生、环组团建筑一直到医学院大楼，是我们学校生物学研究的长廊。这条长廊长一点几公里，布局了农学的四个学院、纳米技术研究院、生命科学研究院，还有药学院和医学院，所以我校生物学学科真的是迎来了一个非常好的发展阶段。因为其他学科虽然有重要的进展，但是生物学是我们持续关注的一个发展领域。很多调查研究表明，理学、工学与生物学进行交叉是最能让生物学获得巨大进展的方式。所以我想学校下一阶段发展，生物学整个大模块怎么样能够更好地内部协同、各部门怎么样能够更好地合作，为我们的本科生教育、研究生教育，也包括科学研究做出更好的成绩，我想机会会非常多。但是只有把各学科和教授们的积极性都充分调动起来，浙大的生物学才会有更美好的明天。

阴差阳错地，我曾到生科院做过六个月的院长，了解到现在生科院教授的平均水平是非常高的，都非常有活力，学科的覆盖面也非常广。当然我们现在也面临一些问题，但这些问题我觉得不可怕。因为现在研究机构相对来说比较多，基础生物学就分布在不同的机构里面，所以说做好合作和协同才是至关重要的。

现在学校的教育基金会和校友总会都是我在分管，我也知道，我们的校友，包括四所原来学校的校友，他们对学校的发展一直是非常关心的，他们通过各种方式来支持学校的发展，有的是建言献策，有的是捐赠，通过学校的教育基金会来支持本科生和研究生的教育工作，甚至是直接设立科学研究项目等等。所以我们学校的发展，从某种意义上来讲，也是所有校友支持的结果。今天非常高兴能碰到这么多老教授，虽然我是老医大毕业的，但我也认识在座的很多老教授。丁仁瑞老师是我在北京读完研究生，回杭州工作的时候就去找过的，他那时是老杭大生物系的主任，毛树坚老师我也了解，陈子元老师现在是我的邻居，郑树校长是我们的老校长，非常高兴见到大家。

最后，衷心祝愿我们的老领导、老教授身体健康，为学校的发展，特别是为生物学的发展多提意见和建议，多多支持学校的发展。也祝愿我们浙大的生物学有更加繁荣的明天。谢谢大家！

以江希明先生为榜样，
携手共创浙大生命科学学院美好明天

生命科学学院院长　彭金荣　生命科学学院党委书记、副院长　郑　胜

尊敬的各位前辈、各位领导、江璐女士，校友们、老师们、同学们：

大家早上好！

今天，我们怀着崇敬的心情，在这里举行“纪念江希明教授诞辰100周年暨缅怀前辈师恩座谈会”。首先请允许我代表浙江大学生命科学学院全体师生对各位尊敬的前辈、领导及江璐女士和校友们的到来表示热烈欢迎和衷心感谢！尤其感谢倡议发起此次活动的九位学长前辈教授！

我们感觉今天我们纪念江希明先生，就是要学习江先生的高尚品格和崇高精神！

第一，我们要学习江希明先生热爱祖国、献身教育的精神。

江先生1932年进入浙江大学，毕业后于1937年进入德国慕尼黑大学学习，1940年获博士学位后回国，到当时在贵州的浙江大学生物学系任教，先后担任副教授、教授、系主任等职。新中国成立后调任浙江师范学院生物系系主任，1956年任副院长，1958年合并成立杭州大学后任副校长兼生物系教授，1984年改任学校顾问。

江先生致力于我国生命科学教育事业40余载，桃李满天下，在座的许多学长前辈都曾受教于江先生。

第二，我们要学习江希明先生热爱真理、献身科学的精神。

江希明先生深受浙大“求是”精神熏陶，坚持只问是非、不计利害的科学精神，在生物学研究的许多方面取得了丰硕的成果。曾在国内外杂志发表科学论文200余篇。在座的有些前辈就是江先生的科研合作者，相信你们更有切身的体会。

第三，我们要学习江希明先生顾全大局、服从组织的精神。

江希明先生的一生经历了不少动荡时期。但他能顾全大局、服从组织安排，在不同时期的每一个岗位上都作出了贡献。

第四，我们要学习江希明先生热爱浙大、为浙大奉献一切的精神。

江希明先生的一生与浙大紧紧相连，他热爱浙大，并为浙大奉献了一生，尤其是为浙大生命科学的发展倾注了毕生精力。让我们携起手来，向江希明先生学习，为生命科学学院的美好明天共同努力！

谢谢大家！

2016.10

编者注：彭金荣院长在座谈会上有个发言，比较简短。会后，彭金荣院长补充为与郑胜书记两人共同署名的发言文章，刊登如上。

［座谈会嘉宾讲话］

生物系培养了一大批杰出人才

陈子元

各位校领导、前辈和校友，大家好！我非常高兴能在九位老校友的邀请下参加纪念江希明先生诞辰100周年的座谈会。我虽然身在农学院核农所，但我研究的学科是生物物理学科，是属于生物学的一级学科。所以我今天能够在这里碰到许多老朋友、老同事，这让我感到非常高兴与荣幸。

江希明先生在世时，主持老浙大的生物学系以及后来的浙师院和杭州大学的生物系。那时候我没有像在座的各位这样幸运，能进入江希明先生的研究团队和他所领导的队伍中，有机会详尽了解他的为人和向他讨教。但仅从我有限的回忆，我就已经可以感受到江希明先生的高尚品格。他在科技界、科协的工作和平时在社会活动中的作为，都令我感动。刚才郑树教授谈到关于江希明先生为人的一些感人事迹，我也有同感。在做人、做事、做学问三方面，我确实从江先生处得到很深的教诲和启示。

我到浙江农学院（后来称浙农大），已经有六十多年了。刚刚我同薛艳庄同志讲，我们两个都是从上海调到杭州工作的，所以与当年杭大生物系的各位教师开始不是很熟悉，但时间长了，就慢慢地熟悉起来了。诸多老师我们都是熟识的，比如陈士怡先生，他先是从老浙大经过院系调整调到浙江农学院，担任教务长，然后再到杭大生物系。那时我们就熟悉了。还有王曰玮先生，我也有过接触，而且比较熟悉，他是一位学养深厚，知识渊博，和蔼可亲的老先生。杭大的这些老先生，包括老浙大时期的谈家桢先生，我们都很熟悉，有几位还很熟知。这根源于农学与生物科学的密切关系，例如我所涉及的生物物理学就隶属于生物学科。

在老浙大时期，生物学系名师云集，这是众所周知的，浙大生物学系培养出了许多杰出的人才。杭州大学生物系与老浙大生物学系一脉相承。在江希明先生与陈士怡先生的主持与领导下，又培养出了一大批生物科学人才。这批人才现在分散在国内外各个岗位上。有的很有成就，包括我们浙农大后来的党委书记童芍素同志，以及在座各位。

在20世纪末，浙江四所高校合并，浙江大学设立了生命科学学院。新的生命科学学院汇集四所高校中生命科学方面的人才，又陆续揽聘了海内外不少生命科学的精英，仪器设备都很精良。教学与研究的环境、资源，当然远远优于历史上各个时期的生物系的。所以，我相信今后一定能够培养出更多的生命科学的优秀人才。刚刚发言的彭金荣院长，他原来是我们农学院动科院的。他刚才也提到：我们过去的杭大生物系为国家培养出了众多的杰出人才。现在的浙大有更好的条件，今后肯定能够培养出更多的杰出人才，同时我们的生命科学研究也将走在全国乃至世界的前沿。我与他有相同的看法。

最后,我还是要再次感谢江先生,他在做人、做事、做学问方面给予了我很多的启示,这些启示对我来说是终生的宝贵财富。我想对在座各位可能也是如此。江希明先生为老浙大生物学系和后来的杭州大学生物系,所作出的历史贡献是不可估量的。另外,我要感谢会议的组织者以及在座各位,其中也有我的老同事,能让我有机会参与这次会议。最后,祝愿各位在座的前辈、各位校友笑口常开,身体健康,万事如意!谢谢大家!

编者注:本文根据录音整理,题目是编者所加。

我是江希明先生的第一个医学院学生

郑　树

我是1949年进浙江大学的,就读于医学院。当时,因为我对江希明先生开的动物学课很感兴趣,所以我经常不去上应该上的物理选修课,而去听动物学课。我对江希明先生的课有很深刻的印象,我可以算是他的第一个医学院学生。当时我并没有正式选他的课,而是偷偷地旁听,因此也没有参加考试。在江先生的动物学课上,我学到了很多东西,我的知识得到了拓展、思路变得开阔。特别是对生物、生命的基本规律,了解得更广泛、更深刻,这对一个学医学的学生,是很重要的。

江希明先生对我这一辈子的影响很大,除了他的动物学课程带给我启发,后来他的研究领域扩展到肿瘤生物学后,与我的工作与研究范畴有所交叉,通过合作,从他身上学到了更多。当时江先生通过丁仁瑞老师找到我,希望我们三个人共同编写一本《肿瘤生物学》。一开始我不敢承担这个事情。因为我自认为自己除了在肿瘤的临床方面有点经历和经验外,其他的生物学知识非常肤浅。但是江先生鼓励我。通过这本书的编写,后来我对生物学有了更深的理解,而且也进一步认识了江希明先生。江先生非常包容,非常宽容和大气,对年轻人非常爱护。江先生不但对于我知识方面的成长与完善起了很大的作用,而且影响到我一生的为人处事。"一日为师,终身为父"这句话,对我来说有很深刻的体会,意义深远。一个人的科学知识的积累、人格的塑造以及人文素质的形成,都是逐渐的过程,江希明先生对我是起了很好的作用。后来他病重时我去看他,他依旧乐观、豁达。他躺在床上与我聊天,情绪饱满,思路清晰,我不觉得他是一个病人,也没觉得他的病没有希望。这种积极乐观、热爱生活的精神,对我来说是一种很大的激励。

所以,我在这里非常感谢九位老教授提出举办此次"纪念江希明教授诞辰100周年"的活动,非常感谢大家来怀念他。在怀念他的同时,我想到了在我成长过程中他对我的帮助。因此,我觉得这个会非常有意义。对于我们来说,这不仅仅是一个回顾、一份回忆,更多的是一种激励。

杭州大学生物系很有名，这不仅仅是现在我们讲有名，早年就很有名。我在20世纪80年代去美国的时候，认识了很多老浙大生物学系毕业的活跃在各个岗位上的杰出人士。在一些国际会议和全国大会上，都有他们活动的身影。后来我又遇到过不少杭州大学生物系的毕业生，也很优秀。如沈炳辉就是从杭大生物系毕业的。杭州大学生物系不仅是在国内有影响，在国际上也有很大的影响，尤其是在美国，影响非常大。杭州大学生物系和老浙大生物学系是一脉相承的，都曾经在江希明先生的主持和领导下成长和发展。我知道现在有很多老师毅然回国，并带动了其他很多学生回国发展。杭州大学生物系在培养人才这方面，尤其是在我接触到的肿瘤研究方面起了重要的作用。我虽然不是学生物的，但是我接触到了很多这方面出色的朋友。

今天，看着浙大生命科学学院蓬勃发展的面貌，我非常高兴。我觉得现在的浙大生命科学学院无论是办学的思路还是总体的成就，都是走在前沿的。我也相信浙江大学生命科学学院，在我们新的领导的带领下和新的同仁的努力下会发展得越来越好、越来越快。

非常感谢大家邀请我来参加这个会，谢谢大家！

编者注：本文根据录音整理，题目是编者所加。

值得敬仰的一位朋友

钱铭岐

首先，感谢浙江大学九位老教授倡议举行这次“纪念江希明教授诞辰100周年暨缅怀前辈师恩座谈会”，使我有机会与这么多的专家、学者、老师、同学见面。先向大家问个好！

我要特别谢谢毛树坚教授，他特地亲自把邀请帖送到我家，完全出乎我的意料，我感到很荣幸。

我因为有一段时间在省科委与省科协工作，有机会，也是有幸认识到知识界、科技界的一些朋友，江希明先生就是其中的一位。后来，在省政协，江先生担任副主席，我是常委，我又有幸从多方面接触到江先生。在切磋问题时，经常受到他热情的、友善的指点和启迪。由于江先生的性格，他的知识，他的品行，他的作风，我对他是非常钦佩的，并一直把他视为值得我敬仰的一位朋友，我的一位老师。

在座有许多同志还比较年轻，可能不很熟悉“臭老九”这个名词。有一段时间，社会上就把知识分子看作“臭老九”，“知识愈多愈反动”，“高贵者最愚蠢”等口号弥漫整个社会，知识分子变得“臭不可闻”。当然，这是极其错误的，是社会状态极不正常时期的现象。但是由此，知识分子在很长的一段时间受到压抑，他们往往不能理直气壮地发表意见，即便发表了意见也得不到重视。在座许多年长一些的朋友，都经历过这种境况。但是年轻一些的朋友，是想象不出当年老知识分子所受的这种“待遇”与氛围的。

“文革”以后，经过拨乱反正，特别是在改革开放以后，这种极“左”思潮和错误的意识形态，得到了根本改正。但是，意识形态这东西，常常落后于经济的发展，时不时还会像幽灵一般游荡于一些人的脑海中。我记得在一次省科协举办的活动中，一位新晋升上来的科协领导，在会上大搞“一言堂”，一个人说了算，容不得别人半点意见。一位戴眼镜的先生有点看不下去，站起来说了些自己的想法。这位先生说得很谦虚、很和缓，完全是商量的口吻。但是该领导听不进去，当场用不屑的态度，对这位先生说：“你不要讲话！”这位戴眼镜先生顿时十分狼狈，会场气氛也变得十分尴尬而沉默。这时，江希明先生就站了起来，用很平静、很谦和、友善的口吻，一点没有架子，向该领导解释戴眼镜先生讲话的正确性和合理性。同时用商榷的口气，希望该领导能考虑戴眼镜先生的意见。我当时就坐在江先生的旁边，我可以见证，江先生的确非常冷静，很有大知识分子的那种宽容、谦和、理性、睿智的胆识和风度。可是，该领导却恼了火，对着江先生说：“我已经说了，叫你们不要说了，你们还要说。特别是你江先生也出来支持那位有不同意见的先生。”江先生再次很冷静而耐心地解释戴眼镜先生意见的合理性和正确性。哪知道，该领导竟然冲着江先生发了火：“哎，你坐下去，坐下去！不要讲了，不等你了！”江先生有点恼火，准备离开会场。这时，会场却活跃了起来，大家议论纷纷，都赞成江先生的意见。其中一位先生按捺不住，站起来说：“江先生的意见也是我的意见，这些意见完全正确，说出了我们知识分子的心里话，是代表我们知识分子的。”这位主持会议的领导还想压住大家，要大家听他讲。这时候江先生就很严肃地说：“既然是开会，要我来参加，总允许我讲点我的意见吧！既然你不许我讲话，那我就走了。”千人之诺诺，不如一士之谔谔。我国多么需要像江先生那样的知识分子啊！经过那次会议以后，我对江希明先生更加敬仰了。

这次毛先生送来请柬，要我参加座谈会，使我又回忆起江希明先生那种善良、正直、讲真理、有胆识、能维护弱小、不畏权势、有正义而又知性的优秀品质。江先生一生从事教育事业，是“为人师表”的典范。在座一定有许多是江希明先生的学生，我为你们有这样一位可敬的老师而骄傲！

祝座谈会圆满成功，祝各位身体健康！

谢谢各位！

编者注：作者曾任浙江省科委党组副书记、副主席；浙江省科协党组书记、副主席。

本文根据录音整理，题目是编者所加。

[座谈会主题发言]

老浙大的治学理念永放光芒

毛树坚

20多年前，我的恩师江希明教授溘然长逝。当时，曾遇见希明师的一位好友——钱铭岐老先生(今天也在座)。他问我:“你们为什么没有为江先生举行纪念会?”当年我无言以答，但是一直耿耿在心，的确深感遗憾。今年，适逢希明师诞辰100周年。我向当年江希明教授的一批老学生，也是我的老同事:俞志隆、项斯端、薛艳庄、丁仁瑞、诸葛阳、梁海曼、张冠春、魏崇德等提议，由我们九人共同倡议，为江希明先生等前辈恩师举行一次纪念会。大家一致赞同。于是就有了这次九位教授倡议的“纪念江希明教授诞辰100周年暨缅怀前辈师恩座谈会”。今天特别邀请钱老来参加座谈会，也算是回答了钱老的询问。我想趁这个机会向大家汇报四个方面的感想。

(一)两段历史的回顾——老浙大生物学系真了不起

(1)在抗日战争时期，浙大流亡办学，一切条件都非常非常艰苦。教授尚不能果腹，有的养羊补贴家用。实验条件极差，没有电，只能用煤油灯照明。但是教授们的科研却照常在进行。当年英国胚胎生物化学家李约瑟博士率国际科学考察团来我国考察大学，惊奇地发现浙大的科研成果很了不起，因此称誉浙江大学为“东方剑桥”。其中生物学系的科研成就功不可没:贝时璋先生在鸡胚的卵黄颗粒中发现了染色质物质，谈家桢先生阐明了瓢虫色彩的遗传学机制，罗宗洛先生发现了微量元素在植物生长发育过程中的作用，等等，这些研究成果都具有国际水准。

(2)1950年以后，浙大生物学系的一些名教授陆续被外调。如:罗宗洛教授调任中科院植物生理研究所所长，贝时璋教授调去上海创建中科院实验生物研究所，担任所长(1958年后，贝先生又去北京创建中科院生物物理研究所，担任所长——当然这是后话)。1952年8月，老浙大生物学系被彻底撤销。生物学系师资资源的再分配，成就了不少单位。如时任浙大理学院院长的谈家桢教授率领大部分师生合并到上海复旦大学生物系，使原来很薄弱的复旦大学生物系一跃而成为名列全国前茅的生物系。另有一些原浙大生物学系的教师分别调入其他一些大学的生物系，如南京大学、华东师范大学等。

从上述的两段历史看，说老浙大生物学系很了不起，一点都不夸张。

在老浙大生物学系被撤销的过程中，浙江省的领导存了一点心计。他们为浙江省高校生物科学的发展，留下了“种子”，那就是把老浙大生物学系的系主任江希明教授留在了浙江，同时留下的还有董聿茂、陈士怡、王曰玮、吴长春等教授。由此，江希明教授等得以在浙江师范学院、杭州大学等院校中重新创建生物系。在办系过程中，江希明先生先后召集了15位出身于老浙大的教师。他们都受老浙大竺可桢校长与贝时璋教授的教育、熏陶，都具有老浙大的精神和作风。他们把老浙大许多优良的理念继承了下来，并带到浙师院生物系，再到杭大生物系，如今杭大生物系合并到浙江大学生命科学学院，也可以说是老浙大治学理念的传承与回归。

(二)老浙大生物学系的治学理念

以江希明教授为代表(包括一批出身于老浙大生物学系的教师)所传承的老浙大生物学系的治学理念，概括起来主要有以下几项：

(1)大学教师要有自己的学科研究方向，都应该亲自从事科学研究。只有这样，大学教师才能了解到有关学科的前沿知识，站在学科的前沿。在这样的状态下，才可以讲好课，做一个有质量、有水平的大学教师，同时也可以对研究的内容有所发现，为学科的发展增添一砖一瓦。大学教师是一个高尚的职业，要求有高端的知识和高尚的品格。

(2)大学教师要博学，要有宽广的知识基础。不能是毛竹型的发展，而是金字塔型的发展。这样的教师授课，才能受到学生的欢迎。同时，在科学研究中才能举一反三、触类旁通，产生出创造性的思维。

(3)重视“双基”。一是为国家和地方的基本生物资源调查服务，二是要重视生物学基础理论研究。

西方国家在百多年前就已经有完整的动物志、植物志，而当时无论是全国的还是地方的，都还是空白。因此，江希明教授鼓励有关学科的教师积极投入这项研究工作。

对于基础理论研究与应用研究的关系问题，在我国争论了半个多世纪，也是折腾了半个多世纪。江希明教授原来有志于从事无脊椎动物生理学研究。从水蚤的变态周期到涡虫的再生生理，再到蜚蠊的越冬生理等研究，无不反映了他的兴趣和研究。可惜，他是壮志未酬。

从上述三点看，这些理念主要来源于生物系的创始人贝时璋教授。贝先生博学多才，他研究细胞的结构与遗传物质的生成等问题，主讲《胚胎学》、《细胞学》、《脊椎动物比较解剖学》，几乎可以讲授动物学领域内的各门课程。江希明教授要求青年教师“一专多能”。当年我做《组织胚胎学》课程的助教时，他就要求我打好《脊椎动物比较解剖学》与《人体解剖生理学》的基础。

(三)老浙大的治学法宝

(1)据我所知，老浙大理学院许多系都有“读书报告”(也称“书报讨论”)这一举措。在当年生物系，每星期都举行“读书报告”。从教授到助教轮流报告，无一能例外。报告的内容要求围绕自己讲授或参与的课程或自己从事的研究。这项举措对青年教师，是培养提高的一个好方法；对讲师以上教师，是检查、督促的一个好方法。系主任通过“读书报告”，对教师的工作状况、学术水准,“一目了然”,有利于全系教学水平和学术水平的提高。

(2)另外,江希明教授特别强调教师的“动手能力”。对于搞分类、生态的教师,强调要“上山下海”,到实地去采集标本、考察调查。对在实验室工作的教师,强调要“能工巧手”,善于创意设计实验条件。1952 年 9 月,江希明先生曾请王曰玮先生率领全系 10 位助教赴西天目山进行实地考察,采集动植物标本,以培养年轻教师的动手实践能力。

(3)为助教指定“导师”(由主讲教师担任),明确培养责任。通过助教“试讲”,主讲教师“听课”等方式,培养助教的教学能力。

(四)我们是这个“治学理念”的受惠者,应该知道感恩

(1)我们在江希明恩师的教育与熏陶下,接受了生物学科专业知识与技能的教育与训练。我在大学工作 50 年,从大处讲:教了几门课,做了些科学研究,发表了一些论文,培养了一些学生。这些知识和技能,都是我的老师传授给我的。从小处讲:我能够立足社会,能为稻粱谋,养家糊口,靠的也是老师对我的传道授业解惑。

(2)对于人性,我国古代就有性善性恶之争。实际是人性有性善的一面,也有性恶的一面。20 世纪六七十年代,我国曾有过一段所谓“文革”的十年大动乱时期,其时,一部分人的人性丑恶面得到大暴露。他们拉党结派,借故整人,造谣中伤,无中生有,借造反之名,行消除异己之实,无所不用其极。但是事后观察,我们这些受过传统道德教育而又在50 年代受到江希明恩师言传身教的学生,竟与这些丑恶人性无缘,一身清白。这是为什么? 因为江希明恩师当年教育我们,要做一个有学问的大学教师,要把毕生的精力投身于科学研究,献身于探究生物学的未知。这种教育使我们无暇顾及其他,从而使我们脱离低级趣味,提升了我们做人的品位,提升了我们的情操,提升了我们的人格,让我们脱离了人性丑恶的一面。

我今年 83 岁,是九位倡议者中的最年幼者,也已到耄耋之年了。今天有这样一个盛会,让我们能够表达我们对师尊们的感恩之情,这要非常感谢生命科学学院的领导和校友会的领导,同时也要谢谢这么多的校友来参加会议。可以说,我们一生无憾了!

祝大家身体健康,阖府吉祥幸福!

编者注:作者是江希明教授的学生,早年曾任郁永侁、江希明两先生的助教。教授,曾任杭州大学生物系细胞生物学教研室主任,生物研究所所长,生物系副主任。

我的恩师——江希明老师

薛艳庄

1952 年，我被分配到浙江师范学院生物系。当时正值全国高校院系调整，浙大生物学系系主任江希明教授和董聿茂、王曰玮、吴长春等教授以及一批老教师并入浙江师范学院生物系。当时我是最年轻的小助教，上面派给我的第一个任务是去大学路阳明馆搬运老浙大生物学系留下的图书及设备，并整理和安装。当时浙大生物学系被撤销，浙江师范学院生物系开始肩负起全省培养生物学科师资和生物技术人才的重任。

江希明老师是我的恩师，当时他担任系主任，我是他到浙江师范学院生物系后的第一个助教。他事业心很强，对青年教师十分关爱但严格要求。他了解到我的大学四年是在各项运动中度过，基础很差时，他开什么课都要求我和学生一起学习，边学习边做好助教工作和班主任工作，每门课的实验课时他手把手指导和监督我。做了一门课的两年助教后，他就要求我试讲其中的一两章节，他听讲后指出问题，让我修改后再试讲，然后才能正式上讲台。经过这样的训练，第三年就派我到体育系开解剖生理课，并为此还派我到医大争取人的尸体，设立人体解剖实验室。此后我才有资格在本系开课。我就是这样在他的哺育和精心关怀、鞭策下逐步走上讲台的。作为系主任，他对每位青年老师都既十分关爱又严格要求，时时检查他们的工作。那时候可以说没有节假日，整个生物大楼天天晚上灯火辉煌，一派欣欣向荣、你追我赶的学术气氛。江希明老师抓教学的同时，特别重视带领青年教师开展科研工作。20 世纪五六十年代，他从事再生生理、西湖水质、繁殖生理以及肿瘤生物学的研究，经常举行学术讨论会，要求青年教师看文献、做研究，发表心得和见解。他经常邀请全国各地不同领域的知名专家来系讲学，使青年教师开阔视野、跟踪前沿。我记得，当时我国生物学界一流专家贝时璋、谈家桢、朱冼、张作人、童第周、牛满江等教授先后来系讲学。江希明老师还经常派年轻教师前往各地向专家求教、学习，敦促年轻教师迅速成长。由此大家都十分敬仰他。

“文化大革命”后期，学校调我到机关工作，我心底是不愿意去的。我热爱教师职业，热爱生命科学，舍不得生物系这个温暖大家庭。但身不由己，只得从命。两年后，江希明老师被任命为杭州大学副校长，我又得以在江老师领导下工作，这可能是缘分吧。给我印象最深刻的是，1979 年庆祝新中国成立 30 周年，当时江希明老师是分管科研的副校长，我是科研处处长，他提出举办一次全校盛大的学术报告会，大会的口号是“崇尚学术，积极推进科研工作，贯彻双百方针，发扬学术民主，开展不同学派、不同见解的争论”。大会邀请到了全国知名专家 100 多位，包括当时第二机械工业部（现中国核工业总公司）副部长、兼原子能研究所（现中国原子能科学研究院）所长王淦昌，当时的中央党校顾问吴亮平，以及许多院士和各高校校长等。江希明老师致大会开幕词，共有全国高校负责人及省领导等300多嘉宾参加大会。王淦昌先生在大会上勉励杭大师生勇攀科学高峰，学校则要办出特色。杭大教师宣读了“关于发扬学术民主的几个问题”的报告，引发热烈的讨论。开幕式后，大会分系进行学术报告，全校共提供论文400多篇。会后各系都出了论文集。这次大会对全国高校影响很大，对杭州大学的快速发展起了极大的推动作用，从此杭大的学术气氛、学科建设、人才培养、对外交流等等都蓬勃开展起来，杭大逐步发展成为全国地方综合性大学的排头兵，在国内外也享有良好的声誉。江希明老师的管理能力、办学思路、待人接物水平、大家风范，我十分钦佩，是我学习的楷模。

江希明老师生前社会活动繁多，在不同时期分别担任杭大副校长、省政协副主席、省科协主席等职务，但他从没脱离生物系的教学和科研，亲自带领一批又一批后起之秀向科学前沿进发。20世纪80年代后，支持、鼓励优秀青年教师和优秀毕业生出国深造，这些人中许多在国内外做出了杰出成就。两三年前，浙大酝酿成立生命科学研究院，邀请国外10名有卓越成就的生命科学家来校共同谋划，听说10名中有8名是从杭大生物系毕业的。在一次学校举行的学校老领导新春茶话会上，在任书记对我说：“原杭大生物系办得不错，出了不少人才。”原浙医大校长郑树也对我说：“原杭大培养出了很多杰出人才。”我只能回答，我早已离开生物系，生物系人才辈出，要归功于老浙大生物学系的江希明、董聿茂、陈士怡、王曰玮、吴长春、郁永侁、吴宝华等一大批老前辈，他们一直传承老浙大的办学理念，重视基础，跟踪前沿，教学科研相结合。求是学风、校风的代代相传，造就了大批人才。

1983年机构改革时，老书记、老校长们都因年龄关系退出学校领导岗位，我和夏越炯等同志被推上原杭大领导岗位，江希明老师等担任新班子的顾问。我前后跟随江希明老师30多年，他是生命科学界的老前辈，是科技界、教育界的老前辈，他为国家培养了一大批栋梁之材。

我们9人是江希明老师的老学生，也都是80多岁的老人了。我们怀着崇敬和感恩之情发起“纪念江希明教授诞辰100周年座谈会”，得到了生命科学学院领导和校友会的大力支持。今天，我的心情真的特别特别激动，我是在江希明老师的直接关心和教导下成长的，他专业很强，勤政务实，清正廉洁，讲真话实话，言传身教，我铭记在心，感恩之情一言难尽，我永远永远缅怀他。

编者注：作者是江希明教授早期的助教。教授，曾任杭州大学科研处处长、校长、党委书记；又曾任浙江省政协副主席。

对江希明教授的感恩之情

郑斯涌

我于1953年考入浙江师范学院生物系,刚开学,就聆听了时任生物系系主任的江希明教授为新生所做的报告。无论是学生时代还是走上教师工作岗位以后,四十年间,先生一直对我极为关心,给我以谆谆教诲。他是我的业务导师,更是我的人生导师。当然,也有薛艳庄老师及其他老前辈对我的培养与教育。

大学毕业后,我先是师从江先生的学生薛艳庄老师,后来由于薛艳庄老师忙于行政工作,改由我任江先生的助教,所以这样算起来,实际上我是孙字辈的。

以下谈谈我最为感激和最受教育的几件事。

一、德高望重

江先生多次对我讲,绝对不要在学生面前评论其他教师的缺点。他以董聿茂老先生为例,讲述董老对弟子、对同事始终是褒扬有加,以鼓励为主,从不在背后批评某位老师。江先生平时的点点滴滴,也处处体现了其宽广的胸襟和对他人的尊重。

江先生虽然长期担任校领导和省政协领导等要职,但从不搞特殊化,每天步行或骑自行车上下班。

二、以身作则

江先生总是衣服非常整洁,皮鞋擦得很亮。我现在还记得我刚参加工作时的情景。当时是8月中旬,天气异常炎热。但江先生仍要求我们上班时必须穿短袖衬衫,并不准赤脚穿拖鞋,并且要精神饱满,坐要有坐样。当时连电风扇也没有,个个汗流浃背的,江先生自己也一样。他要求办公室、实验室始终保持整洁,每次实验完毕,要求把所有的器械清洗擦干,物归原处。他对科研过程要求很严,绝不允许马虎从事。

1958年,全国进行所谓的"教育改革",一时盛行学生批评老师,批判资产阶级教育思想和工作作风等,江先生首当其冲。从此之后,江先生再也不会当面向你指出不足之处,并要求改正。原来每天上班前他总会先到各教研室去转转,倾听各位老师的要求与建议,了解与检查教研室的工作,很遗憾,这样的习惯也改掉了。事实上,一个单位需要有优良的工作作风,这样才能使工作有序有效地开展。

另外,20世纪80年代末,江先生已逾70高龄,还亲自在实验室内做科研,这种情景令我们深为感动。

三、教学上精益求精，桃李满天下

江先生教了一辈子的生理学，对教材真是滚瓜烂熟，但是每次上课的前一天晚上，即便其他事务忙得不可开交，他也会雷打不动地进行备课。

他的教学特点，我的体会是讲授内容并不多，少而精，不是填鸭式的，要求学生自学，把课堂上没有讲的内容也要读通。他讲课时精神饱满，声音洪亮，条理清楚，没有废话，从来没有口误或因忘了内容而卡住，听他的课是一种享受。

另外一个特点是教学带有科研思路，例如：在讲授条件反射学说时，他从巴甫洛夫所做的狗唾液分泌实验设计的总体思路开始讲述。如为什么要用狗作为实验对象？（唾液腺导管的手术难度不大，可以直接观察反应的结果）巴甫洛夫有什么独创的地方？他是怎样反复验证的？又是怎样引申到人的大脑活动，使人脑活动的研究得到一定突破的？听江先生的课，好像不是在听课，而更像是在听科学故事，既生动又深刻，这种开阔学生思路的授课方式，达到了讲课的极高的境界。

江先生一生育人，桃李满天下。如浙医大的徐学增教授，复旦大学的蔡南山教授等，都是我国生理学界有名望的教授，他们都曾是江先生的学生，又担任过江先生的助教。

四、尊师的模范

我读大二时，到舟山进行野外实习。当时董先生60岁，也亲自到舟山海滨指导我们实习。江先生作为系主任，指定了专人照顾董先生。我们作为学生都深有体会，对老师就应该如此尊重，因此，我们班的同学，只要来杭州都会去看望老师，关心老师的近况，师生关系特别融洽。

另外一件使我感动的事是，董聿茂老先生在浙江医院一楼病房内仙逝，当时江先生住在二楼病房，其病情也已经相当严重，体内出现大量腹水，身体虚弱，行动不便。但无论我们如何劝说，江先生仍坚持要去向董老遗体告别。在他人的搀扶下，江先生亲手扶持担架车把董老遗体从病房一直送到病区门口。我真切体会到了什么是尊师，什么是师生情谊！

五、爱护与帮助学生

上大学时，我的英文水平只有初中程度。因为在读高中时正值全国抗美援朝，英文老师不敢认真教，学生更是不好好地学，上大学后又学的外语是俄文。大学毕业后工作，江先生向我提出严格的要求：工作的第一年，除了要把所上实验课的内容做到熟练，还要把蔡翘教授所编的《生理学试验》一书中，不要求学生做的实验也要学会。此外，中文教科书上的内容要全面掌握，以便辅导学生。第二年则开始观摩科研，做一些科研助手工作。第三年要正式参与科研工作。同时，他要求我通读原版的英文生理学教科书，逐步提高英文读写能力。

为了促使教研室内年轻老师学习英文，江先生要求我们承担部分生物学文摘任务，即撰写所看英文论文的中文摘要。这种学习英文的方式非常有效。

记得我的第一篇第一作者论文，是有关家鱼卵巢发育中的磷代谢研究，我和马志章老师共同完成实验部分。江先生确定论文题目并全程指导。我们写了论文初稿，先生读后几乎重写，按理第一作者应为江先生，但江先生坚持不署。更让我记忆深刻的是，我的字太差，投稿的稿子是当时任数学系系主任、江先生的爱人徐瑞云教授亲自帮忙抄写的，并制作了图表。她写的字清秀漂亮，我真是感动极了。

“文革”后期，开始复课闹革命，教育与科研工作也有所恢复。但当时江先生与我均还没有资格参与，只能在动物房内饲养大白鼠。江先生几乎把饲养大白鼠当作科研工作来做，每日观察，详细记录。当时他对我讲过多次，不要泄气，要振作，现在已经开始可以养实验用鼠，预示我们发挥作用的时刻马上就会来临。果然，不久以后我们都恢复了科研工作。

江先生在德国读博士时，潜心于有关蟑螂的科学研究，回国以后也曾经继续。1958年，由于上面称其脱离实际加以否定，而被迫中止。实际上这项研究工作很有实用意义，既可为各种蟑螂的特性和生活史等提供基础资料，也可以研究如何诱杀蟑螂。现在来看，研究蟑螂的意义更是非同小可：蟑螂不会生癌，目前德国已有科学家从蟑螂体内提炼出抗癌药物，并且应用于临床试验。

江先生之后的研究方向转至家鱼人工繁殖。在先生的带领下，我们的研究卓有成效，为我国家鱼的持续高产，作出了巨大的贡献，为国家创造了巨大的财富。

“文革”结束后，各项科研工作逐渐蓬勃开展起来。考虑到家鱼人工繁殖系列技术已经解决，并且有些单位已将我们的研究成果推广应用于大黄鱼、河蟹等的人工繁殖上；也考虑到我们年纪已不小，无法经常到水中去作业，体力上有困难，江先生决定家鱼人工繁殖的研究告一段落。但出人意料的是，江先生高瞻远瞩，决定开展当时属于顶尖的免疫学研究。他的这一创举，为大家开辟了更宽广的发展空间。

六、对低温医学基础研究的支持

1978年，省科委将“低温医疗”列入省重点科研项目与攻关项目，并指定杭大生物系承担“低温医疗的基础研究”子项目。一开始江先生反对参与，因为这将分散刚起步的免疫学研究力量。由于是省科委指定项目，最终江先生还是同意让我与张宝昌老师参与低温医学基础研究。1980年，我们收到国际制冷学会的邀请参加国际会议，但要求提交会议论文。经过集体讨论，我们分头撰写论文各部分，然后由国考增教授定稿，最后特请江先生审阅把关。江先生看了这篇论文之后，感觉像个记叙文，而且重点成果也不突出，便让我去找了几篇相关英文论文，作为参考格式。先生花了四天时间，将论文完全改写，并且亲自用打字机打好，但一再重申不要把他的名字列上。最终该论文一字未改，由省中医院章崧英教授在大会上报告，在那次大会上章教授还当选为国际制冷学会理事。

江先生非常关心低温生物学研究。当他知道我们成功地进行了人外周血淋巴细胞深低温长期保存的试验后，非常高兴，除了鼓励支持，还一再提醒我们，低温医疗的课题组很大，集中了医、理、工程和仪器仪表等几十个单位共同协作攻关，要搞好团结，该谦让时就谦让，不要争功，做出了好成绩，对国家、对个人都有益。

七、对科研的严谨态度

20世纪60年代以后，江先生作为第一作者发表的论文并不多，因为他总是谦让，让弟子们作为第一作者。此外，家鱼人工繁殖项目，在当时属于保密范围，全世界还没有成功过，不可以公开发表。直到1965年左右，印度也掌握了这项技术，才由中科院上海细胞生物学研究所所长朱冼教授主笔（上海细胞生物学研究所、杭大生物系与杭州市鱼种场为协作单位），加入我们的科研成就，赶在印度发表之前出版了一本专著。

江先生在科研工作中，要求绝对保证质量，按常规，做4～5个重复就可以，他要求做6次以上重复。我每次发表论文，江先生在修改后，总要我把英文摘要请金逸民先生重审。他说："我是从德国留学回来的，金先生的英文比我好。"有关生物统计的设计与数据处理，江先生则请陈士怡先生审阅，因为陈先生是这方面的大专家。因此，他对论文的发表是慎之又慎，对科研结果要求绝对有把握。这种严谨的科研作风，也影响了我们这一代人。

以上只是我对恩师江希明先生的点滴回忆，而实则我对江先生的感恩之情用千言万语亦难言尽。江先生的音容笑貌现在还会经常在我的脑海里浮现，我时常回忆起他在患重病时讲的话："我还有许多事没有做完。"他始终念念不忘的是教育与科学事业。

谢谢大家！

编者注：作者是江希明教授的学生。教授，曾任杭州大学生物系动物生理学教研室主任、生物系系主任。

缅怀尊敬的江希明教授

马志章　丁仁瑞

今天，我们怀着崇敬和感恩的心情缅怀江希明先生和其他前辈老师，他们在学校辛勤耕耘几十年，培养了许多优秀人才，取得了许多优异的科研成果，发展和壮大了原杭大生物系，值得我们永远纪念他们。

我们在江希明先生的指导下，进行科研工作多年，对他兢兢业业的科研态度和一丝不苟的科研作风留有深刻的印象。江先生一贯重视科研工作，无论是在系里还是后来到学校、省里担任领导工作，他始终亲自参与并关心科研。他常常教导年轻教师：在高校工作，业务方面一定要教学、科研一起抓，才能提高自己能力和学术水平。

20世纪60年代前，由于青、草、鲢、鳙四大家鱼不能在内河池塘产卵繁殖，水产养殖者必须到长江去捕捞小鱼苗，再运回到内塘喂养，为此要花费很大的人力物力，严重阻碍这些淡水鱼的生产。为解决这一难题，江先生主持领导家鱼人工繁殖的研究。他抓住了两个关键：①家鱼的性腺要足够成熟；②满足催产必要的生理和生态条件。后来通过调查，确认只要保证鱼类饵料的质和量，内塘家鱼性腺成熟基本不成问题，重点是在后者，即要创建一套让亲鱼（即性腺发育成熟的雌、雄成鱼）在内塘能够自然产卵、受精、孵化的方法。同时还要使产出的鱼苗成活率高，可以应用于生产。

经过反复研究表明：将性激素注入母鱼体内后，应配以一定比例的性成熟雄鱼，雌雄结合，才能产生催产的效应；另外，还要模拟鱼类在长江生殖洄游所需的生态条件：用一定的水流（包括水的流量与流速）冲击，促进催产。然后，家鱼就会发情、产卵、受精并孵化出鱼苗。

当年，大家真是搞得热火朝天，为家鱼能在池塘自然产卵、孵出可爱的鱼苗而欢天喜地。那时，江先生常常站在池塘边亲自“指挥作战”。由于过于专注，有一次还从岸边一滑而跌入塘内。此情此景，至今还历历在目。经过两年多的努力，最终我们与协作单位一起解决了家鱼人工繁殖的难题，为我国淡水水产养殖事业的发展作出了重大贡献，不仅受到水产部的电令嘉奖，还获得全国科技大会奖。

在解决家鱼人工繁殖的生产问题之后，江先生没有放弃基础理论的研究。他从家鱼的人工繁殖研究扩展到“生殖内分泌学”的研究方向。1963年，他带领杭大生物系一支科研团队到浙江省淡水水产研究所进行家鱼人工繁殖的生理生化研究（为浙江省科委重点项目），其内容包括血液学，卵巢的磷代谢、电生理学和组织学以及与生殖有关的内分泌腺——斯丹尼氏小球等各项研究。那年，我们在研究现场获得不少非常珍贵的第一手实验材料，按理将可进一步揭示鱼类人工繁殖的内在规律和生理生化机制。但由于众所周知的历史原因，基础研究愈来愈困难。不久以后，我们的研究遭到彻底批判，被全盘否定。那些本来可以做进一步研究的实验材料，也损失殆尽。江希明先生的努力全部付诸东流。

20世纪70年代初，江先生迎着时代的曙光，克服重重困难，又带领着我们向科学进军。1978年，他参加了全国科学大会，回校后更是满怀信心地行动起来。我们在江先生的带领下，经调查研究和实践探索之后，决定将科研方向由生殖生理转向肿瘤免疫，决心向细胞、分子生物学进军。

首先，从临床实际出发，将几种免疫方法试用于肿瘤的诊断和治疗。其中开发的“免疫核糖核酸”在基础研究的同时，还与宁波二院协作进行临床试验，获得较好疗效。当时江先生已年近七十，但为了掌握第一手资料，指导、培养年轻教师的独立工作能力，他常常亲自到实验室工作。记得有一次在提取人肿瘤抗原时，肿瘤组织液意外地溅到他的脸上，旁人均颇为紧张，但他却很淡定。江先生这种为科研的献身精神，实是感人至极。

我们的研究除了为临床服务外，更主要的是在江先生指领下，大家深入开展基础理论研究，其内容包括免疫细胞及其亚群在调控肿瘤发生、发展过程中相互作用的机理。随后更进一步对重组人γ-干扰素和β-肿瘤坏死因子的杂合蛋白的高效表达与抗癌效应及其诱导癌细胞凋亡的机理——信号转导等进行研究，并取得了一定成绩。这些研究先后共获得6项国家和省自然科学基金以及1项省科委重点项目的资助，成果也获得国家教委、省科委等4项科技进步奖。

科研推动教学并与撰写专著相结合，这是江先生在治学理念方面的一贯考虑。20世纪60年代，他的科研重点在家鱼的人工繁殖方面，因此曾为研究生开设《繁殖生理学》。同时，他还积极准备开设《生殖内分泌学》课程，并准备撰写有关专著。但事与愿违，在当时的条件下，他是英雄无用武之地。1983年起，他为研究生开设《肿瘤生物学》，经常备课到深夜，真是老骥伏枥，志在千里。1990年，他和郑树教授、丁仁瑞教授合作，主编了《肿瘤生物学》专著并出版。他的老师贝时璋院士和同窗姚鑫院士为《肿瘤生物学》作了序。序中写道："相信它的出版，将为促进我国肿瘤学的教学、科研和临床的防治工作，为攻克癌症难题作出贡献。""这本书的出版将受到我国广大肿瘤生物学工作者的欢迎，并推动这门生物医学学科在我国的发展。"贝老和姚老对专著作出如此高的评价，对编写者是莫大的鼓舞和鞭策。遗憾的是，江先生没能等到该书的出版，便与世长辞。可以告慰他的是，当年该专著不但按时出版，而且还获得了国家教委科技进步奖。

综上所述，我们最崇敬和缅怀江先生的是：他对我们这一代无微不至的培养以及他坚持理论联系实际、忘我工作的精神。这主要体现在"四个重视"：①重视科研与生产实际、临床实际相结合，以期能直接为社会服务；②重视基础理论研究，从现象揭露本质，是他一生追求的目标；③重视科研与教学相结合，开设相关专业课程，把国内外科研成果及时反映到教学中，体现教学内容的先进性；④重视通过科研培养年轻一代，他曾多次邀请贝时璋、童第周、谈家桢、姚鑫等国内著名学者到系里做学术报告，活跃学术气氛、提高我们的业务水平。他要求年轻教师结合科研进行读书报告，以掌握国内外科研动态、发展趋向，并藉以提高综述文献的能力。他对研究生的毕业论文更是严格要求，他常常亲自核对原始数据，对立论和所讨论问题，总是反复推敲，决不马虎。江先生在科研中一丝不苟的治学精神和以身作则的实际行动为年轻人树立了榜样，他的品格将永远铭记在我们的心中。

编者注：作者马志章，江希明教授的学生，杭州大学生物系动物生理学教研室教授。

作者丁仁瑞，江希明教授的学生。教授，曾任杭州大学生物系动物生理学教研室主任、生物系系主任、生物研究所副所长。

缅怀师长　铭记恩情

诸葛阳

本人于1953年从浙江师范学院生物系毕业，留校担任动物学助教。由于学校新组建不久，只有几位来自浙江大学生物学系的老教师，迫切需要更多青年教师较快地成长，以协助老教师共同完成繁重的教学任务。因此生物系系主任江希明教授十分重视对青年教师的培养，要求我们每学期制订进修计划，除了理论学习外，更重视实际动手能力的提高，并进行期中检查，期末总结；还组织教研室老师举办定期的读书报告，江先生亲自参加并指导；定期制作完成供陈列用动物解剖标本和脊椎动物的骨骼标本。由于任务繁重，当时生物系所在的工程馆，每晚都是灯火通明，大家勤奋工作，团结合作，精神愉快，业务增长。

1953—1956年，我有幸在吴宝华先生指导下担任无脊椎动物学实验教学任务一年，后又在潘锡九先生指导下担任脊椎动物学实验教学任务两年。在老师们的指导下，我很认真地先阅读有关资料，又在毛节荣老师指导下去采集标本，培养动物，并多次进行解剖，认真绘制示范图件，详细记录每次实验过程，确定学生实验时解剖与观察的重点与难点，实验后进行实验总结并记录学生提出的问题和答复内容等。

而多次参加野外动物资源的调查和标本采集，更是对我日后的科研助益颇大。如1953年9月在王曰玮先生带领下，我们到西天目山进行植物资源考察。1954—1955年在董聿茂先生、吴宝华先生、毛节荣先生带领下，我们到舟山普陀岛与学生一起进行海滨实习，采集并制作了大量的腔肠动物、软体动物、环节动物、甲壳动物及鱼类的动物标本，写成了多篇动物资源调查报告，并结合植物资源调查，于1956年出版《舟山生物调查研究报告》一书。

在江先生和多位老师的指导下，我认识到，作为高校的青年教师，必须具有较宽的理论知识基础。因此在完成实验教学之余，我又自学了比较解剖学、系统进化论、胚胎学及动物生态学等课程，扩展了知识领域和学术思路，同时更重视实验及野外实习的动手观察能力。这些让我不仅较好地完成了教学任务，而且为我之后几十年结合社会实际，开展科学研究，并取得一定成绩打下了坚实的基础。

1956—1958年，我到东北师范大学生物系动物生态学研究生班学习。

1954年，我加入浙江省动物学会，当时江希明教授任理事长，胡步青任秘书。当时由于会员较少，活动不多，都是在长生路4号科协所在地聚集开展活动。1962年，动物学会与水产学会合并，成立浙江省动物水产学会，江希明任理事长，张立修任副理事长，着重开展水产养殖、家鱼的人工繁殖等学术交流活动。

1978年，浙江省动物学会恢复活动，并于1979年召开会员代表大会，成立新一届理事会，江希明任理事长，陈士怡任副理事长，蔡堡、董聿茂任名誉理事长。1983年换届，江希明任理事长，我和黄美华任副理事长，我兼任秘书长。1987年，按照科协章程和新老更替原则，会员们推举我担任理事长，黄美华任副理事长。

浙江省科协领导下的省级学会，是跨部门、跨行业的学术性群众团体。根据学会的性质，省动物学会如何开展学术交流与学术活动，以促进科技发展和经济建设呢？我体会，江希明先生的指导思想很明确，第一是要搞“五湖四海”，动物学会吸收会员时不仅注重科技界、教育界，而且应该发展产业界的人士参加，特别是理事会成员的组成上，更应该吸收各行业的优秀人士加入，反映不同诉求，使讨论更切合实际；第二是理论联系实际，促进经济建设的发展。如浙江医科大学等单位对蛇的类别、区系、遗传、蛇毒及蛇伤防治进行研究，杭州大学对鱼类粘孢子虫病的机理和防治进行研究，省科协组织遂昌九龙山动物资源考察，而后杭州大学师生对古田山、乌岩岭、凤阳山、南麂列岛等全省范围内的动物资源和生态进行调查，这些为完成省科委重点项目“动物资源调查及《浙江动物志》的编著”积累了极其丰富的基础资料。从1982年开始，由省科协、省林业厅和省动物学会联合开展“爱鸟周”活动，对青少年和社会各界开展广泛的科普教育活动。凡是由省动物学会组织的学术活动,都对我省社会主义建设事业起了一定的推动作用。

动物资源是自然环境的重要组成部分,是生物进化历史的产物,也是人类社会的宝贵财富。动物资源不仅和经济建设有着密切的关系,而且对于维护人类生存环境起着重要作用。《浙江动物志》就是一部对浙江省区域范围内现有动物资源及历史记录的科学总结,是我省社会主义建设中不可缺少的一项基础科学研究。

当时,我国著名的动物学家董聿茂教授、蔡堡教授、江希明教授和陈士怡教授等,多次在人大、政协和其他场合呼吁,应该重视基础科学建设,抓紧组织动物资源调查,编著《浙江动物志》,并向省科委、省科协提出实施方案。1983 年 11 月,省里终于下文同意组建《浙江动物志》编委会,由董聿茂任主编,我和黄美华任副主编,蔡堡、江希明、陈士怡为顾问。1984 年 1 月,省科委下文立项资助,提出由杭州大学、浙江省动物学会主持完成该项课题。参加《浙江动物志》编写的有 14 个单位 44 人,计有吸虫类(吴宝华主编)、软体动物(蔡如星主编)、甲壳类(魏崇德主编)、蜘蛛类(陈樟福、张贞华编著)、淡水鱼类(毛节荣主编)、两栖类爬行类(黄美华主编)、鸟类(诸葛阳主编)和兽类(诸葛阳主编)8 个分册。从资源调查、资料收集、材料鉴定记录、编写成册到审稿编辑等,任务十分繁重,一开始江希明先生就对我明确提出,省动物学会是主持完成单位,编委会工作复杂、艰巨,董老年事已高,要我全力做好编委会的组织工作,圆满完成该项任务。

董聿茂教授早年毕业于日本京都帝国大学动物学系,在研究院时主攻甲壳动物学,获得理学博士,回国后,历任浙江省博物馆馆长,浙江大学生物学系教授、系主任,后为杭州大学生物系教授。董先生是我国甲壳动物学的奠基人之一,学术造诣较深,治学严谨,从事教学、科研工作 50 多年,擅长于甲壳动物的分类、区系、生态、繁殖和发育的研究。他著作颇丰,在晚年还主编了专著《东海深海甲壳动物》,获得学术界的高度评价。在耄耋之年,为了推动我省动物科学事业的建设和发展,他不辞辛劳,毅然承担《浙江动物志》主编的重任。在每一次的编委会开会前的请示及会后的汇报时,他总是语重心长地告诫我和黄美华等同志,要多听大家的意见,发挥各人的积极性,共同把志书编好,他特别强调在收集资料、物种鉴定、区系组成研究上要实事求是,严格把关,要有标本,有证据,保证志书的质量和水平。他的告诫,正是我们努力的方向,在他的领导下,我们更有信心完成任务。

在编委会中的另一位老教师就是吴宝华教授。吴老师于 1938 年毕业于浙江大学生物学系,1951 年起在浙江师范学院任教,1957—1959 年公派前往苏联列宁格勒大学(现为圣彼得堡大学)进修两年,回国后在杭州大学生物系任教。吴老师曾讲授无脊椎动物学、生态寄生虫学、寄生原生动物学等课程。她为人谦和,治学严谨,长期从事生态寄生虫学的研究,是鱼类寄生粘孢子虫研究的带头人,其《杭州地区白鲢疯狂病的研究》等论文受到国内外专家的重视和引用;她还参与《中国动物志·粘孢子纲》的编写工作,主编了《中国动物志·单殖吸虫纲》,著作丰富,影响深远。吴先生任《浙江动物志·吸虫类》的主编是非其莫属,当之无愧。

《浙江动物志》共 8 册,记述了 2201 种和亚种动物,分别隶属于 74 目 395 科,绘制墨线图 2363 幅,拍摄彩照 255 幅,总计 460 余万字。编志工作于 1989 年底按时完成,由浙江科学技术出版社陆续出版。在请国内知名专家进行分册评审的基础上,于 1991 年 6 月 25 日在杭州召开《浙江动物志》成果鉴定会,中科院三位德高望重的院士贝时璋、郑作新、唐仲璋教授写了书面评审意见。贝老在书面评审意见中提出:“志书有两个特点,一是8册中有4册是无脊椎动物,二是经济动物资源的保护、利用和防治等内容列为附录,这些内容较以前出版的其他省的动物志是独树一帜、前所未有的。”郑老提出:“历经十多载的全面统筹编志,目前在国内是首屈一指的,堪称全国典范,既有重大科学价值,又为全省文化、教育及经济等进一步的发展,提供必要的基础和依据,是全省科学发展史上的里程碑,在国内起到带头的作用。在国际学术界也有相当的影响。”到会的评审委员会专家对该成果均表示充分肯定并高度评价,提出“编委会为全套志书高质量,高速度的编写、出版做了出色的组织领导工作,并培养了一大批中青年动物学工作者,在学术水平和社会效益上,在全国志书中占有明显的优势,在国内属于一流的水平,与已有的同类志书相比,《浙江动物志》的总体水平处于领先地位”。后来,经过省科委组织的省级科技进步奖项目评审委员会通过,1992年12月省政府宣布“动物资源调查及《浙江动物志》的编著”课题获得浙江省1991年度科技进步奖一等奖,后来本志书又获得全国优秀科技图书奖一等奖。这是所有参编人员共同努力所得的成果,是集体的荣誉。此时,虽然董老已经仙逝,但我相信董老在天有灵,也会满意的。

在多位老师的指导和鼓励下,数十年来,我在科研上,除了上述内容,还开展了卫生和农业有害动物的防治研究,并在全省自然保护区的建设和发展上,为我省的生态建设作出了应有的贡献。可以说,我的成长,离不开生物系诸位老教授的指导与帮助。

感恩师长,永世流芳!

编者注:作者是江希明教授的学生,早期曾任吴宝华、潘锡九等先生的助教。教授,曾任杭州大学生物系动物学教研室主任。

人才辈出的生物系

管敏鑫

我的老师们——九位耄耋老教授,为纪念江希明教授诞辰100周年暨缅怀前辈师恩,倡议举行一次座谈会。在得到广大校友的响应和各方的支持后,如期召开。我很荣幸也很高兴,能在此与大家交流。

我是1983年从杭州大学生物系毕业的,在国外学习和工作20多年后,又受浙江大学的揽聘,在浙大主持生命科学学院的工作三年,使我有机会零距离地接触和观察到浙大生命科学学院的历史、沿革和现在。我看到,从1930年贝时璋先生始建的浙大生物学系,经过1952年全国高等学校院系调整后,由江希明先生继续主持的浙江师范学院生物系以及1958年后陈士怡先生主持的杭州大学生物系,是一脉相承的。用生物学的术语说,它们是源出于同一个Zygote(受精卵),是一个生命体的不同发育阶段。这个生命体在其不同发育阶段，都培养出了许许多多优秀的生物科学人才。下面我将谈一下各个不同阶段的情况。

第一个阶段就是20世纪30、40年代老浙大生物学系时期。这是我们生物系历史上最为辉煌的时期。当时名师云集，既产生了许多重大科研成果，又造就了很多的人才，诞生了很多的院士。这已经是众所周知的事了。

在这里，我首先想特别提到的是20世纪30年代就读于老浙大的徐道觉先生。徐道觉先生毕业于老浙大农学院，但后来是生物学系谈家桢先生的研究生。他一生发表论文约400篇，在细胞遗传学上有卓著的成就与贡献，是被国际上认知的细胞遗传学奠基人之一。他是第一位发现人类细胞染色体正确数目的细胞学家。人类细胞的染色体数目，最早是由美国科学家、遗传学权威、德克萨斯大学校长Paint提出的，$2n=48$。但是那是一个错误的认识。1950年，徐道觉先生用低渗溶液的方法，得到了非常清晰的细胞分裂中期染色体图像，他观察到人类细胞染色体的数目应该是$2n=46$，那才是正确的。徐道觉先生对科学事业的态度过于谨慎小心，导致这项发现迟迟没有发表。结果在1956年，为另一华裔科学家蒋再兴先生所发表。关于人类细胞染色体正确数目的发现，是徐道觉先生在其科学事业上非常得意的一件事，但也是他引为终身遗憾的一件事，同时也是细胞生物学研究史上的一件趣闻轶事，现在已经成为细胞生物学研究史中的一个掌故。另外，1973—1974年，他被选为首任美国细胞学会主席。这是继赵元任任美国语言学会主席之后，第二位担任有殊荣的全美学会主席的华人（后来又有吴健雄任美国物理学会主席，李景均任美国人类遗传学会主席等）。

我还想提到的另一位是1937年毕业于老浙大生物学系的陈士怡先生，他后来主持杭州大学生物系20多年，也是我在学时的老师。他是细胞质和酵母遗传学研究的开拓者之一。记得有一次在国际学术会议上，碰到一个来自法国的教授，他问：你是否知道中国有位SY Chen教授？SY Chen讲的就是陈士怡先生。这位法国教授说：陈先生在法国读研究生时，发现了酵母细胞质遗传规律。1950年陈先生回国后，他的有关酵母细胞质遗传规律的研究工作由他师弟Slonimski先生继续进行。Slonimski先生曾经担任世界酵母遗传学会的主席多年，他在20世纪80年代来过杭州大学生物系。Slonimski先生自己说：要是陈教授没有离开法国，那我坐了十多年的学会主席位置应该是他的。

第二个时期就是20世纪50年代以后，杭州大学生物系时期。杭大生物系也培养了很多的优秀人才，分布在各行各业，包括学术界、教育界、政界、企业界等等。尤其是恢复高考、改革开放以后，有相当一批校友出国深造，其中有30多位校友在美国著名大学任教授，在国外的校友中，甚至形成了一个“杭大生物系”的学派。下面主要谈一下在学术界享有盛誉的几位校友代表。在美国有一个麦克阿瑟天才奖，也被称为小诺贝尔奖。每年这个奖项颁发给美国二十几个行业里选出来的年龄在40岁以下的领军人物。1978级的管坤良校友是改革开放以后从中国大陆出去的学者中第一个拿到麦克阿瑟天才奖的。另外，相当一批留在国内发展的校友，也成绩斐然。比如我们的杨焕明院士，他被誉为“中国基因组之父”，是我们杭大生物系1976级的校友。他是今年唯一评上美国科学院外籍院士的来自中国大陆的学者。还有一位是中科院细胞生物学研究所的1981级的校友徐国良教授，这几年连续在Science、Nature期刊上发表多篇文章。他是今年进入院士评审的前20名学者之一（编者注：徐国良校友已在2015年被评为院士）。我记得20世纪80年代初，中科院系统在全国招收研究生的名额不多，而杭大生物系几乎每年都有毕业生考上。如上海植物生理所和细胞所每年在全国只招收研究生12个左右，而我们杭大生物系1977级至1982级毕业生，每年至少有两位成为这两个所的研究生。以上事例足以说明杭大生物系当年的教学质量是不亚于国内任何一所顶尖大学的。

我还要谈一下浙江大学在20世纪80年代重新建立起来的生物科学与技术系。虽然只有短短的十多年，但也培养了许多人才。在校友中有在Yale大学等名校任职的教授。在美国有一个叫Howard Hughes的基金会，它是资助个人而不是资助项目的。当年Hughes这个造卫星和火箭的公司和GE通用公司合并了以后，给了休斯先生300亿美金，休斯先生就拿这个钱去资助生物医学研究。这个基金会每年资助美国的300位顶尖教授，包括诺奖获得者、院士、顶级科学家。前年开始对海外的学者进行资助。近年来，中国大陆有8位学者获此殊荣，其中有3位就是我们浙大生物科学与技术系的校友。

由此可见，浙江大学生物系在各个历史时期，都培养出了各种各样的优秀的人才。

如果回头来看看这中间的原因是什么？我想归根结底，是由于我们有好的老师。就以徐道觉先生在细胞染色体方面的研究成就来说，除受到老浙大农学院与生物学系一大批优秀教师的教育外，他还是谈家桢先生的研究生，受过谈家桢先生果蝇实验的严格训练。当时生物学系有一位细胞染色体技术很精湛的细胞学家许骧教授，对徐道觉先生后来的实验室技术也很有影响。在20世纪50年代以后，也有一批一心扑在教学上、诲人不倦的优秀老师。江希明先生就是优秀教师中的一个杰出代表和领军人物。这些老师不仅教我们知识，还教我们怎么做人，他们坚守大学老师的职责：传道、授业、解惑。第一是传道。最近习总书记在北师大的一个讲话，实际就讲了一个问题：就是怎么传这个道！我们浙大生物学系能发展到现在，也就是因为这个薪火相传的“道”，代代传递至今。我觉得我自己在杭大生物系的四年学习生活让我受益终生，即便去了国外二十多年，我还是一直选择当一个中国公民，一直想着要回来报效国家、报效我们的母校。又如刚才罗建红副校长提到的我们创建浙大生命科学研究院的10位校友，他们身在海外，心系母校，为了母校的生命科学学科建设，不计任何代价地多次回到母校，为母校献计献策。比如我们的杨亦农校友今天又回来了，不辞辛苦地从大洋彼岸的美国前来交流和讲学。回过头去看，这就是以江先生为代表的一批老先生教我们的，是一种传承。我们这一代人，包括我们的后人，怎样继承前辈好的东西，怎样把这个“道”永远传承下去，这是对我们的考验。

从1930年贝时璋先生创建生物学系以来，生物学系人才辈出！我今天谈的，只是其中的九牛一毛。我觉得生物系的历史应该好好去挖掘。回顾和研究这些历史，是我们这一辈人的责任。

我们生科院的老教授都有长寿的基因，比如我们的贝老就活到了一百多岁。如果贝老活到110岁的话，去年诺贝尔奖的领奖台上，就可能有贝老。因为贝老的工作实际上奠定了再生生物学，也就是去年拿到诺贝尔奖的与干细胞相关的研究。去年拿诺贝尔医学与生物学奖之一的英国人直到1963年才提出这个理论，而贝老于20世纪40年代在湄潭工作时就已经提出这个理论了。

最后，祝我们生命科学学院走在学科的前沿，培养出更多优秀杰出的人才！祝我们的老师健康长寿！祝各位校友永葆青春！

编者注：作者为杭州大学生物系1979级校友，国家千人计划特聘教授。曾任浙江大学生命科学学院院长，现任浙江大学医药学部副主任，浙江大学遗传学研究所所长。

江希明教授与肿瘤免疫学

美国加州大学　冯根生

为庆祝江希明老先生100周年华诞，以及纪念其他与浙江大学发展密不可分的杰出生物学家，浙大生命科学学院于今日隆重举行了为期一天的座谈会。作为受邀参与会议并作发言的其中一员，我在荣幸之余，亦对不能来到现场感到十分遗憾。谨以本篇短文，聊表我对诸位老师的敬意与感恩。

即使在抗日战争中老浙大处无定所、流离四方的情况下，江先生在留学德国后毅然归国，且在比较生理学领域作出了一系列重大贡献。我虽与江先生未有深入交流，但这些事迹都让我印象深刻。作为20世纪60年代顶尖科学家之一，江老先生攻克了家鱼人工繁殖的难题，这对当时水产业的意义是不可估量的。

值得称道的是，时届60高龄的江老先生，不拘泥于已获得的成果，带领生理学教研室同仁投入了全新的科研领域——肿瘤免疫学。且据其同事回忆，老先生不辞辛劳，与学生们一同洗刷试管，维修设备。

1978年我借高考恢复之机，来到了梦寐以求的老杭大生物系。在大四那年，江希明先生与我后来的导师丁仁瑞先生分别教授我肿瘤生物学与免疫学课程。同时，在丁仁瑞老师与马志章老师的指导与支持下，我对“硒分子的抗肿瘤效应”进行了研究。上述经历让我预见到肿瘤免疫学未来的潜力，并支持着我一路成为时任上海第二军医大微生物所主任的叶天星教授的研究生。其中，我的硕士研究论文“γ-干扰素的提纯与特性研究”便是在包括江老先生与丁老先生在内的学术委员会的审核与帮助下完善并通过。可以说，没有诸位老师的支持与鞭策，就没有我今天所获得的成就。

经过了数十年的沉寂，肿瘤免疫学近来在大量临床医学数据的支持下再次成了科研热点之一。2013年Science(科学期刊)将其评为年度重要科学突破。我们相信，一系列能对抗免疫抑制分子的抗体，将拯救或至少延长全球数以百万计的病患者。这是最好的时代，一个肿瘤免疫学将大步前进的黄金时期，也是对江希明老先生等同行最好的缅怀与告慰。

现如今我正致力于肝癌的相关研究，力图攻克这一全球致死率排名第二的癌症。千言万语，化作不断前进的动力，以此感恩江老师等老杭大前辈的栽培与支持。

衷心祝愿诸位老师幸福安康！

编者注：作者为杭州大学生物系1977级校友。原文为英文，译者巫东豪为生命科学学院2011级学生。

缅怀恩师江希明先生

海外校友　金申初

欣闻母校举办恩师江希明先生诞辰100周年纪念活动，再次勾起对先生的无限缅怀之情。当年初识先生之时留下的印象至今栩栩如生。先生身材高大，满面红光，白发苍苍，见人总是面带慈祥的微笑，一看就是满腹经纶的儒雅长者，令人肃然起敬。在最初几年里，虽然亲聆先生教诲的机会很少，但先生的学术造诣和为人作风众口皆碑，如雷贯耳。及至成为先生的研究生后，由于先生其他各方面工作繁忙以及身体状况等原因，无法给每位学生很多的具体指导，但每次简短的面授机宜，都能为当时“山重水复疑无路”的课题，开辟一条乃至数条通往“柳暗花明又一村”的蹊径，引导我们这些羽翼未丰的学子，步步攀向学术的高峰。记得几位学长在收到经先生批改的论文后，个个对先生佩服得五体投地，令我们对先生的敬佩也更加深一层，同时也为自己能有先生这样的良师而备感庆幸。到了自己的论文初稿完成，去请先生批改，先生寥寥数语加数笔草图，即给我理清了思路，就如醍醐灌顶，令人拍案叫绝。至此方真正体会到，为何师兄们个个疾呼：“先生高明！”

此后步先生后尘，出国留学。起初亦尝雄心满怀，不意路途坎坷，课题一波三折，及至成果初具，却被美国一家公司抢先发表。只得重起炉灶，以致时日迁延。等到学位到手，已是学界老童生了。又因种种原因，专业中道而弃。以此愧对母校、愧对恩师，常怀无颜见江东父老之心。虽然如此，内心对母校、对恩师的感激从不敢忘。离乡十年时，回国探亲，曾购德国红酒一瓶聊作为给先生的敬仪，不料竟闻先生辞世已数年，补报无门，悔恨不及。如今唯一可以告慰先生的是，先生桃李满天下，出类拔萃者济济一堂。弟子们无不拳拳追崇先生的高尚人品，努力继承、发扬先生严谨的治学精神。就自己而言，虽中道改行，但从先生这里学到的学术思维、解决问题方法，依然终身受用。每每转授他人而获佳评时，自豪地宣告：是先生密授之法宝！他人亦对先生肃然起敬。

届先生百年诞辰之际，书短文缅怀恩师，愿恩师英灵永在。并祝各位师长、同窗身体健康，事业有成。祝母校欣欣向荣，蓬勃发展。

2014年9月27日于德国美因茨

编者注：作者是杭州大学生物系1977级校友。

求　是

美国宾夕法尼亚州立大学　杨亦农

谢谢大家，我简单讲几句。今天，我非常高兴能够参加这个缅怀江希明教授的座谈会，我是杭大生物系1978级的学生，1982年的我毕业论文就是在毛树坚老师指导下完成的有关细胞学的课题。今天早上周宏老师问我发言的题目是什么，我脱口而出"求是"。所谓求是，就是求真，科学研究也就是追求真理。这就刚好和杭州大学的校训，标在校徽上的"求真"相契合。杭州大学也就是把"求真"作为学校追求的目标。

回顾三十多年前我在杭州大学生物系所接受的那些教育，我觉得就是求是的教育。那个时候的老师是认认真真地教，学生也是认认真真地学，这种氛围给我们打下了非常好的基础，良好的基础知识和基础教育对于我们之后去国外帮助很大。刚才各位老先生发言时认真严谨的态度，让我又一次受到了优秀的教育。这次我回到浙大参加这个座谈会，看见各位老先生、老教授依然精神饱满、声音洪亮，我感到非常欣慰和钦佩。最后，我祝愿各位老先生生活愉快、健康长寿！

编者注：作者为杭州大学生物系1978级校友，浙江省千人计划特聘教授。

说说我心目中的父亲

江　璐

我的父亲江希明，江苏省灌云县人，1913年出生于一个教育世家，祖父恒源（问渔）公，是中华职业教育社的创始人和早期领导人之一，20世纪20年代出任过江苏省教育厅厅长。父亲在1936年毕业于国立浙江大学生物学系，毕业后即去德国慕尼黑大学（也称明兴大学）留学，获博士学位后归国报效母校，在浙江大学生物学系任教。1950年，任浙江大学生物学系系主任，但不久即逢全国高校院系调整。当时父亲被留浙江师范学院，重新组建生物系，任系主任。1956年被任命为浙江师范学院副院长，分管全院的科研工作。1958年，浙江师范学院与杭州大学合并，父亲担任杭州大学副校长。期间，曾奉命组建杭州师范学院（现在在金华的浙江师范大学的前身），出任首任院长。不久后又回归杭州大学。父亲的专业是动物生理学，毕生从事高校科研和教学工作。在本职工作之外，还担任过浙江省动物学会理事长、中国动物学会副理事长、浙江省政协副主席、浙江省科协主席等社会职务。

父亲一生都在大学中度过，早在浙大求学期间，就参加了浙大师生为响应"一二·九"运动而进行的抗日救亡运动和浙大的"驱郭运动"，并且是"驱郭运动"的领导人之一。父亲在生物学领域的科研成果，如四大家鱼的内塘人工繁殖已广泛应用于渔业生产，肿瘤的免疫生理学研究为如今的肿瘤生物学打下了良好的教学基础……父亲的科研成就不胜枚举，而我今天想说一说我在家庭生活中所看到的我的父亲。虽说是从家庭的角度来谈父亲，内容也离不开他的工作，科研工作、教学工作、学校工作……因为，记得他生前说过一句话：我的一生都是与浙江大学、杭州大学的生物系紧密相连的。

在我的眼里，父亲首先是一位宽厚而亲切的长辈。父亲去世的时候，我还在读中学，说实话，最大的遗憾就是聆听他的教诲太少太少。那时，虽然我并不十分清楚他担任着什么样的社会职务，但是我看到家里常常是"谈笑有鸿儒，往来也有白丁"，因此我能感觉到父亲是一位交游很广又非常受人尊敬的人。

父亲虽然工作很忙，但对我这个女儿还是无微不至关怀的，除了关心我功课，我能感觉到，他把他的人格也融入日常小事里，潜移默化地影响我的思想和为人。

记得父亲生病住院期间，在身体稍好时就回家过周末。有一回我陪他出去散步，回到家就举手敲门，父亲马上阻止我说：你妈妈正在忙着准备午饭，我带了钥匙，我们可以自己开门的，何必麻烦别人呢？

另一件事是我们曾从上海买来一大包筒装的巧克力饼干，我打开包装后拿起最大的一块就吃起来。父亲看到了，笑眯眯地问我，你把大块的都吃了，那么小的碎的谁来吃呢？

父亲是个很注重细节的人，很多时候，父亲都是以这种提问的方式来提醒我，而我自己在反省的同时也慢慢学会了谦让，学会了设身处地地为他人着想。

在我的眼里，父亲也是一位精心育人的老师。从最初进入浙大当助教，直到成为桃李满天下的教授，他除了思考专业的设立、课程的安排，也一直都在思考另一个小之又小的问题：怎么才能把乏味的教学内容讲得很生动很有趣？常与父亲接触的同事都知道，他是一个十分幽默的人，而他的课堂，也常常是严谨与幽默共存的。

他在给学生讲解蛋白质、脂肪、碳水化合物的吸收过程时，用一个"肉包子旅行记"的生动有趣的故事，形象地说明了食物在人体内消化吸收的过程。

我在中学学习生理卫生课，父亲曾为我做考前辅导，讲到血管壁的功能时，他把血液中的细胞比作一碗八宝粥，大的红细胞、白细胞就像八宝粥里的莲子、红枣，个头较大难以渗透，小的物质就像八宝粥里的糯米，比较容易滤出来。这种形象的比喻加深了我对血管壁功能的理解。

作为一位精心育人的老师，父亲在教学和科研的同时，也把着眼点放在怎样提高学校的整体教育质量上。近期，我整理了父亲亲笔撰写的几份手稿，包括《海峡两岸科学家们，让我们携起手来》《写给毕业同学的寄语》《纪念"一二·九"运动50周年大会讲话》等，其中《高等学校校长素质之我见》讲到：他一生中的绝大部分时间都是在大学里度过的，自己身为校长，也接触了国内外的一些大学校长，深感校长任务艰巨，当之不易，而校长的素质也是办好高校的关键因素之一。他在文章中提出的作为大学校长必需的素质,包括对学术修养、事业心、组织管理能力、个人品德修养等的描述,比如"选择校长一定要挑选办事业的人,而不要挑选做官的人",直至今天也不过时。父亲在文章中也回顾了竺可桢校长的办学历程。竺可桢校长排除万难,潜心办学,终于把一个不甚闻名的浙江大学办成了一所蜚声海内外、人才辈出的高等学府。跟随竺校长远赴湄潭的工作经历,也是父亲教学科研生活中不可磨灭的一段美好回忆。

在我的眼里,父亲还是一位谦恭而虚心的学生。我很小的时候,就知道董聿茂先生是一位重要人物,我们全家都特别尊敬他。有空的时候,父亲也常常到董先生家里去坐坐聊聊;每当逢年过节或者有什么好吃的,父亲总是想着董先生。有一次我问父亲:董先生到底是什么大人物?父亲说:是我的先生、我的老师呀!

父亲师承贝时璋先生、董聿茂先生等,从这些前辈学者身上,他不仅学到了前辈们求真务实、严谨治学的学者风范,更是继承了尊敬师长这种当时学校非常良好的风气。记得父亲言谈中提及竺可桢校长、贝时璋先生时,那种唏嘘恭敬的神情,令人肃然起敬。

当时父亲和医大的郑树校长、生物系的丁仁瑞主任共同主编了《肿瘤生物学》,即将出版之前,父亲请贝时璋先生为此书写序,贝先生欣然应允。贝先生在序中表示"此书一经发行,必将受到广大读者欢迎"。这本书后来多年一直是国内医科高校肿瘤生物学课程教学用书。

在我的眼里,父亲又是一位孜孜不倦的科学家。父亲说,教给学生一瓢水,自己要有一桶水。我常常看到的是,他为了装满自己这一桶水,付出了比别人更多的努力。父亲在生病入院之前,每晚都工作到深夜2点左右,或查阅资料,或撰写文章。他有个习惯,把重要的知识点记录到卡片上,按顺序收藏到专门的卡片柜里以便随时查阅,我家至今仍保留着他的两大箱资料卡片。

20世纪70年代末,父亲在研究了国际上肿瘤方面的科研趋势后,认为很有必要在生物系开设肿瘤生物学课程,但苦于没有教学资料,父亲翻阅了大量的文献,整理了大量的资料,编写出一本《杭州大学生物系肿瘤科研资料》用于教学。

最令我自豪的是,父亲作为一名科技工作者,面对不公敢说敢言,为科技人员的权益大声疾呼。1987年5月,省里下达整顿学会工作的文件,父亲看到文件中一些措辞很不合适,便以浙江省科协主席的身份,对"清理学会"的说法提出质疑。他不仅亲自找省领导反映意见,而且在省政协会议上作了专题发言《为学会说几句话》,得到了与会人员的强烈反响,也得到了全省科技工作者们的共鸣。大家说:江先生为我们学会说了话,为我们科技人员说了话!

这就是我所看见的我的父亲,他的一生都与杭州大学、与生物系紧密相连。他是一位好父亲,也是一位好学生、好老师和孜孜不倦的科技工作者。

人的一生常常是充满了悖论的,父亲的一生也不例外。文末,谨以小诗献给父亲坎坷而又精彩的一生。

栽得了桃李满园，忘不了师恩如山。
育得了四大家鱼，吃不下鱼虾海鲜。
干得了抗日救亡，逃不过“十年浩劫”。
开得了肿瘤课程，敌不过肿瘤疾患。

2015.2.17

座谈会结束语

丁仁瑞

今天准备发言的人很多，但是由于时间的关系，只能忍痛割爱，发言到此为止。我们很希望能再找机会，让大家都来说一说。但是很可能有些困难。因此，我们争取用另外一种形式，让大家的话见诸文字。例如出一册"纪念文集"。能不能办到？要靠大家再努力了。

今天本来我们想请生命科学学院的郑胜书记、副院长，对座谈会作一个"小结"。但是郑胜书记很客气，说他不说了，要我简单讲几句。我就不揣浅薄，简单地"小结"几句。

今天，我们开了一个很有意义的追思座谈会。我们以纪念江希明教授诞辰100周年为契机，回忆追思了众多先辈在1952年至1998年期间，以坚韧不拔的毅力和顽强的意志，在时代的顺境和逆境中，进行生物科学的传薪和研究。回过头去看一看，这几十年的办学与治学，都与老浙大竺可桢校长及贝时璋先生所倡导的理念相吻合。原因是这几十年中，主持生物系工作和各学科领军的教授，大多来自浙江大学，或者原来就是浙江大学的教授，或者是浙江大学的毕业生。他们以浙江大学的校风、学风——"求是"精神，爱国爱校爱生，学而不厌、诲人不倦，在教学、科研中取得了不朽的业绩，培养出了一代又一代的英才俊杰。先辈们功不可没。我们今天以非常崇敬和非常感恩的心情，追思他们，纪念他们，是完全应当的。我们还希望这种"尊师重道，知道感恩"的人类知识与智慧的精粹，能够发扬光大，一代一代传下去。

今天我们已经回归到了浙江大学，生命科学学院各方面的资源配置与显示的成就，是过去所无法比拟的。我们在追思、纪念先辈们的同时，更应该努力学习他们的优秀品质和勤奋努力的精神，为浙大生命科学学院更灿烂的明天，为培养出更多更优秀的生命科学英才，为生命科学学科的发展，作出更进一步的贡献！

今天下午，有一场"校友感恩学术报告会"，由管敏鑫教授主持，有管敏鑫、胡汛、杨亦农、柯越海等专家的精彩演讲。欢迎踊跃参加！

座谈会结束。谢谢各位的光临，祝各位身体健康，幸福快乐！

2014.9.29

[网络报道]

缅怀先辈荣光，铭记浙大师魂

——纪念江希明教授诞辰100周年暨缅怀前辈师恩座谈会

时光辗转了几轮，细数，他已经离开我们24年了，8000多个日日夜夜，沉淀的，是我们对他浓浓的思念。记忆翻转，那个在灯下刻苦钻研的身影渐渐清晰，他向我们走来，从意气风发的青年变成白发苍苍的老人，带着他对科学事业满满的奉献，慈祥地笑着。他，就是江希明先生。

2014年9月29日，浙江大学举办了"纪念江希明教授诞辰100周年暨缅怀前辈师恩座谈会"，将江希明教授重新带回了人们的视线。江希明教授生于1913年，是老浙大生物学系、老浙师院生物系系主任，原杭州大学副校长，原浙江省科协主席，原浙江省政协副主席。他也是省内知名人士，生物科学界资深学者，曾为老浙江大学及原杭州大学作出过很大贡献，也为浙江省的科学事业发展作出过很多贡献。

江希明教授一直教授动物生理学等课程。早年曾从事动物再生生理学和水生生物调查研究工作。1958年后，进行了鱼类生殖生理学的研究，攻克了家鱼人工繁殖的难题，这对我国水产业的蓬勃发展意义非凡。"文革"结束后，已届60高龄的江先生，仍然瞄准科学前沿，带领同事投入了全新的科研领域——肿瘤免疫学，对肿瘤发生后体内免疫平衡的变化规律、诱导因素与调控途径的生物学基础作了系统研究。而肿瘤免疫学的研究，经过了数十年的沉寂后，现已再次成为科研热点之一，这绝对是对江希明老先生等前辈最好的缅怀与告慰。

江希明教授诞辰100周年之际，毛树坚、薛艳庄、丁仁瑞、俞志隆等九位老教授积极倡议开展系列纪念活动，得到生命科学学院广大校友和离退休老师们的热烈回应，他们纷纷从各地赶来参加纪念活动或发来热情洋溢的贺信。9月29日，在紫金港校区校友楼紫金港厅，筹备许久的纪念江希明教授等前辈师尊的座谈会终于隆重召开，学院的师生们和来宾们济济一堂，抚今忆昔，感慨万千。上午9:00，在丁仁瑞教授的主持下，会议正式开始。浙江大学副校长罗建红到会，并发表热情洋溢的讲话。讲话中，罗校长回顾了浙大生物系艰辛而辉煌的发展历程，并对现今的院系规模进行了宏观介绍，显示了生物系一脉相承、欣欣向荣的发展态势。校长助理、校友总会张美凤副会长也到会祝贺。生命科学学院彭金荣院长致辞，向与会嘉宾和校友们表示衷心的感谢，彭院长还介绍了生命科学学院的近况。此次座谈会特邀了江先生的三位老朋友，原浙江农业大学校长陈子元院士、原浙江医科大学校长郑树教授和浙江省科技界的前辈钱铭岐老领导，他们一一在会上致辞，陈子元院士讲述了与杭大生物系诸位老师共事的时光，郑树教授与大家分享了跟随江先生求学的经历，钱铭岐老领导回忆了"文革"时期与江先生的往事，最后都表达了对江先生的追思之情。原浙江省委宣传部常务副部长童芍素校友高兴地出席了座谈会。生命科学学院党委书记郑胜老师也出席了会议。

座谈会上，江希明先生的学生、同事及后辈代表毛树坚教授、薛艳庄教授、管敏鑫教授、郑斯涌教授、诸葛阳教授及马志章教授纷纷发言，深切表达了对江先生等前辈们的感恩情怀。其中，倡议者之一的毛树坚老先生在其名为《老浙大的治学理念永放光芒》的讲话中，为我们详细讲述了老浙大的历史、治学理念及治学法宝，他提到自己是这种治学理念的受惠者，十分感恩，最后的陈词："我今年83岁，是九位倡议者中的最年幼者，也已到耄耋之年了。今天有这样一个盛会，让我们能够表达我们对师尊们的感恩之情，……可以说，我们一生无憾了！"台下听众听了无不动容。江先生的学生——原杭州大学党委书记、校长、省政协副主席薛艳庄教授也在讲话中说道："今天，我的心情真的特别特别激动，我是在江希明老师直接关心和教导下成长的，他专业很强，勤政务实，清正廉洁，讲真话实话，言传身教，我铭记在心，感恩之情一言难尽，我永远永远缅怀他！"字字肺腑，令台下听众不胜唏嘘。特意从美国赶回母校参加会议的校友代表杨亦农教授也上台致辞，表达海外学子对母校和老师的感恩之情。

最后，江希明先生的夫人项斯端教授和爱女江璐女士也先后做了生动感人的发言，并对组织此次活动的各位教授、前来参加会议的各位来宾以及学校和学院的大力支持表示了深深的谢意。江璐女士以"我眼中的父亲"为主题，从一名女儿的视角讲述了父亲对事业的执着和对子女的慈爱，她用优美的语言，娓娓道来，为我们呈现出了更真实、更全面的江希明先生。整个座谈会气氛融洽，代表们的发言令人感动不已。在浓浓的感恩之意、深深的缅怀之情中，座谈会一直持续到中午12点半，仍有很多老师和校友想上台发表感想。

当天下午在生命科学学院大楼245报告厅，举行了"校友感恩学术汇报会"。管敏鑫、杨亦农、胡汛、柯越海等教授进行了学术汇报。其中，他们讲述的一些学界新兴的研究成果牢牢吸引了在座师生的视线，大家兴趣盎然，直到汇报会结束，讨论声仍不绝于耳。大家纷纷表示，愿"校友感恩学术汇报会"能经常举办，愿生命科学学院学术成就常青，感恩之情长存！从老浙大生物学系历经半个多世纪发展而至现今浙大生命科学学院，培养出了数以千计的生命科学人才，其中不乏可以列入世界生命科学研究前沿的精英人才。这些人才的产生，都是数代前辈师尊们辛勤培育的结果。他们今日的学术成就必定会让恩师们含笑九泉！

纪念活动已顺利落下帷幕，但给人们带来的感悟却刚刚开始，回忆往昔，江希明先生生活学习的老浙大生物学系，拥有一批名师，蜚声国内外。在艰苦卓绝的抗日战争时期的流亡办学中，仍有卓越的研究成果，因而得到国际学者李约瑟博士等的好评，浙大被誉为"东方剑桥"。今日的浙大生科院，精英荟萃，设备精良，远非老浙大生物学系可以比拟。但是饮水思源，优秀的求是精神永远值得传承，老一辈师尊们的优秀品格永远值得我们缅怀，他们为生物系、为生命科学所作出的历史性贡献，也值得永存浙大史册！

缅怀先辈荣光，铭记浙大师魂。求是精神，永不磨灭！

浙江大学生命科学学院
校友与发展联络办公室　周宏

2014.9.30

纪念文选篇

江希明教授生平

毛树坚　整理

江希明(1913—1990),祖籍江苏灌云县板浦镇,1913年9月20日出生于北京的一个教育世家家庭,父亲江恒源是著名的职业教育家,因此江希明自幼接受良好的家庭教育。

江恒源(1886—1961),字问渔,号蕴愚。光绪二十七年(1901年)中秀才,1915年北京大学中文系毕业。大学毕业后,入北京私立朝阳大学、中国大学任课务。以后历任:江苏第二厅视学、江苏省立第8师范学校校长、江苏省教育厅厅长等职。与黄炎培等创建中华职业教育社,提倡职业教育。曾任中华职业教育社办事处主任,积极创办中华职业学校、女子职业学校和职业补习学校,又创办《职业与教育》期刊,开我国职业教育之先河,为我国职业教育界的先驱者。1949年后,曾任全国政协委员、政务院文教委员、上海市人民委员会委员、上海比乐中学校长、中华职业学校校长等。编著有《伦理学概论》、《中国先哲人性论》、《职业指导》等。

1919年9月—1925年7月,北京师范大学附属小学读书。

1925年9月—1926年7月,北京师范大学附属中学初中读书。

1926年9月—1927年7月,南京东南大学附属中学初中读书。

1927年9月—1932年7月,上海光华大学附属中学读书。

1932年9月—1936年7月,浙江大学生物学系读书。在浙江大学四年期间,曾担任学生自治会主席。1935年12月9日,北平学生为抗议"何梅协定"的签订,组织了声势浩大的示威游行(后被称作"一二·九"运动),遭到镇压。消息传到浙大,全校学生群情激愤,决定成立由25名代表组成的统一学生组织,组织大游行,赴南京请愿。江希明积极参与活动,为25名代表之一。后又参与浙大学生的"驱郭运动",成为学生运动的领导人之一。

1936年7月—1937年2月,浙江大学生物学系毕业,毕业后留系任研究助理员。

1937年2月,与浙江大学同学、数学系毕业生徐瑞云女士喜结良缘。

徐瑞云,祖籍浙江慈溪市,1915年出生在上海,1927年入上海公立务本女中读书,1932年考入浙江大学数学系。1936年7月毕业,1937年2月,26岁的徐瑞云与生物学系助教江希明结婚。婚后三月,夫妇二人获得亨伯特留学德国的奖学金,双双乘船同赴德国留学。徐瑞云于1940年底获博士学位,被称为我国第一位数学女博士。回国后任浙江大学数学系教授,浙江师范学院数学系系主任。

1937年5月—1941年4月,江希明入德国慕尼黑大学(也称明兴大学)动物研究所,攻读动物生理学。由于有兴趣于水生生物,因此选定以甲壳动物水蚤为博士论文的研究材料，于1940年完成《水蚤(*Daphnia*)的周期形态变化研究》论文，获哲学博士学位。论文于1941年发表在《水生生物与水文学国际评论》(德国)。

1941年4月回国，返浙江大学生物学系，任副教授、教授。1951年，经全系同事推举，出任浙江大学生物学系系主任。

1952年11月全国高校院系调整后，任浙江师范学院生物系教授，生物系系主任。

1953年，进行杭州西湖水生生物与西湖生态环境的调查研究。

1955年，进行涡虫再生生理研究——再生过程中酸性与碱性磷酸酶的变化。

1956年6月，由国务院任命为浙江师范学院副院长。

1957年，进行蜚蠊呼吸代谢生理的研究。

1958年8月，认领徐瑞云的侄女徐毓华为养女，组成三口之和睦家庭。（徐毓华毕业于杭州大学数学系，留学美国，获博士学位。现定居美国纽约皇后区。）

1958年11月，浙江师范学院与杭州大学合并，被任命为杭州大学副校长。

1958年后，为响应科研为生产服务的号召，放弃了对蜚蠊的呼吸生理研究，转向"四大家鱼人工繁殖的研究"。主持浙江省的家鱼人工繁殖研究工作，研究出了家鱼人工繁殖生产鱼苗的技术。1958年后，家鱼的人工繁殖在全省迅速推广，为发展我国淡水水产业作出了重大贡献，其成果受到水产部电令嘉奖。

1960年6月，被任命为杭州师范学院(现浙江师范大学前身)院长，但未脱离杭州大学生物系的科研工作。

调任杭州师范学院后，首先完善学院的各项管理制度，也为各系科的发展制定了规划。同时还积极督促提高教育质量，指导教师开展科学研究，制订培养青年教师的计划，为日后学院的发展，提升为浙江师范学院打下了基础。

1962年2月，重回杭州大学，任杭州大学副校长。

1963年6月，再次率杭州大学生物系家鱼人工繁殖生理学研究团队，赴湖州市菱湖浙江省淡水水产研究所，合作研究家鱼人工繁殖中的有关生理学问题。以后，每年鱼类生殖季节都以同样方式，科研团队都赴浙江省淡水水产研究所(或杭州市鱼种场)进行鱼类生殖生理学研究，直至1966年"文革"开始，被迫停止。

1964年，招收动物生理学研究生二人。

1966年6月—1977年，"文化大革命"期间，江、徐夫妇双双受到冲击。

1969年1月23日，徐瑞云受迫害，含冤离世。江希明在"牛棚"中闻讯，悲痛欲绝。

1970年政策落实后，进行一些肿瘤防治的科研工作，为开展肿瘤免疫生物学的研究做准备。

1970年底，与生物系项斯端老师结婚，重组家庭。

项斯端，1951年毕业于浙江大学农学院园艺系，随后就读理学院生物学系研究生。1952年全国高校院系调整后，在浙江师范学院、杭州大学生物系任教。1955年后拓展从事藻类分类学与生态学领域的研究，并从1978年开始，招收硕士研究生。70年代后，以淡水藻对江湖水质的影响为学术基础，参与省市的环保工程工作，贡献颇大。1987年晋升为教授。曾任生物系植物教研室主任，省海洋学会副理事长，省环境学会环境生态专业委员会主任，省生态学会顾问，省植物学会理事等。

1972年11月，喜得千金——江璐。（江璐毕业于杭州大学计算机应用专业，从事IT行业。）

1977年后，江希明恢复杭州大学副校长职务，分管全校科研工作。发起在新中国成立30周年国庆时举行盛大学术报告会。积极倡导当年的口号："崇尚学术，积极推进科研工作，贯彻双百方针，发扬学术民主，开展不同学派、不同见解的争论。"这对刚从"文革"浩劫走出来的领导者来说，是极不容易的。

1978年，参加全国科学大会，受到极大鼓舞。

1979年，主持杭州大学学术报告会，邀请全国知名人士与专家100多位，收到论文400多篇。对"文革"后全校的拨乱反正，重启知识分子心灵，重振科研队伍，重建学术氛围，有极大的推动作用。

1979年后，对生物系的科研工作也仍起引导与推动作用。如积极组建生物研究所，积极参与生物系的科研活动，小至亲自参加"读书报告会"。

1979年后，引导原来鱼类繁殖生理的研究团队转向研究"肿瘤免疫学"，向细胞、分子生物学进军。

1983年，从杭州大学副校长的岗位上退下来，改任杭州大学顾问。

1980年以后的研究大致有如下几项：

1. 主持《抗肿瘤免疫核糖核酸》（省科委重点项目）；

2. 主持《带瘤机体T抑制细胞的检测诱因来源及其生物学功能的研究》（国家自然科学基金项目）；

3. 主持《淋巴因子与相关T细胞对肿瘤免疫细胞调控作用的研究》（国家自然科学基金项目）；

4. 与浙江医科大学郑树教授及杭大生物系丁仁瑞教授合作，编著《肿瘤生物学》专著，于1990年出版。

1978—1988年，任省政协第四、五届委员，并当选为副主席。在此期间积极参政议政，献计建言，作出重大贡献。

1984年，光荣地成为中国共产党党员。

1988年，被任命为浙江省科协主席。

江希明一生参加学术性的社会活动很多，兼任职务也颇多。曾担任中国动物学会理事、副理事长，浙江动物学会理事长多年。对浙江省动物学会的建设与发展，浙江省高校动物学学科的教学、研究，以及浙江省动物学研究工作者的培养成长，贡献很大。

1988年患胃癌住医院两年半，期间仍为各方事务操心，如：科研团队的研究工作，专著的编写工作，研究生的教学工作，生物系师资的梯队培养工作，学校行政工作，省科协工作等。

1990年6月17日，安详而平静地溘然长辞。

编者注：本文素材来源于江希明自填简历，《杭州大学教授志》，本文集有关纪念文章，网络查询。本文经项斯端教授最后修订审定。

江希明教授治学理念之一：大学教师必须要有自己的科学研究

毛树坚

“所谓大学者，非谓有大楼之谓也，有大师之谓也。”这是民国时期清华大学老校长梅贻琦先生在1931年说过的一句名言。近年来，在国内知识界，特别是高教界，已经是传诵得大家耳熟能详，并为大多数人所认可和接受。在浙江大学、杭州大学有位江希明教授也说过一句话：“大学教师，必须要有自己的科学研究”。两位学者，一北一南，相距上千里，时间跨度有20年，但他们的精神何其相似，真有异曲同工之妙。如果把梅先生的话作为构建大学的战略性理念，那么，江先生的话，就是实现这个战略性理念的一个战术性理念。因为，大学教师只有通过自己的科学研究，才能提高自己的思维能力、分析问题的能力，才能循循诱导、开拓学生的学习和钻研能力。

笔者向浙江大学生命科学学院的几位耄耋老教授(他们都是江希明教授的学生，也都是笔者半个多世纪来的老同事)进行采访。他们回忆起半个多世纪以前江希明先生对他们的种种教诲，均说犹在眼前。江先生经常说：“教师，无论是小学、中学还是大学老师，都要知识渊博。”“授人杯水，自必桶满。”教师要给学生一杯水，你自己必须要有满满的一桶水，甚至是一缸水。

所谓知识渊博，就是知识的面要广，知识的深度要深。知识的广度与深度是成正比的。知识的面愈广，就愈可以钻得深。面狭，则钻不深。当然，知识的广度与深度都是相对而言的。对于不同层次(小学、中学、大学)的教师，广度与深度的要求，当然是有层次的不同。

对于知识的广度与深度，江先生认为，可以通过阅读来拓宽和加深。书读得愈多，知识面就会随之拓宽，并且逐渐加深。但是，知识的深度要到达某个领域的最前沿，或者说最深处的前沿知识，单靠阅读是得不到的。要掌握最前沿的知识，就必须亲躬力行地去研究，去探索。这种亲躬力行，就是科学研究。经过科学研究，不但可以掌握某个领域(也可能只是某个领域中的某个点)的最前沿知识，而且还可能在原有的基础上，有新的知识发现。这就是科学研究中的有所发现，有所发明和有所创新。

但是，话又说回来，从事科学研究，并不是都能有所发现、发明或创新的。有的科学研究，由于方向或路线不对头，得不到正确的结果，则以失败告终。有的科学研究，由于没有好的方法或者没有先进的仪器，也得不到有更新的知识的发现。所以，通过科学研究而有所发现，有所创新，为数也不是很多的。科学研究是允许有失败的。另外，还得说一句：科学研究也是有层次的。有的研究，主题宏大，内涵极深，其成果的价值就高。有的研究，主题小，内涵也浅，其成果的价值就较小。所以科学研究也有大小、深浅、高低之分，不能一概而论。

作为大学教师，如果你进行了科学研究，则不论大小、高低，即使不能有所发现或创新，你也能掌握到某个领域的最前沿知识。由此，你对这个领域的知识，就能理解透彻，融会贯通。到了这个境界，你的授课一定能够条理清晰，说理透彻，举一反三，丰富多彩，一定是一位能受到学生喝彩的好教师。

笔者与几位老教授共同回忆，仿佛穿越时空，到了半个多世纪以前，又亲聆到江老先生的教诲。

1952年全国高校院系调整后，老浙大生物学系被撤销。江希明教授从浙大生物学系系主任岗位调整到新建的浙江师范学院生物系系主任岗位，一切都要从头做起。当时，师资缺少，物质匮乏，经费拮据，几近白手起家。根据几位老教授的回忆，当年江希明教授为贯彻其治学理念，做了下列的工作。

一、根据当时杭州市政府准备"疏浚西湖"这一信息，江先生率先立题开展"杭州西湖水体生物资源与生态环境的调查"，试图在杭州西湖疏浚前留下一点西湖生态环境与生物资源的科学资料，同时也以此启(带)动浙师院生物系的科学研究。当年江先生的助手是薛艳庄助教，仅有的仪器设施是利用老浙大生物学系留下的一些物资自行装配的。

二、利用系主任的行政职权，发动全系教师制订发展计划。讲师以上或有科学研究能力的教师，制订"科研计划"。年轻助教制订"进修计划"，并跟随主讲教师(也称指导教师)进行科学研究。

三、全系以教研组为单位，开展"读书报告"。每个人的读书心得、科研成果(或困难)都可以在"读书报告"中进行交流。

四、生物系每年都有上山或下海的野外实习，把师生们点点滴滴采集或调查来的成果，不断积累，经过研究，精炼成论文。这些论文陆续发表后，不少成为几十年后《浙江植物志》《浙江动物志》编写，乃至全国动、植物志编写的原始资料。

江希明先生留学德国期间，有兴趣于水生生物，他的博士论文是《水蚤(*Daphnia*)的周期形态变化研究》，归国后又以草履虫、涡虫为研究材料，发表《涡虫(*Planaria*)再生中超常眼点的重建的研究》等论文。后来他曾试图进行涡虫再生机理的研究，但因时代环境的变化而未果。继而他转向蜚蠊呼吸代谢的研究，也因受时代大背景的制约而未果。1962年后，他转向研究家鱼在人工催情产卵中的生理，获得不少成果，对我省的家鱼人工繁殖生产，有不小的影响。"文革"以后，江先生则投入肿瘤免疫生物学的研究。从免疫核糖核酸(iRNA)的研究到带瘤机体T抑制细胞的生物学功能的研究，取得了很多的成果，并编写出了专著。江希明教授一生的科学研究，受时代大背景的制约很大，几经折腾。但他本人坚持科学研究不断，对自己的治学理念，始终不渝。

笔者阅读《竺可桢日记》以及贝时璋、谈家桢教授等前辈的传记，才领悟到江希明先生对科学研究的理念，是来自于浙江大学的一贯传承。竺可桢校长就曾说过："大学之应注重研究"(《竺可桢日记》)。

贝时璋先生在1930年创建浙江大学生物学系时，曾继续他在德国的实验形态学与细胞学的研究。以后陆续聘请不少著名的科学家进生物学系，如罗宗洛、谈家桢、张孟闻、张肇骞、仲崇信、许骧、蔡堡、董聿茂等，他们都有各自的科学研究领域。即使到了抗日战争非常时期，生物学系还在国内外杂志上发表了20多篇相当有影响的论文。生物学系与当年浙大的数学系、物理学系、化学系并驾齐驱，从而使浙江大学有“东方剑桥”的称誉。

科学研究，能提高学校的学术水平。高水平的学术氛围，又推进了教育质量的提高。优秀的教学，则能培养出众多的英杰人才。这就是所谓的“名师出高徒，名校出人才”。众多的英杰人才，又造就了学校的名声美誉。

江希明先生长期受浙江大学师辈的教诲与熏陶，他把科学研究视作大学的生命，列为重要的治学理念，那是理所必然的。

笔者走笔至此，不觉顿生议论“时弊”的冲动：当今对高校，有所谓“教学型大学”与“研究型大学”的划分与称谓。难道教学型大学的教师就不需要进行科学研究了？研究型大学的教师就不需要讲究教学质量的提高了？其实在大学中，教学与科研永远是相辅相成的，互相依存、互相促进的。教师从科学研究的实践中可以提高学术水平，学术水平提高以后，必然会提高教学质量，两者无法偏废。将高校教师的教学与科研截然划分开来，进而又连同将高校也分成“教学型”与“研究型”。这种理念和措施，既在理论上说不通，也不符合现实中的真实情况。用哲学的语言来说，就是有点“形而上学”。真的，是远远不如我们前辈师尊的治学理念高明。

江希明教授治学理念之二：大学教师要有扎实的基础

毛树坚

前文论述了江希明教授的治学理念——大学教师要有自己的科学研究。本文将继续探索江希明教授的另一治学理念。江希明教授在重视教师的科学研究的同时，他还非常注重教师的基础。他认为，大学教师在年轻时期要打好基础，基础打扎实了，一生有利于他的教学和科研生涯。

笔者向几位老同事请教，这些老教授都是江希明教授的学生，对江希明教授的治学理念，都有切身的感受与体会。

在半个世纪以前，对于如何培养年轻教师成才，有两种看法(或称两条路线)。一条路线认为，青年教师要及早确立培养的专业方向，采用“单课突进”方式专攻专业方向，直至专业有成。这种培养方式，据说见效快，可以从快培养出专业人才。这种培养方式有如毛竹的生长，单线直上，可以称为“毛竹型”的培养方式。另一条路线认为，青年教师在确立专业方向后，不能单线直上，而要扩大知识面，把与专业有关的一些学科知识学好，把基础打扎实。在扎实的基础上再向专业方向发展。这种培养方式有如金字塔的架构，可以称为“金字塔型”的培养方式。采用这种“金字塔型”的培养方式，虽然在前期要花点时间，但是如俗谚所说：磨刀不误砍柴工。基础打扎实了，对于以后的专业培养终究是不吃亏的。

江希明先生主张年轻教师把基础打扎实一点，这样更有利于专业上的成就与发展。他不主张那种“毛竹型”的培养方式。

江希明先生之所以强调基础要扎实，笔者认为，这与老浙大生物学系的学养背景和学术氛围有关。1930年，贝时璋先生创建生物学系时，开始只有他一个人，被戏称为“一人系”。贝先生学识渊博，学养深厚，多才多艺，一个人可以开设多门课程，如《无脊椎动物学》《脊椎动物学》《比较解剖学》《胚胎学》《细胞学》……动物学范畴的所有课程，他几乎都能讲授。贝先生的讲课是很生动的。据老浙大生物学系1937届学生、杭州大学生物系教授吴宝华老师生前介绍：贝先生上课只带粉笔，不带其他东西。讲胚胎学时，胚胎三维结构的动态变化，讲得清清楚楚。使人感到贝先生的讲课，真是“俯仰之间全是学问，信手拈来都是知识”。贝先生为什么能讲授如此多的课程？他的讲课又为何能如此之优秀卓越呢？原因很简单，就是贝先生的学识渊博，学养深邃，基础扎实雄厚！因此，可以得出结论，江希明教授的这个治学理念，也是传承于老浙大贝时璋先生的言传身教。

江希明先生除了用贝先生的事例来教育年轻教师之外，还举当年身边的例子来说明基础的重要性。当年生物系有王曰玮、吴长春两位教授。江先生介绍说：王先生的专业是植物生理学，但是他的分类学造诣也很深，王先生也几乎能教植物学范畴的所有课程。而且王先生还曾开设过《达尔文主义》《进化论》等课程。王先生早期在化学研究所工作，化学知识也非常深厚，甚至可以教《无机化学》呢！吴长春先生的专业是种子植物分类学，但是他也涉足过昆虫学，可以教《昆虫学》课程。

半个多世纪以前，笔者与诸葛阳等同学留系任助教，江希明先生一开始就要求大家把基础打扎实。当年分配给笔者的专业方向是组织胚胎学。但江先生要求笔者必须对《脊椎动物比较解剖》《人体解剖学》《动物生理学》等几门课的基础打扎实，要求笔者将来能讲授《细胞学》《组织学》《胚胎学》《解剖生理学》等课程。诸葛阳当年确定的专业方向是脊椎动物学，但要他先跟随吴宝华先生做《无脊椎动物学》课程的助教，把《无脊椎动物学》的基础打扎实。

江希明先生还有一个观念：助教阶段是大学教师最好的“补缺”和“加深基础”的时期。江先生剖析自己时说，在无脊椎动物分类学和脊椎动物比较解剖学方面，他也是弱项。原因是他留学时专注动物生理学，归来后，缺少一个做助教的时期，没有一个在学术上补一补的机会。

从历史角度去观察与考察，江希明教授关于大学教师要有“扎实基础”的治学理念的效果究竟如何？笔者认为，当年一批受到江希明教授培养的年轻教师，在经过半个多世纪的成长、磨炼以后，都成了有关学科的专家学者，学科的领军人物。特别在经过“文革”十年浩劫以后，当时我国科技界、教育界出现巨大的人才断层，这批当年受江希明教授等老一辈科学家亲炙的人才，都成为大学中站在第一线的骨干。他们接过老一辈恩师手中的教棒与科学研究的传薪，辛勤耕耘。从他们手中又培养出了一大批今日驰骋在国内外生命科学研究与教育阵地上的精英，甚至院士。

历史已经给江希明教授的治学理念作出了肯定的结论！

江希明教授治学理念之三：生物科学工作者必须要有“动手能力”

毛树坚

我国的现代大学教育起步较迟，因此现代自然科学的发展也较晚。以生物科学言，在20世纪20年代之前，无论是动物学还是植物学，都还只停留在形态学观察和分类学阶段，实验生物研究还极少。老浙大生物学系系主任贝时璋先生在20世纪20年代留学德国时，受德国著名实验胚胎学家施佩曼(H. Spemann)等的亲炙。回国后，1930年在浙江大学创建生物学系，并进行实验形态学、实验细胞学等研究。1950年后贝先生调入中国科学院，创建实验生物研究所，并担任所长。贝时璋先生是我国实验生物学科的先驱者和奠基者。

江希明教授受贝先生的亲炙，又留学于德国慕尼黑大学动物研究所，也是一位实验生物研究者。在1952年创建浙江师范学院生物系后，非常强调：生物学科学工作者必须要有“动手能力”。综合几位老教授的回忆：当年江先生强调的“动手能力”，一是指动植物的野外观察、采集，标本制作、标本整理，以及生态环境的调查考察等实际操作能力；二是指实验室工作的操作能力，包括仪器设备的使用，实验过程的制订，甚至包括仪器设备的保养维修、仪器设备的创新设计与制作等等。当年，从老浙大生物学系调整到浙师院生物系的，有一位教师——毛节荣先生，因为自少年时即进西湖博物馆当练习生，会采集、制作标本，其制作动植物切片标本等一系列生物技术，受到江希明先生的重视，要其他年轻教师多向他请教。另外，浙江大学有一位谈家桢先生早期的研究生施履吉先生(后是中科院实验生物研究所研究员，院士)，精于实验室技术。江先生经常提起，说施先生手巧，许多难度很高的实验，他总能完成得漂漂亮亮。他会根据实验需要，自己设计和制作各种仪器等等(笔者在谈家桢先生的传记中，也看到过有关于施履吉先生的这种说法)。

1953年，浙师院有一批青年教师刚走上工作岗位。江先生就请老教授王曰玮先生率领他们上西天目山进行野外采集工作，让他们感受到生物学工作者必须亲身与大自然(动物、植物)亲密接触。后来，又让动物教研组的年轻教师跟随董聿茂教授出海采集海洋生物标本，培养青年教师各种不同的“动手能力”。

在制订本科生教育的教学计划时，江希明先生要求安排大一、大二学生进行两次野外实习，一次上山一次下海。江希明先生认为，这些野外实习，除了起到验证与补充课堂中的理论教学外，主要还是培养(未来的)生物学工作者的“动手能力”。

许多老浙大生物学系的毕业生，都谈到当年贝时璋先生讲课时，只带粉笔不带其他东西。贝先生在黑板上边画边讲，把一门注重动态变化的《胚胎学》，讲得清晰透彻。同样，江先生也很重视生物系各课程的课堂教学。在浙江师范学院时期，当年每位助教为配合主讲教师的授课，都画得一手好的挂图。这也是江先生重视“动手能力”培养的结果。

在半个多世纪以前的生物学实验室里，仪器设备并不多，主要是显微镜、解剖镜，另外还有少量的化学玻璃仪器。江希明先生要求年轻教师熟练掌握各类显微镜的使用，还要求会一点显微镜保养技术。对于玻璃仪器，除了能正确使用外，还要会一点吹制技术。他曾经请物理系的玻璃仪器吹制技师小杨来系里传授玻璃仪器吹制技术。此外，如实验室用到的蒸馏水、纯酒精等试剂的制备技术，也要求掌握一点。实验动物的饲养，特别是果蝇的培养，是一项专门的技术。听江希明先生介绍，抗战时期，蒸馏水、纯酒精都要靠自己制备的。当年浙大生物学系所在地贵州湄潭常常断电，实验用的保温箱，靠烧炭精来保温，这也是实验人员自己动手制作的。

浙师院生物系建系初期，江希明先生做西湖水体水生生物与生态环境的调查研究课题与蜚蠊呼吸代谢研究课题，很多玻璃仪器是自己装配的。如做蜚蠊的呼吸代谢生理研究时，要用到“华勃氏呼吸仪”，但是系里没有，江希明先生和助教薛艳庄亲自动手装备。

江希明教授强调“动手能力”的理念，得到后来杭州大学生物系系主任陈士怡教授的支持。陈士怡教授与江希明教授同出于老浙大生物学系贝时璋先生师门，所以在治学理念上两人相同、相通。陈士怡先生多次谈到生物系的教师要重视“动手能力”。一次他在全系教师会上说：他遇到生物学界某一学者，谈到目前高校生物系的教师情况时，该学者认为，现在年轻人缺乏动手能力，很多人“no hands”。因此，陈先生告诫大家说：你们可不要“no hands”哦！

由于江希明先生与陈士怡先生等前辈一贯重视“动手能力”，因此，从浙江师范学院到杭州大学时期的生物系，在教学上都比较重视野外实习与实验课，助教们常准备实验课至深夜，许多教师在实验技术上动脑筋。微生物学教研室王志仁老师用玻管拉制“显微解剖针”，其精细程度可以切割酵母。当时适逢著名实验胚胎学家童第周院士（时任中科院副院长）来系参观，无意间看到这支“显微解剖针”，倍加称赞。童先生年轻时在比利时布鲁塞尔大学留学，在著名的布拉舍教授实验室，用灵巧的一双手完成了难度极高的青蛙卵膜的剥离工作，获得布拉舍教授的赏识。童老曾说过：“我们的事业，需要的是手，不是嘴。”童老的理念与江希明先生的理念也不谋而合。

江希明教授、陈士怡教授等前辈的治学时代，已经渐渐远去。电子技术、数字化技术、智能化技术、量子生物学技术等等，已经进入并逐步取代过去的许多传统生物学技术。但是，老一辈生物学家们的治学精神，他们的治学理念——从老浙大生物学系开始，经历浙江师范学院、杭州大学时期的生物系，又回归到浙江大学生命科学学院，是否还有参考价值？是否还可以代代相传？得出的结论应该是肯定的。

写完江希明教授的治学理念三篇，最后还得作一郑重声明：古人所谓师者，应该具有传道、授业、解惑三大功能，今人亦然。笔者所写三个治学理念，只是写了江希明先生关于授业、解惑部分的理念，没有写他传道部分的理念。江先生为人正直、仗义，爱国、敬业、爱生，注重言教身教，是为人称道的好老师。所以，不写他的传道，不是江先生不足称道，而完全是笔者的省略。其实，也不是笔者的省略，而是在其他篇章中都已经叙述到了。

哀哀恩师　教我劬劳

——追思江希明教授的科研业绩

毛树坚

1990年6月17日上午9时10分，江希明教授的心脏停止了跳动。看着这位为教育和科技事业奋斗、献身毕生的恩师溘然长逝而无法用我们的力量来延长他的生命——哪怕是一分一秒的时候，真是悲痛万分，凄怆之情无以名状。我从就学开始跟随江希明教授40年，虽然曾经由于极"左"路线的干扰，我们有一段时间不能经常交往，但是在史无前例的"文化大革命"的最后阶段，却又相聚在"牛棚"之中。在此期间我亲眼看到他失去亲人的悲恸，陪伴他度过了一生中最为凄哀和辛酸的一段日子。在十年浩劫之后，我又有幸在省人民政协内，可以说在他直接指导下度过了富有朝气和生机勃勃的十年。在他临终时刻，我又是唯一在床侧送别，看他安详而平静地走向安息和永生的一个学生。风风雨雨的40年，使希明恩师和我之间，除了师生的感情之外，还有许多难以用语言来说清楚的感情。因此，当今天握笔写这篇悼念文章的时候，仍然哀泪满眶，怆怆无法自已。

希明师1936年毕业于浙江大学生物学系，1937年留学德国慕尼黑大学动物研究所，专攻动物生理学。1941年得博士学位后归国，到浙江大学就教。当时浙大对教师的聘任非常严格，一般得博士学位的留学生，只能以讲师职务相聘。但是另外有几所大学对希明师可以以副教授或教授相邀。希明师为了报效母校，不计名位，就任浙大讲师，不久以后即升任副教授、教授。这段经历很短暂，即使当年浙大的老职工，也不很知道其中详情。但在我跟随希明师当助教的时候，希明师曾几次提到这段经历，他认为助教和讲师工作是一个打基础的好时光，应该抓紧这段时间，把教学和科研工作的基本功练好。他对自己只做半年讲师，失去一个打基础的时期而感到遗憾。可见，希明师对做学问的基础是十分重视的，这对我们年轻同志是一个宝贵的治学经验。

希明师在德国留学时有兴趣于水生生物，因此选定以甲壳动物水蚤为博士论文的研究材料。1941年在《水生生物与水文学国际评论》(德国)刊上发表《水蚤(*Daphnia*)的周期形态变化研究》博士学位论文。归国初期，正是我国抗日战争最艰难困苦的时期，希明师仍坚持以草履虫、涡虫等为材料进行研究。1947年在《美国博物学家》杂志发表《涡虫(*Planaria*)再生中超常眼点的重建的研究》。新中国成立初期，希明师由于忙于院系调整等行政工作，研究稍放缓，但仍继续进行涡虫再生生理的研究。记得1951年时希明师与我们去玉皇山等处郊游，归途中在黄龙洞大樟树下的一口井水中发现涡虫，大喜，即寻找器皿采集带回实验室。后来我留系任助教，希明师特地派遣我去中科院实验生物研究所姚鑫教授处进修细胞化学技术，分配我研究涡虫再生中碱性磷酸酶(AKPase)和酸性磷酸酶(ACPase)在细胞分化中的变化。可惜因为"运动"迭起，1957年后无法再从事这项研究，半途而废。我未能完成希明师的嘱托，几十年来心中总是怏怏。在进行涡虫再生研究的时候，希明师正在考虑开辟一块无脊椎动物生理学的研究天地。他曾经对我说：目前动物生理学主要是人体生理和一些哺乳类实验动物生理，还有一部分昆虫生理，至于其他无脊椎动物生理学或者比较动物生理学的研究，国外也很少，国内几乎是空白。其实，有些生理学的基本问题，用无脊椎动物作材料，比较容易得到，实验时间也短。我们如果把无脊椎动物生理研究搞起来，是可以作出一点贡献的。

关于涡虫再生生理的研究，实际上是一个细胞分化问题的研究，因为涡虫的器官组织结构较为简单，身体各部分充满间叶细胞，再生过程也就是间叶细胞进一步分化的过程。20世纪40年代，苏联有一位勒柏辛斯卡娅女科学家，提倡“活质学说”，认为有机体的生活物质可以发展为细胞，在胚胎发育或创伤愈合中，有活质参与细胞的形成。国内有学者研究皮肤的创伤愈合与之相呼应。希明师对涡虫再生的研究，也有从再生生理的基础研究结合到创伤愈合应用中去的意图。由于再生生理的研究难度较大，一时难见成效。因此希明师在涡虫再生生理研究的同时又开展蟑螂呼吸生理的研究。当时选择以东方蜚蠊为材料，主要是东方蜚蠊一年四季可以获得，同时蜚蠊是家庭主要害虫之一。通过蜚蠊呼吸代谢的研究，试图找到一种能够消灭蟑螂的呼吸抑制剂（在20世纪50年代除了DDT之外，有效的除虫剂极少）。对蜚蠊的研究进行了两年多，已经获得蜚蠊越冬期间呼吸代谢的变化等一系列结果。可惜后来由于铺天盖地而来的批评，研究又告中断，始终未能完成预期的目的。

1958年全国吹响了“大跃进”的号角，各行各业都以“跃进”的姿态奔腾前进，科学家也不能例外。中科院实验生物研究所朱冼教授到浙江来从事人造生态环境结合激素促进家鱼（鲢、鳙）的卵巢发育成熟和催产、授精工作。希明师毅然投入这项工作，在有关部门的协作下，主持了浙江省家鱼人工繁殖研究的工作，率领杭大生物系师生深入生产现场参与和指导人工繁殖的工作。在1958年的一个夜晚，在当时提倡“夜战”的情况下，希明师曾失足跌落鱼池，受惊一场。家鱼人工繁殖生产鱼苗的技术，1958年以后在我省迅速推广，全省从1958年试点生产出鱼苗6050尾，至1962年春季已经可以生产鱼苗3400万尾，而且全省不少县（市）、公社、生产队人工繁殖的鲢、鳙鱼苗已基本满足生产上的需要。希明师在这项工作中是作出了不可磨灭的贡献的。

1962年以后，希明师非常明确地提出，关于家鱼人工繁殖的工作应该从生产技术的研究深入到基础生理研究上去，以利于这项工作能够深化发展保持后续的力量。因此从1963年起希明师在杭大组织了一支扎实的实验室工作队伍（即科研团队），与浙江省淡水水产研究所一起，连续数年坚持不断地从事鲢、鳙鱼繁殖的基础生理学研究。主要包括：鲢、鳙鱼等卵巢发育的形态学与组织化学研究，鲢、鳙鱼卵巢发育中的磷代谢研究，脑垂体激素注射对鱼卵巢磷代谢的影响，人工催情时卵巢发育中的磷酸酶活性研究，鲫鱼卵巢发育中的磷化合物测定以及蟾蜍排卵时的磷代谢等等。希明师的一系列鱼类繁殖生理中磷代谢研究，重点阐明了卵母细胞在发育过程中酸溶性化合物和RNA等原生质的合成与能量代谢有关化合物的合成与储备的分阶段性以及催情、排卵过程中的生理变化。这些研究不单是补充和丰富了鱼类卵巢发育以及排卵等生命活动的有关知识，而且还为亲鱼的培育和催情过程中激素药物的选择和使用条件等提供理论根据。

史无前例的“文化大革命”，冲击和荡涤着一切正确的和错误的传统，迅速改变上层建筑和意识形态中的许多观念，摧毁和破坏文化、教育和科技领域中许多已有的建设和成就。家鱼人工繁殖的研究，在这种情况下已不复能够存在。

1979年党的十一届三中全会的春风荡漾大地，整个社会拨乱反正，科技工作者迎来了第二个春天。希明师很快投入了科学研究的实验室工作，从事肿瘤免疫生物学的研究，最先是进行抗肿瘤免疫核糖核酸的工作，与美国牛满江教授等一起组织国际学术讨论会，成为国内当时研究免疫核糖核酸(iRNA)的主要学术带头人之一，以后发展到带瘤机体T抑制细胞的生物学功能的研究，研究的成绩很大，至今除连续发表了《带瘤供体脾脏核糖核酸的研究》《带瘤小鼠脾PNA＋细胞培养清液中免疫抑制因子的生物学特性》、《5-羟色胺的免疫调变机理研究》等论文20余篇外，更可贵的是在杭州大学生物系带出了一支肿瘤免疫的科研队伍，这支队伍正在日益发展，目前在带瘤机体LAK和LIC细胞杀伤肿瘤细胞及肿瘤相关因子等方面已作出很漂亮的工作。苍天如有知，能假希明师更多天年，则这支队伍必能更快更好为我国的肿瘤免疫生物学领域作出更多更大的贡献。

《诗·小雅·蓼莪》中有“哀哀父母，生我劬劳”。希明师之于我是“哀哀恩师，教我劬劳”。希明师不但授我以知识，解我以困惑，还传我以做人的道义。在科研上，希明师的风范也是我们优秀的榜样。首先，希明师真挚而努力地把知识献给人民，而且还断然地多次更换自己的研究方向和课题，以适应社会的需要。希明师在多次遭到不实之词的批评后，豁达大度，虚怀若谷，以事情的是非曲直和人民利益为重，毫不计较个人的得失。但是，希明师也明确而坚决反对庸俗的实用主义，他多次强调，在考虑应用性科研的同时必须要注意基础研究。在强调应用效果的同时必须要想到机理研究。其二，希明师特别强调科研中的“三严作风”，即严肃的态度、严格的要求、严密的方法。在这方面他不但是要求我们，而且自己身体力行。从课题的开题设计、技术路线、方法步骤、预期结果，都有很严密的安排。我个人在今天能够做一点科学研究工作，就是得之于希明师的教导和榜样的示范。其三，希明师对年轻同志既严格要求又热情培养，诲人不倦，博大宽厚，这是杭大许多同志都亲身经受到的。目前浙江乃至全国和海外有许多希明师的学生，在各条战线上担负很重要的工作，做出很杰出的业绩，希明师九泉有知，当也可告慰了。

希明师在大学期间，正是国难当头时期，他目睹和经历中国受欺于帝国主义，中华民族灾难深重。因此曾积极参与中国共产党领导的学生抗日民主运动。学成归国后，在强烈的爱国主义精神驱使下，他非常真诚而执着地要将自己的知识和智慧无私奉献给社会。他努力奋斗，想建立一个无脊椎动物生理学的研究基地；他苦思冥索，希望在生产应用上有所贡献，这就是他毕生在科学事业上的追求。希明师出身名门，从大学而留学，留学而成为教授，与社会基层接触不多，经历上有所局限，因此与社会之间的沟通不够，他不很了解社会生产力对科学研究的要求是什么。但是在极“左”路线的干扰下，社会也不了解一名科学家是可以从多方面为发展生产力和社会主义建设作出贡献的，也不了解科学家更伟大之处是他们在探索自然奥秘和未知世界时可以超越时间和空间，为全人类的未来作出伟大贡献的。由于这种沟通不够，因此希明师在科学事业上的一生，与许多老一辈科学家一样，走在一条崎岖不平的道路上。

希明师常常说自己是一个“普通教师”。诚然，他的确是一个普通的人、平常的人，但是在我与他相处四十年中,总是感到他对事物所具有的敏锐的观察力,睿智的洞察力,精辟的分析力,果断的判断力,富有人情味的博大宽容的凝聚力以及刚直不阿,仗义执言,廉洁奉公和无私奉献的高尚道德风范,随时随刻都闪烁着作为一名杰出科学家和教育家的璀璨光辉。如果不把“天堂”和“永生”作为迷信的追求,而是人类高尚品格升华的境界,那么希明师必然进入天堂得到永生。

希明师永远活在我们的心中。他光辉的一生,将永远激励和鞭策我们为社会主义科学事业努力奋斗!

作者注:本文是26年前,在江希明教授逝世时写的悼念文,发表在《科技通报》(1990年第6卷第5期,301—304页)。现略作修润,收入本文集,特此说明。

怀念爸爸妈妈

徐毓华

我是江希明先生和徐瑞云先生的养女,深受他们的关怀和教诲,也时常想起他们勤奋工作的精神和高尚的品格,深深怀念他们。

1958年8月,徐瑞云先生去武汉开会经上海回杭州,受她哥哥之托把我带到杭州,那时我还是一个初中生,由此改变了我的命运。我真是个非常幸运的人,爸爸妈妈待我如亲人,几十年如一日。

在我的记忆中,爸爸妈妈工作很忙,早出晚归。只有晚饭后我们三人才能坐着谈谈,我讲述中学里的事情,他们也认真倾听。妈妈吃饭时总是谈论数学系的老师和工作,爸爸话不多,但总是认真倾听,时而讲一两句看法,挺像妈妈在汇报系里工作,爸爸再谈些看法。只有当夜深人静时,爸爸才开始自己的研究工作和学习。有时我半夜醒来,看到爸爸还坐在灯光下。爸爸有个习惯,阅读过的书和文章,都用卡片记录,按字母排列,还记载下重点要点,便于以后查找。家里有好几箱这样的卡片,可见他读了多少书和文章啊!

爸爸和妈妈都是爱国的知识分子,1940年初双双在德国留学取得博士学位后就回到祖国,要把学得的知识贡献给祖国的教育和科学事业。当时正值抗日战争时期,老浙大理科迁至贵州湄潭,条件相当艰苦,妈妈身体又不好,仍肩挑重任,努力培养科技人才。新中国成立初期,妈妈还因工作太辛苦,得了肺结核。医生看了X光片,都惊呼严重。后来妈妈经较长时间的治疗休养才恢复。爸爸和妈妈常说新中国成立后的条件好多了,总觉得党和政府给知识分子待遇太好了,说应该努力工作,多培养合格的大学生。他们言行一致,工作努力,我很少见到爸爸、妈妈休息游玩,一家三口能一起去附近的植物园走走,就已是很奢侈的活动了。

有一件小事，令我感动至今。记得还在高中时，爸爸拿到单位发的三张戏票，这是唯一一次一家三口去当时的人民大会堂看戏。戏看完时已没有公交车了，连三轮车也很少，只能步行。当时我倦得眼睛都快睁不开了，妈妈拉着我的手向前走，走到西湖边时才终于叫到了一辆三轮车。这时爸爸果断地让我和妈妈上车，自己快步走向前面。我很惭愧，当时爸妈都快五十了，他们应该坐车的。后来爸爸走到家都十一点了。

爸爸和妈妈在读大学时就认识，毕业后结为连理，后一起赴德国深造，双双拿到博士学位回国报效祖国，三十多年夫妻情深。妈妈曾告诉我，1936年赴德国时是坐轮船的，得很长时间，途中爸爸得了伤寒，几乎送命，是妈妈把他送到意大利米兰的一家医院治疗，并陪伴了一个多月。爸爸说是妈妈救了他的命，当时妈妈才21岁，在当地语言也不通，可见有多少艰难。1965年冬天，爸爸、妈妈和正在杭州大学读书的我同时到浙江平湖接受农村社会主义教育，一家三口分在不同的公社。妈妈想了个办法以互通情况：我先写信给妈妈，再由妈妈写信并附我的信一起寄给爸爸，如此循环。不料半年后"文化大革命"开始，我们回到杭大时，学校已变成另一个世界。期间发生的事情，实在难以言说。1968年我毕业被分配到东阳；1969年1月，妈妈受尽折磨，蒙冤离世，年仅53岁。爸爸当时还被关在"牛棚"，爸爸和我都悲痛欲绝。后来爸爸在生物系同事的促成下，与生物系的项斯端老师组成新家，又老来得女——我妹妹江璐，重享天伦之乐。其时我已成家，也有了两子女，爸爸他们仍然非常关心我们，时常询问我的生活情况并接济一二，我的孩子也喜欢去外公外婆家，慈祥的外公让外孙、外孙女称江璐为小阿姨，其实我女儿比她小姨仅大两岁，三个小孩在一起相处得也特别好。

我1968年毕业于杭州大学数学系，在农村中学教了十年书，后来杭大数学系为妈妈平反，也帮助我调入杭州大学数学系，当助教、讲师。因我是在"文革"中毕业的，"文革"时期大学停课，我并没有读完原定的五年课程。为了加强业务，我努力争取到国外继续读研究生。说来也是巧合，妈妈的一句话成了我中年时期努力学习的动力。在我大三时，妈妈曾说，希望我读完大学，再读研究生。因为怀念妈妈，所以在有条件时，我努力争取学习的机会。1984年9月，我得到了一个机会，美国犹他州立大学给我资助，我决定赴美读研。告诉爸爸这个消息时，他说得很简短——"廉价的劳力"，当时我并不理解它的含义。我在犹他州立大学边工作边学习，工作是为大学生改作业和答疑，直到读博士时才让我上了一些大学生的课。我四十岁才出国读研，以前又是学俄语的，英语基本上是自学，听、说都有困难，所以读研的几年并不轻松。是妈妈生前的鼓励和期待，让我坚持了下去，终于拿到博士学位，实现了妈妈的愿望。我也很感谢杭州大学数学系，严格设置了高水平的本科课程，美国大学研究生第一年课程的内容，竟然有许多是我在大一、大二就学过的数学分析中的内容。

怀念爸爸和妈妈，不仅仅是怀念他们对我的细致关怀和谆谆教诲，更是怀念老一辈知识分子的爱国情怀和兢兢业业努力工作的精神。在爸爸、妈妈百年诞辰时，浙江大学生命科学学院和数学系分别召开了纪念座谈会，与会的大多是爸爸、妈妈的同事和学生，不乏七八十岁高龄的老人，令我感动和感激！这同样可见爸爸和妈妈的工作精神和高尚品格令人难忘！

在浙江大学校友网上看到浙大生命科学学院为江希明教授举行诞辰百年纪念座谈

会，并在会后出版纪念文集。谨写此文，一方面为纪念我的养父母，另一方面为感谢生科院的许多老师，他们为座谈会召开与文集出版付出了辛勤的劳动，他们尊师重教、感念师恩的崇高行为与精神，为后辈树立了优良的行为榜样与道德精神典范。

2016.5

怀念在阳明馆、工程馆的岁月

俞志隆

岁月流逝，江先生离开我们远行已有24个年头。在庄严肃穆的纪念江先生诞辰百年的座谈会上，我凝视着大屏幕上江先生和蔼可亲的面容，不由百感交集。既有深深的崇敬之情，也有太多的遗憾。内向的性格曾使我失去不少面聆师长们教诲或与他们交流沟通的机会，如今想起，真是追悔不已。

在阳明馆

我进浙江大学生物学系读研究生是在1950年秋。此前，我是经过严格整编的绍兴县人民政府建设科的一名科员。我不走从政之路而奔“东方剑桥”，为的是圆自己一个向往已久的梦，圆我的大学教授之梦。

偏居刀茅巷的阳明馆是浙大理科的中心。一楼化学系是“两弹一星”元勋之一王淦昌先生工作过的地方。二楼是生物学系，是我圆梦的出发地。当时的生物学系聚集了一批国内外知名的生物科学精英。动物生理学有时任生物系系主任的江希明先生，遗传学有我的读研导师谈家桢先生、陈士怡先生、盛祖嘉先生；细胞学有项维先生；组织化学有蒋天鹤先生。植物学方面有更多的师资：植物生理学王曰玮先生、高等植物分类学吴长春先生、植物生态学仲崇信先生、高等植物形态解剖学王凯基先生等。其中有不少还是拥有博士学位、学成回国的海归族，如江先生、谈先生、陈先生和盛先生等。

作为生物学系的掌门人，江先生认真地传承了以各学科教师、研究生和本科高年级学生为主体每周一次的“书报讨论”，极大地扩展了师生的科学视野，提高了科学质疑能力和创新思维能力。江先生还积极倡导与鼓励青年教师夜间去实验室工作。读研期间，我住的仁斋距阳明馆不远，我亲历了从初期的红火，到后来“灯火阑珊”的过程。毕竟这个年龄段的教师在一天紧张的教学科研工作之后，也有许多家庭琐事需要处理，有的还可能需要赶去约会。

我喜欢欣赏昆曲，喜欢那曼妙的唱腔和舞蹈身段，还有那高雅的词句，可惜的是，这个剧种也和苏州评弹一样，当时濒临湮灭的命运。由此，我更怀念在阳明馆时期的课外活动间隙，不时飘来的悠扬的、断断续续的、稚嫩的昆曲折子戏《长生殿》《游园惊梦》唱句。周本湘先生及其益友高沛之是这个小集体的"老票友"。这看似琐事,但它也和夜间去实验室工作一样,无疑地烘托了生物学系深厚的学术科研氛围。

截至全国高校院系调整,我在阳明馆生物学系生活了整整两年,这是如沐春风的两年。我当时坚信,我来浙大圆梦的选择是正确的,但愿今后的圆梦之路会一帆风顺。

在工程馆

1952年秋,迎来了全国高校院系大调整,浙大生物学系的大部分师生去了上海复旦大学。江先生、董聿茂先生、王曰玮先生、吴长春先生、项斯端和我,还有刚从华东师大生物系毕业分配过来、我曾称之为指导员的薛艳庄一起去了浙师院,江先生是这支队伍的领军人物。我告别了寻梦两年的阳明馆,来到了月轮山上工程馆的浙师院生物系,在这里我待了有六年之久。这六年是江先生施展治学办学抱负的关键六年,也是助我进一步充实壮大的六年。

针对调整后浙师院生物系师资力量明显薄弱,但自然环境条件远胜刀茅巷阳明馆老浙大生物学系的新形势,江先生提出了"两个结合一个抓"的办系方针。两个结合是教学必须与科研相结合,实验室教学与野外教学相结合;一个抓是发挥教研室作为教学与科研基层组织的作用。

野外实习,雷打不动地在大一、大二年级进行。由王曰玮先生与吴长春先生带队的是以西天目为基地的高山实习。由董聿茂先生与吴宝华先生带队的是以普陀岛为基地的海滨实习。要求中青年教师在日常的教学中利用周围自然环境和两个远程野外实习,结合本身专业进行学术研究。实习归来,教研组必须做出总结。对所采集的动植物标本,除在实习地师生一起进行现场教学外,还必须由师生对其作永久保存和橱窗展览等后期处理工作,以巩固实习成果。

不少教师在多年的高山实习与海滨实习中,结合专业进行了植被与动植物区系的调查,积累了大量的宝贵资料,这些资料对专题研究论文的写作和浙江动植物志的编写起了重要作用。

同时,"两个结合"的治学办学方针对提高中青年教师的学术修养和经验及培养优秀的中学生物学师资,也是一条有效的途径。

在"两个结合一个抓"的推动下,每当我踏进工程馆,总有一股似曾相识的气氛扑面而来,那就是我在阳明馆时期经常感受到的浓厚的学术科研氛围。

初创的浙师院,百事待兴。院领导渴望有一些为各系治学办学可借鉴的经验,生物系就这样走进了院领导的视角。每当江先生传来院方对我系的赞誉和鼓励时,全系师生不禁绽放出愉悦的笑容,同时大家也告诫自己要警惕自满,要更加努力。

院系调整后的新形势给了江先生一块实践其办学理念的试验基地。在工程馆的六年间,他就像一位老农日夜守望自家庄稼地一样,关心着中青年教师和学生们的成长。辛勤耕耘,终于获得了较为丰硕的教学科研成果,江先生的办学理念和教育事业亦趋向成熟。1956年,江先生调任浙江师范学院副院长,1958年后继续担任杭州大学副校长。江先生逐步践行,走向辉煌,臻于顶峰。

师风永存,师恩常在

我同江先生接触不多,"文革"期间,我有幸与江先生同为"牛棚"难友,同吃、同住、同劳动,使我有机会近距离进一步了解了江先生。他不仅是一位平易近人、和蔼可亲、循循善诱的良师和长者,还是一位有着坚强意志、对社会主义事业忠心耿耿的战士。1957年鸣放时期,他承受了巨大的政治压力,"文革"期间他又承受了失去亲人的悲痛,但这些都没有动摇他对党和人民的教育事业的忠诚。他身体力行,积极进取,在杭大的30多年间,做出了辉煌的业绩。1984年,他终于成为一名光荣的共产党员。

我是在1985年入党的,记得那期间有一次我在杭大生物系大楼前遇到正在散步的江先生,他紧紧地握住我的手,热情真诚地说:"老俞,祝贺你!"顿时我感到一股暖流淌遍了全身。此情此景,犹在眼前。

"牛棚"的日子是苦涩难耐的,但也是考验一个人的意志、认清一个人的好机会。

江先生在高校呕心沥血、辛勤耕耘50个春秋,历经老浙大生物学系、浙师院生物系、杭大生物系,并在杭州大学担任领导工作,是老浙大校风、学风和治学办学理念的忠诚传承者,对生命科学、对教育事业作出了重大贡献。

"润物细无声",我从风华正茂之际进入老浙大生物学系读研,跟随江师,历经三校直到离开讲台,长达38年。期间耳濡目染,受着江先生的熏陶,我在江先生高尚的师风引领下成长前行。

"一向年光有限身",年光易逝,生命短暂。江先生的辞世,于我们而言,是一个难以估量的损失。江先生虽已离去,但我及同出师门的海内外学生们会永远怀念他。

师风永存!师恩常在!

2014.11

编者注:作者是老浙大生物学系谈家桢先生的研究生,1952年全国高校院系调整时,随江希明教授入职浙江师范学院生物系。教授,曾任杭州大学生物系遗传学教研室主任。

回忆江希明伯伯

毛承业

江伯伯,我从小就这么称呼江希明先生。在我的心目中,江伯伯一直是一位慈祥的长者,他一头灰白的短发,双目炯炯有神,说话和蔼,脸上总是挂着亲切的笑容。20世纪60年代初,父亲跟随江伯伯到杭师院工作(注),我和弟弟也被送往杭师院幼儿园全托。星期一父亲送我们去幼儿园，星期六接我们回家。从杭大河南宿舍我家到杭师院，交通很不方便。江伯伯上下班有小车接送，每当他在路上看到父亲送我们去幼儿园时，就会停下车，招呼我们上车一起去杭师院。

记得一个寒冬的星期一早上，江伯伯担心我和弟弟会在路上冻着，事先就跟父亲打了招呼，请我们搭他的车去杭师院幼儿园。那天一早，父亲和母亲带着弟弟和我就在路边等。天非常冷，我和弟弟冻得直哆嗦。江伯伯的车来了，是一辆黑色的德国甲壳虫。江伯伯早已让司机陈师傅开足了暖气，我和弟弟一上车就热得出汗，结果母亲不得不把我和弟弟的毛衣脱掉。

一个星期六的傍晚，父亲因事未能按时来接弟弟和我回家。我等不及了，和弟弟钻出幼儿园的篱笆去找父亲。我带着弟弟走出杭师院，很快就迷路了。我和弟弟一边哭，一边走。一位好心的三轮车夫，把我和弟弟抱上车，送到武林门交警岗亭，向值勤的交警说明情况后就离开了。我和弟弟走失的消息很快传开了。江伯伯得知后，立刻动员生物系全体员工寻找，大家寻遍了杭师院的每一个角落及附近街道。直到父亲在武林门的交警处找到了弟弟和我，江伯伯和大家才松了一口气。

江伯伯喜欢抽烟。我和我的小伙伴们喜欢搜集烟盒。我家离江伯伯的家很近，只有几步之遥。我经常去江伯伯家，向他要烟盒。不知是否是巧合，每次江伯伯都不会让我失望，有时给我一个“红牡丹”，有时是“蓝牡丹”。

“文革”中，江伯伯被打成资产阶级的反动学术权威，身心均遭受了残酷的迫害。他的夫人徐瑞云教授被迫害致死。江伯伯的头发变白了。他的上衣的胸前挂上了写有“牛鬼蛇神”字样的黑色布块。但在我眼里，他仍然是可亲可敬的江伯伯。每次遇见他，我都会叫“江伯伯”。每当听到我这么叫他，江伯伯都会对我微微一笑，点一下头。

粉碎“四人帮”后，江伯伯又重新焕发了青春，担负了杭州大学科研、教学和管理的领导职务。此后，江伯伯又担任了浙江省政协副主席。我于1985年去北京中科院地理所工作，1987年底去美国留学。临行前回杭看望江伯伯。还是在他的书房里，书桌上摆满了政协的文件和简报。听完我在中科院的工作经历以及赴美留学的计划，江伯伯非常高兴。他鼓励我好好学习，继续努力。没想到，这是我见江伯伯的最后一面。

我父亲从1947年起就在浙大生物学系工作。父亲没有接受过正规高等教育，但工作非常努力。在江伯伯的严格指导和培养下，父亲从一个实验员做起，一步步成为助教、讲师和副教授。在父亲眼里，江伯伯是领导、是恩师。凡是江伯伯要求的事，父亲总是设法努力完成。一件印象十分深刻的事是浙江省鱼类资源的调查。父亲自20世纪30年代中期起就跟随董聿茂先生从事浙江省的动植物调研，熟悉浙江鱼类的分布。江伯伯给父亲的课题之一是调研浙江省鱼类的种群与地理分布。

20世纪60—70年代，父亲的足迹踏遍浙江的溪涧与江河，采集了大量的鱼类标本。四明山，地处甬江和曹娥江之间的分水岭，对浙南山区鱼类资源的调研有重要意义。由于政治上的原因，父亲不能亲自去调研。但他从未放弃这一地区的鱼类标本收集。1963年夏，我随舅舅一家去四明山北溪探亲。父亲抓住机会，委托舅舅去完成北溪的鱼类标本采集任务。舅舅没有辜负父亲的期盼，带了渔具及福尔马林，在北溪采集了许多鱼类标本，足足装满了两个标本箱。当时在溪涧中捉鱼的情景至今犹在眼前：北溪由南向北横贯北溪村，是著名北溪漂流的发源地。宽阔的溪滩上散布着山洪冲击而成的深潭。深潭中堆满了巨大的砾石，砾石底部的空穴是鱼儿喜爱的栖息处。在亲戚们的协助下，舅舅用渔网围住深潭，把长长的钢钎插入石缝，一声令下，众人一起发力，撬动巨石。鱼儿在惊恐中四下乱窜，纷纷撞入网中。

采集鱼类标本是一件非常辛苦的事，日晒、风吹、雨淋，常常弄得一身水，一身泥。父亲对此早就习以为常了。20世纪70年代后期，有一次在浙江永康山区，雨过之后溪流暴涨，是采集鱼类标本的良机。父亲在没及下巴的激流中下网，采到了一些珍贵的标本。那时，父亲已过花甲之年。

2014.12

编者注：作者毛承业是毛节荣先生的长子。浙江大学遥感工学硕士，美国地理学博士。现全家居美国。

深切缅怀江希明教授及植物学教研室前辈师长

余象煜

教育是立国之本。教育事业需要千百万教育工作者辛勤和执着的耕耘，需要他们献出毕生的精力与爱心去讲好每堂课，对学生既要严格要求，又要热情指导，为祖国培养一批又一批建设社会主义事业的优秀人才。

我作为一名大学老师，首先要真挚地感谢党和国家的培养，使一个贫困山区的农民孩子能上大学，并成为一名大学老师。同时也要真诚地感谢老师们的培养与教育，一个年轻教师的成长，离不开老教师们的传、帮、带。今天我已离开讲台18年了，但经常会怀念那些认真教学、热情指导与协助我们成长的老师们，他们中有的已经仙逝，但他们为人师表、教书育人、对人谦和、为党的教育事业奋斗一生的崇高精神永远铭记在我的心中。

今天我想将自己有限的记忆里，关于原杭大生物系植物学教研室前辈师长传、帮、带的点滴感人事迹与诸位分享。

王曰玮先生：王曰玮先生是我省植物学界的老前辈，他从事植物生理、植物营养生理以及植物生态学的教学。他对教学工作十分认真，一丝不苟，讲课时从来不照本宣科，而是在讲深讲透基本理论的基础上，联系农业生产实际，深入浅出地把课程讲好，同时还补充国内外一些植物生理的最新研究成果与方向。听了王先生所上的课，大家很受启发，大家都感到新颖、爱听、受益匪浅。他还主编了《植物营养生理学》《植物生理学》等教材，对我系的教材建设起了积极作用。

王先生待人谦和，注意年轻人的培养。他是我省植物学界德高望重的学术带头人，曾任我省植物学会理事长。20世纪80年代初，在建德林场开植物学会年会时，他提出不再担任理事长一职，建议由我来接替。当时我再三推辞，因为我无论是资历、学识还是能力均不足以担此重任。但大家纷纷鼓励我，我勉为其难，也激励自己不负重托。在王先生的热情关怀及全体理事的支持下，我担任了三届省植物学会理事长。期间，我两次被省科协评为优秀学会干部，学会两次被省科协评为优秀学会，同时我还被光荣地选为中国科协第四次全国代表大会的代表。

王先生见名誉就让。在20世纪80年代初，学校要晋升一批年长老师的教授职称。王先生从1941年起就是浙江大学副教授，当然是在名单之内。当时系总支与系主任要我把晋升表格交给王先生填报，王先生却多次推辞，认为自己年岁已高、水平不够，这张表应该给那些年纪更轻一些的老师。后经系领导再三说明与催促，他才填上。

1963年，中国植物学会年会在北京友谊宾馆召开，省植物学会去了10位代表。会议安排王先生、吴长春先生和我共住一套间，我当时考虑王先生年纪大，让他住单人间，我与吴先生住双人间。王先生说吴先生最近感冒，要咳嗽，会影响他人休息，也会使他休息不好，住单人间能使他早日恢复健康。于是王先生与我住在一个双人房间内。这虽然是件小事，但他处处关心他人的高尚品德永烙我心中。

吴长春先生：吴长春先生是高等植物分类学方面的前辈，曾任省植物学会副理事长。他一直担任植物分类学的教学工作，我曾是他的助教。吴先生备课认真，讲稿写得很详细，对学生要求严格，特别是实验时。记得一次实验时，有位学生比较随便，很快就做好了，吴先生就要求学生重做，并做具体指导。事后，这位学生很感动地说，直到这次实验，我才真正掌握了植物花器官的解剖。由于这次实验课是我主持的，作为一名助教却没有严格要求学生，没有具体指导好学生的实验，而要主讲教师亲自出来指导实验，我内心是很愧疚的。吴先生还告诉学生，做植物花器官的解剖实验必须与植物分类学中科的特征结合起来，这样以后采到植物的花，经过解剖就能知道它是属于哪一科的植物；然后根据科的检索，就能知道它是哪种植物了。这对学生自己去认识一些陌生的植物是一种很好的启迪。

吴先生还做了大量科研工作。新中国成立后他参与杭州植物园的筹建工作。他专长研究禾本科和报春花科排草属的植物，并致力于浙江维管植物标本的鉴定及植物分类文献的整理，编印了《浙江维管植物名录》。1953年，他带领全系教师学习俄文，还组织教研室老师集体翻译《颈卵器植物分类学》(俄文)，该译本后由高等教育出版社出版。吴先生还是一个京剧爱好者，课余时，有时还放声唱一段，颇为有板有眼，博得大家的喝彩。他的太极拳也打得很地道。

蔡壬侯先生：蔡壬侯先生是植物生态与地植物学方面的前辈，他待人谦和，乐于助人，教学工作认真负责，常带学生上山调查。他文学功底深厚，讲课生动，对青年教师的成长也很关心。他英语基础好，常把国际上植物学科的新进展、新成果介绍给大家。他还参与了《中国植被》的编著工作，编制了《浙江省植被区划图》和《浙江省植被类型图》。曾任浙江省植物学会理事及名誉理事长。

张朝芳老师：张朝芳老师从事植物分类学教学与研究工作，担任《浙江植物志》编委与第一卷主编。他对浙江蕨类植物有深入系统的研究，为浙江蕨类植物区系研究作出了突出贡献，并与中国蕨类植物专家秦仁昌合作，发表蕨类植物新科25个，曾获浙江省科技进步奖一等奖(第三完成人)。

张朝芳老师对植物标本的整理与保管也倾注了很大的心血，原杭大生物系植物标本室有15万份蜡叶标本，这是几代人付出辛劳，从不同产地采集来的。蜡叶标本在梅雨天易发霉，他每年暑假都要将每一份标本上的霉点刷去，再拿到太阳下，适当地晒一下，然后撒上樟脑粉，再按原来位置放在标本柜内。几十年来，我们教研室的植物蜡叶标本始终能保持良好的状态，深得来查阅标本的专家的好评。

现在大家都关注生命科学的前沿学科——分子生物学、基因工程、蛋白质工程等等，不知这十多万份蜡叶标本的命运如何，安然否？

方云亿老师：方云亿老师担任植物分类学的教学与科研任务。她对教学工作认真负责，指导学生时严格又很热情，待人谦和。除了课堂教学外，她还要每年带学生上山实习，辨认和采集各类植物标本。在天目山实习时，她每次都带学生爬上1500多米高的山顶，一个班10多名学生，她和学生一起边爬山、边采集、边讲解，一路讲不停，口渴了喝点冷开水，中餐时吃冷馒头。她还背着一只采集箱，把有些标本带回来展览。20世纪60年代末到70年代初，我们教研室承担了三期解放军南京军区等单位中医务人员中草药学习班的培训任务，每期一个月。年过半百的方先生带领大家备课，开学后，每天带学员上山采集，认真热情地指导学员学习中草药知识，在教学过程中，经常受到学员们的赞许。

方先生除了认真负责地完成教学、野外实习任务，还努力搞好科研工作。她曾参与《中国植物志·报春花科》的编著工作，并负责《浙江植物志》编委会办公室工作，主持与完成了《浙江植物志》的编著并担任第五卷主编。《浙江植物志》共8卷570万字，鉴定和阐述了浙江省蕨类植物、裸子植物、被子植物共4444种，隶属231科1372属，本志由19家单位、50余位专家历时12年完成，出版后曾获浙江省1993年度科技进步奖一等奖（方云亿先生为第一完成人），1994年获华东地区优秀图书奖，1995年获第二届国家图书奖，1995年还获全国优秀科技图书奖一等奖。此志为我省植物种群、区系分布以及资源开发利用等等，打下了良好的基础。它一出版就深受植物科学工作者的青睐和称道，得到国内专家的高度评价。

江希明先生：江希明先生是我们尊敬的系主任，也是深受学生欢迎的任课老师之一。1955年初夏，他与吴宝华先生等带领我们1954级学生去普陀开展为期一个月的动物学实习。在一个月同吃、同住、同采集的过程中，老师以身作则，言传身教，艰苦朴实的敬业精神深深铭记在学生心中。江先生忌鱼腥味，我们来到东海渔场，餐餐都有鱼、海鲜，江先生只能吃点蔬菜，偶尔吃个鸡蛋（肉类很难买到）。江先生睡的是不到一米宽的行军床，白天与我们一起采集标本，劳动强度大，身体会感到很疲劳的，大家都说他瘦了。江先生很乐观，拍拍自己肚子说，我这里还贮藏着很多营养呢！江先生是教动物生理学的，但他对动物分类也十分认真，有些动物他不知道，就虚心向吴宝华老师学习。这点我们学生看在眼里，记在心里。这样一位大教授还虚心学习，不懂就问，更激励我们要学好每一门课，出色完成动物学实习任务。我们在实习中遇到困难，情绪低落时，江先生总是热情鼓励我们，逗笑我们。我记得我们班前一天在海上打捞浮游动物，由于船小，风浪大，小船前后颠簸、左右摇摆，大家没有思想准备，结果多数人吐了，有的甚至连黄胆水都吐出来了。第二天又到海涂采集标本，一开始大家兴趣很浓，采集了大量的活标本，品种多，数量也不少，如海豆芽、阳遂足、海葵、沙蚕、各种蟹类、贝类、鱼类，还抓到两个中华鲎和一个脸盆大的海蜇，丰收的喜悦洋溢在海滩上。然而采样结束时，大家都有身体不适的感觉，昨天呕吐半天，今天又弯腰采集了大半天，感到非常疲惫，回来的路上一点喜悦的心情都看不到了，大家默默走着。到了我们的住地——紫竹林，大门内有四大金刚，江先生突然绍兴、宁波、杭州及苏州土话介绍四大金刚，逗得大家哄堂大笑，这一笑又把大家的积极情绪调动起来了。大家忙着去打海水清洗标本，并用药水固定标本。简单几句话，体现了一个领导的艺术，一个教师的魅力。

我上大三时，江先生是我们动物及人体生理学课的主讲老师，他备课充分，在讲深讲透一些基本生理机制的基础上，还深入浅出地讲一些生理过程，同时还生动列举一些人体常见的生理活动。当时的考试采用口试形式，5级记分制，要求很严格，凡讲过的内容均要考试。大考临近前，大家背课文的气氛很浓，很多同学失眠、做梦、精神状态很紧张，去校医务室看病，吃“艾罗补脑汁”“安神药”的同学很多。江先生一次来寝室，看到同学的桌上有这些药，他很关心同学们的健康情况，询问了很多的问题。到上神经生理一章的时候，他把做梦的机理讲得非常透彻，并告诉大家，每个人都会做梦，只有两种人不做梦，一种是“死脱了的人”，一种是还在妈妈肚子里的人。大脑皮层活动包括深层的和浅层的，所以有的梦能记得一点，有的就没有具体的印象了。他还提醒大家，要根据大脑兴奋与抑制的特点，注意劳逸结合，看书时要交换看……还要经常锻炼身体……同学们听完课后都很激动，很多思想问题也随之解决了。大家都说，听江先生的课是一种享受。我们班上大多数同学毕业后当了中学老师，江先生的课为他们上好中学生理卫生课打下了良好的基础。

江先生带我们班海滨实习，整整一个月，他天天与我们同吃同住同采集，后来又担任我们班动物及人体生理课的任课老师，江先生对我们学生的关心、爱护，渴望学生早日成才的愿望，永远铭记在我们心中。后来，每当我们班开同学会时，大家都会向留校的同学询问：江先生好吗？其他老师都好吗？在江先生住院期间，我们正好开一次同学会，大家去浙江医院看望江先生。这次同学会是来的人数最多的一次，近30位同学。我们分两批去病房看望江先生。江先生看到这么多同学很高兴，立即放下手中的书，问候大家。分别近30年了，我们再次能看到我们的老系主任，我们尊敬的老师，大家感到格外亲切与高兴，大家齐声喊道“江先生好”。江先生很高兴地接待我们，还竟能叫出几个同学的名字，顿时引起大家的热烈鼓掌与大声欢笑。由于我们同学人数近30人，江先生建议到院内找个地方聊，结果走出医院大门到了附近的一个小亭子里。大家围在江先生周围，江先生很亲切又很关心地询问学生们的工作、生活和家庭情况，学生回答时，江先生还不时风趣地插话，逗得大家笑颜常开（见照片）。这个温馨的场面永远烙在了大家的脑海中。

生物系的发展离不开老一辈们的辛勤耕耘，年轻老师的成长也离不开他们的传、帮、带。作为原杭大生物系的一员，我很怀念他们，我深信，一代又一代的学生一定会铭记他们对教育事业的奉献，对青年教师成长所倾注的爱心，以及他们教书育人的美德。这些优良品质将永远激励一代又一代青年人为实现祖国伟大梦想而努力奋斗。

2015.1.10

编者注：作者是杭州大学生物系1954级学生。教授，曾任杭州大学生物系植物学教研室主任，生物系副主任；杭州大学教务处副处长。

董聿茂教授传略

姜乃澄　整理

董聿茂，字功甫，乳名庆土。1897 年 3 月 18 日诞生于浙江省奉化县亭下乡（今奉化市班溪镇）一个家境并不宽裕的山区农民家庭。亭下山区交通不大方便，人多地少，人们生活以贫穷居多，所以当地村民素有外出谋生的习惯。随着与外界特别是与大都市的交往增多，一些当时比较先进的思潮也较早地吹到了这个穷乡僻壤，人们的思想并不太保守。奉化县最早的新式学校——剡源学堂就是由该乡间的有识之士学习日本的教育而创办起来的。董聿茂于 1904 年进七曲小学堂起蒙，1911 年进入剡源学堂继续学习。学校设置的自然科学课程使他耳目一新并增长了不少科学知识。学习之余，他也随父亲上山掘笋、下田种地或到溪流捕捉鱼虾，以补充家中的经济。他从小就感受到了生活的艰难、农活的辛苦和父母供他上学的不易，所以学习十分勤奋努力，成绩优良。学校的教育和社会的现实，使他逐渐感受到人们生活的贫苦和社会的落后，一是由于当时满清统治者的腐败无能，二是由于人们缺乏科学文化知识。1913 年他从剡源学堂毕业时，已是民国初年，当时为重振中华，各种思潮此起彼伏。唯“科学和教育救国”的时论，使他备受鼓舞，并决心继续学业。时年 9 月，他说服祖父，自己担着行李，步行百余华里来到宁波，进入浙江省立第四中学（今浙江省宁波中学）学习，于 1917 年毕业。在学四年，他如饥似渴地学习，取得了优异的成绩。1914 年他参加了学生旅行队，较多地接触和了解了社会。1916 年 3 月，他在学校亲眼见到了孙中山先生，并聆听了先生的讲演。中山先生“教育为救国之本”的思想更坚定了董聿茂走“科学和教育救国”之路的信念。

1918 年，他先在乡间教书，想方设法筹集赴日留学的路费。1919 年，他在亲戚的帮助下终于凑足赴日的旅费，踏上了东瀛求学之路。1920 年，他先后凭官费资助，进入东京高等师范学校和京都帝国大学动物学系学习，1928 年 3 月获帝大学士学位。1928 年 4 月，他进京都帝国大学大学院（研究院）继续深造，攻读甲壳动物学，1930 年 3 月获帝大博士学位。他原打算继续在日本搞一段时间的科学研究工作，积累较多的科研成果再回来报效祖国。但当时日本军国主义者侵华迹象越来越明显，旅日中国学人处处受到歧视和监视。出于爱国和对日本军国主义的义愤，他决意中断研究工作，提前回国。

1930 年 7 月，他乘海轮回到了阔别 11 年的祖国。受浙江省立西湖博物馆首任馆长陈屺怀先生的邀请，出任该馆自然科学部主任兼技师。西湖博物馆是 1928 年“西湖博览会”闭幕后，把有关展品收存起来于 1929 年成立的，设有历史文化部和自然科学部，自然科学部除了很少几块矿物标本和一具鲸鱼头骨标本外，就没有什么其他标本了。董聿茂决心较快地改变这一状况。1931 年初，他带领自然部的年轻人先到浙江天目山和宁波天童寺采集动、植物标本,接着从宁波沿海南下,克服种种困难,采集闽、粤、桂沿海的动物标本,历时近一年。后来他又去青岛、台湾、海南岛和大西北进行资源考察,采回了不少珍贵标本,从而大大丰富了自然部的标本并超过了历史部的馆藏。1933年起,董聿茂任西湖博物馆馆长。他为了把博物馆办成国内一流水平,又开始了艰辛的跋涉。一方面,他积极培养馆内年轻人,既尊重他们的爱好,又根据每人的情况,提出具体和严格的要求,让他们在实际工作中逐渐成长为具有某一方面专长的人才。另一方面,他广泛延揽专家学者,虚心向他们求教。当年他邀请了著名学者钟观光、寿振黄、朱元鼎等来馆,共同研究浙江的动物和植物。与此同时,还积极开展国际标本交换以丰富馆藏。当时就交换到了鸭嘴兽(*Ornithorhynchus anatinus*)、袋鼠(*Macropus giganteus*)、鸸鹋(*Dromaius novaehollandiae*)、大极乐鸟(*Paradisea apoda*)、湾鳄(*Crocodilus porosus*)、泥螈(*Necturus Maculosus*)、日本大鲵(*Megalobatrachus japonicus*)、堪察加拟石蟹(*Paralithodes camtshaticus*)等珍贵标本。

1937年七七事变后,日军大举侵略我国,在杭州沦陷前的紧急时刻,他对博物馆做了妥善安排,把图书资料、仪器、工具和日本侵略者最想得到的标本装箱先行运往后方。为防备标本在转运过程中落入敌手,他对所有标本的标签做了重新编写,隐去采集地点和时间。除植物标本在余杭山区遭敌机袭击被炸损失外,其他珍贵的历史文物和动物、矿物标本均得以完好保存。1940年12月至1941年春夏之交,博物馆历经永康方岩、丽水三岩寺,迁至松阳南洲村。1941年7月,当时的教育厅下令停办西湖博物馆,遣散所有人员,要他把全部馆产交给"松阳县民众教育馆"。董聿茂深知"民众教育馆"不可能保存好珍贵的标本和仪器。因此,他只把一些家具杂物交与他们,而把所有的标本、图书资料和仪器、工具一概由自己出钱从南洲村运至龙泉县城。当时他虽在浙大龙泉分校任教,但经济上并不宽裕。在无官方经济来源的情况下,他节衣缩食,省下钱来租用民房,把图书标本、历史文物保存起来,长达两年之久。同时他仍不遗余力地亲自采集和制作了浙南一带的许多动物标本,收集龙泉古青瓷器皿。1943年7月,在董聿茂一再呼吁下,省立西湖博物馆在龙泉得以恢复。他无偿上交了他费尽心血保存下来的所有历史文物、自然标本和图书仪器。但他决意不再担任馆长一职,以抗议教育厅当时不负责任地作出停办博物馆的命令。抗战时期,日寇占领了南京、上海和杭州的博物馆后,在南京成立了"中支建设资料整理事务所",杭州建有其分所——"杭州出张所"。1942年,日本人知道西湖博物馆已经停办,曾有一位日本同学出面多次要他回杭州主持博物馆工作,均被董聿茂断然拒绝,彰显了他崇高的民族气节和爱国主义精神。

抗日战争胜利后,他回到杭州任浙江大学理学院生物学系教授、系主任和生物研究所主任直至1952年2月。1951年,他同时兼任浙江省博物馆馆长。新中国的成立,使他欢欣鼓舞,并以极大的热情投入生物系的学科建设和博物馆建设。1953年8月,他被浙江省人民政府聘请为浙江省博物馆馆长,同时兼任浙江师范学院教授,直至1958年8月。新中国成立初期,各项事业正百废待兴,国家经济比较困难,政府对博物馆事业的资金投入还十分有限。要办好属于人民的博物馆,他深知自己责任重大。董聿茂根据浙江的省情,对博物馆的性质、规模、人员配制、研究方向、展览内容都做了统筹规划。他十分注意勤俭办馆,事事处处以身作则,使国家的每一分钱真正用在人民的事业上。同时,他希望年轻人更快地在思想和业务上成长起来。为此,他常找青年同志谈心、交换意见,毫无保留地把自己丰富的工作经验传授给他们。1956 年,浙江省领导为了发展科学事业,要他组建动物研究机构以开发和利用动物资源,为浙江省的经济建设服务。董聿茂处事很慎重,他觉得中国科学院动物研究所最初也只称研究室,所以他定名动物研究机构为"浙江省动物研究室"。同年 2 月,浙江省人民政府任命他为研究室主任。他走马上任时,"动物研究室"是一无所有的。他白手起家,在钱塘江边六和塔附近的浙江师范学院内借了几间小房间开始工作。他从师院成绩优良的毕业生中及各著名大学毕业分配到浙江科委的学生中调来人员,经过精心培养,陆续充实研究阵容。1959 年,他领导大黄鱼的人工产卵、人工授精、人工孵化和幼体培育的课题,并获成功。1960—1962 年,他主持了浙江的水产资源调查,对浙江近海底栖、浮游动物及重要经济鱼类的食性做了大量调查分析,特别对甲壳动物、苔藓动物做了深入细致的研究,是国内同类研究的先行者。1958 年 9 月,他又兼任新建立的浙江舟山水产学院(今浙江水产学院)副院长,为学院的发展方向、系科和专业设置提出了许多重要意见,为水产学院的发展壮大作出了积极贡献。1971 年,浙江省动物研究室并入杭州大学后,他一直任教授和学校顾问。他是全国人民代表大会第一至第五届人民代表,积极发挥管理国家和参政议政的作用。对我国渔业资源的调查研究和繁殖保护,他多次提出建议性意见,并率先呼吁禁止大黄鱼的敲鼓作业,挽救了大黄鱼资源濒于绝灭的厄运。在人代会上他多次对发展综合性大学和水产事业提出有创见性的提案,受到党和政府的重视和采纳。

董聿茂是 1934 年中国动物学会成立的发起人之一,1935 年他又与秉志、陈祯、寿振黄、朱冼、贝时璋等一起创办了我国第一本动物学研究刊物——《动物学报》杂志,为动物科学研究及学术交流作出了贡献。他担任过中国动物学会、海洋学会、水产学会、海洋湖沼学会等学术团体的理事或顾问,还担任过中国甲壳动物学会名誉理事长及浙江省科学技术协会顾问,浙江省动物学会、海洋学会、水产学会的名誉理事长,《中国大百科全书》生物学卷编委。

董聿茂从青年时代起直至耄耋暮年,在 60 余年漫长的动物科学研究与教育生涯中,无论是在抗日战争这个灾难深重的年代里,还是在"文化大革命"的逆境中,他始终锲而不舍、一丝不苟地探索着科学的真谛,怀着极大的热情,忠诚地实践着"要在科学和教育领域中为祖国作出贡献"的诺言。

在人才培养方面,董聿茂既注重正规的学校培养渠道,也重视在实际工作中培养锻炼人才。他对大学生物学的基础理论研究和教学工作都作出了重要贡献,尤其是在新中国第一代生物学专业大学生的培养上,他倾注了许多精力。他号召学生们发扬浙大的"求是"精神,为新中国的崛起发奋努力。他热情培养了一大批海洋生物学专业的骨干力量,为国家及浙江的生物学研究、经济建设和教育事业输送了一批又一批的人才。他从不"唯学历"看人,只要有志于科学事业,他均加以精心培养,扶持成才。20 世纪 30 年代进西湖博物馆的青年,大多是一些中学毕业生或肄业生。他根据各人的具体情况,为他们选择业务方向,开出进修书目,规定必要的学习时间并提供实践锻炼的机会,同时他还亲自考核,检查学习效果。在龙泉时期,他白天在浙大分校上课,晚上给青年教授英语,让他们能更好地成长。在他的教育下,加上自己刻苦努力,青年们业务上进步很快,许多成了具有真才实学的专门人才。闻名于世的良渚文化的发现者施昕更，当年进西湖博物馆时只有初中文化。他爱好考古，在董聿茂的悉心培养下，进步很快。当时施昕更从良渚拾到一些碎陶片，引起了董聿茂的注意，以后他从博物馆拨出经费支持施昕更在良渚进行考古发掘，终于使沉睡地下四五千年的良渚文化显露在世人面前。董聿茂培养青年人从不保守，提供文献资料，提出关键性的指导意见，帮助修改科研论文等等，他都认为这是老一代科学工作者责无旁贷的事。他唯恐为国家少培养了人才，他八十多岁高龄时仍招收研究生，并亲自授课和指寻实验。在他严谨正规的培养下，他的学生们都在各自的岗位上勤勤恳恳地为国家做出了成绩，成为科研和教育的骨干力量。

在治学态度上，董聿茂非常严谨和刻苦，他对每一个实验数据，每一处微小的形态差异都要反复核实、查对。他常对学生说："写论文绝不是写文艺作品，不要形容和修饰，用字要严谨、语句要简练。"每次写论文，从初稿到正式定稿，他总是反复推敲，直至修改到完全满意才投送有关刊物发表。他擅长甲壳动物的分类、区系、生态、繁殖和发育的研究，曾就中国和浙江的虾类、蟹类、寄居蟹类、蔓足类、虾蛄类等发表过数十篇论著，为我国甲壳动物学的研究作出了贡献。他发现过不少甲壳动物的新种，丰富了世界动物的区系分类宝库。"文化大革命"中，他失去了科研的权利，这比政治上遭到残酷迫害更加使他痛苦。当他结束审查回到原来岗位上时，图书资料好多已经失散，文献也难以寻找。当时还不能明目张胆地搞研究，他避开原单位，托人在外寻找所需文献资料，继续默默地搞他的研究。在董聿茂的习惯里，搞研究工作是没有节假日可言的，这在精力旺盛的年轻时代就不必说了，当进入八十高龄以后，视力减退，手脚不便时他仍每天工作五六小时。每逢节假日，他的学生和晚辈去拜访他时，总能看到他在工作的身影。他替换着戴两副眼镜，还拿着放大镜去核对标本，这种情景令人感动。他的狭小的卧室里放着显微镜、解剖镜，盛满标本的大大小小的瓶子到处都是，卧室几乎成了实验室。在这个狭小的天地里，他始终勤奋地耕耘着。老骥伏枥，壮志不已，董聿茂难能可贵地做到了这一点。他没有什么特别的嗜好，不抽烟不喝酒，生活上十分俭朴，唯一的追求就是"学习到老，工作到老"。1986年88岁时，他完成了21.5万字的《东海深海甲壳动物》的编著任务，发现了大批新记录种和新种，为东海深海渔业的发展作出了贡献，并填补了东海深海甲壳类研究的空白。这项研究成果作为东海深海渔场综合调查成果的一部分，获得农牧渔业部优秀成果一等奖。1989年91岁时，由他任主编的八卷本《浙江动物志》书稿共460余万字全部完成。从1984年浙江省科委下达《浙江动物志》编写这一重点科研项目起，他竭尽全力地投入了编写工作。在体现这套志书的科学性、地方性、实践性和反映浙江动物科学的研究水平和特色上，他费尽心机。董聿茂多次参加定稿会、审稿会和各种协调会，千方百计地使《浙江动物志》能以丰富的科学资料和广泛的应用价值为我国动物学文献宝库增添异彩。1991年5月，这套专著全部由浙江科学技术出版社一次出齐，董聿茂作出了不可磨灭的贡献。志书出版后，受到国内外的高度关注和赞誉，并接连获得第六届全国优秀科技图书奖一等奖和第六届中国图书奖一等奖。动物资源调查及《浙江动物志》的编著项目还获1991年度浙江省科技进步奖一等奖。这是董聿茂为社会为祖国为后人留下的宝贵的科技财富。

董聿茂教授于1990年1月20日，不幸患肺炎，后损及心脏，经医治无效，在浙江医院与世长辞，享年93岁。

整理者致谢：本文受学院领导之托，按《中国科技专家传略》撰稿要求整理，谨向提供素材的有关人士和单位表示感谢！

编者注：作者是杭州大学生物系1973级校友，吴宝华先生的硕士研究生、助教。杭州大学生物系、浙江大学生命科学学院副教授，曾任杭州大学生物系动物学教研室主任。

怀念董聿茂教授

毛昭晰

董聿茂教授是我父亲毛路真在老浙大教书时的同事，也是我父亲的挚友。他们两人一个教生物学，一个教数学，但过从甚密，情同手足。

我和我的弟弟妹妹自幼称董聿茂教授为“董伯伯”。为了叙述的方便，在这篇文章里，我觉得我还是按照多年的习惯，称他“董伯伯”为好。

在我最初的记忆中，董伯伯是和西湖博物馆联系在一起的。大约是在1932年或1933年我三四岁的时候，父亲牵着我的手到西湖博物馆拜访董伯伯。董伯伯是博物馆的馆长，在一幢红色的小洋房内办公。这幢房子据说是1913年为奥国皇太子的来访而建造的，不过房子造好后奥国皇太子并没有来，1929年西湖博物馆建立之后，它成了博物馆馆长的办公室。

我最初的印象里，除了董伯伯和蔼可亲的笑容和红洋房之外，还有博物馆内各种各样的鸟兽标本和闪闪发光的矿物标本。不过对我这个还在幼稚园上学的孩子来说，最感兴趣的却是博物馆山坡上铁笼里养着的几只欢蹦乱跳的猴子。

那时候父亲经常带我去西湖博物馆，也常常去看望董伯伯。我上小学之后，渐渐开始懂事，兴趣也不只是那几只猴子了。每次去博物馆参观那些动植物、矿物标本和历史文物时，我总有一种新鲜的感觉，总会从那里学到一些新的知识。尽管那些知识在我的脑海里是零零散散的，作为一个小学生，我还没有能力把它们联结成一棵知识的系统树，但那神奇美妙的大自然，祖国光辉灿烂的历史文化，却通过博物馆的陈列品，深深地印在我的心里。董伯伯所领导的西湖博物馆，是我童年时代最喜欢去的地方，它对我后来的学习和工作都产生了很大的影响。

1937年爆发了抗日战争。我们举家避难到宁波、奉化，后来又到了浙南的龙泉。1939年浙江大学在龙泉设立分校，我父亲和董伯伯都被竺可桢校长委派在浙大龙泉分校任教，董伯伯仍然兼着博物馆的馆长。1942年春夏之交，日寇进犯浙东，金华、丽水相继失守，龙泉危在旦夕。浙大龙泉分校的师生员工和家属在这年六、七月被迫迁往闽北山区的松溪。到9月间日寇从丽水撤退，当时听说我就读的树范中学即将在龙泉开学，而浙大龙泉分校仍在福建松溪。为了不让我辍学，我父亲叫我一个人从松溪返回龙泉读书，并且要我到龙泉后找董伯伯。那年我才十三岁，一个人背了一个小包袱，穿了一双草鞋走了四天，总算平安地到达龙泉，找到了董伯伯。董伯伯是为了疏散和保护西湖博物馆的藏品才没有离开龙泉的。他热情地接待了我，要我住在他的家里。就这样，我在董伯伯的照拂下，在他家住了一个学期。

董伯伯租住的民房在龙泉县城的水南，有七八间房子，大多堆着木箱，那是董伯伯从杭州抢运出来的西湖博物馆的文物、标本和图书仪器。他自己住的地方却很挤。这座房子有一个小小的花园，长着一些杂树，我每天一早在这小花园内背诵英语和古文。晚上董伯伯常在昏暗的桐油灯下为我辅导功课。他那慈祥的容颜，亲切的教诲，令我终生难以忘怀。

董伯伯平时沉默寡言，但只要谈起博物馆，他的劲头就来了。那段时间，由于和董伯伯接触较多，所以我从他那里知道了一些西湖博物馆的历史。

西湖博物馆是1929年在西湖博览会的基础上建立起来的。第一、二任馆长是陈屺怀先生和王念劬先生，他们的任期都只有几个月。真正把西湖博物馆办起来的是继任的董伯伯。董伯伯是日本京都帝大的留学生，我后来在秉志先生写的一本书中读到，他是我国著名的无脊椎动物学专家。他接任馆长之后，感到馆内藏品无多，连一个陈列室都搞不起来，于是亲自带着几个助手到浙江和福建沿海一带采集标本。当时交通十分闭塞，下乡采集标本，条件之艰苦是难以想象的。但是为了办好西湖博物馆，董伯伯和他的同事们克服了重重困难，采集和制作了许多标本，居然使博物馆的藏品和陈列品达到了十分可观的程度。同时他还四处征集文物，建立了历史陈列室。西湖博物馆的名声由此大振，成为中国人自己建立的几个早期著名博物馆之一。董伯伯每次和我讲起这些事时，总会露出欣慰的笑容，他说：每次下乡都会有很大的收获，博物馆的藏品都是这样一点一滴地搜集起来的。今天浙江自然博物馆（原西湖博物馆自然部）的标本馆里，还保存着六十多年前董伯伯亲手采集制作的许多珍贵的标本。由于自然生态环境的变化和人类的滥捕滥杀，这些标本中的一部分动物恐怕再也采集不到了。

董伯伯办博物馆，除了努力丰富藏品之外，还有几件事值得一提。

首先，他在搞好基本陈列的基础上，结合现实生活，举办一些不定期的展览，把西湖博物馆真正办成了一个社会教育机构。记得七七事变前后，董伯伯在西湖博物馆举办了一个“防空展览”，展出的内容有各类飞机模型，各种炸弹模型（包括炸弹的剖面模型），消防器具和设施，防毒面具和衣裤，以及其他各种有关防空知识的实物和图片，甚至还有一个敌机进行轰炸的场景。这个展览吸引了许多观众，大家不仅从中获得了防空的常识，而且也受到了很好的爱国主义教育。这样的例子还可以举出一些。

其次，董伯伯十分重视用生物形象的实物或模型配合中小学的自然课程对广大中小学生进行科学知识的普及。在西湖博物馆，他特别开辟了一个“生物教材陈列室”。我很喜欢这个陈列室，我对进化论的最初知识就是从这个陈列室得到的。那里有一块“始祖鸟”的模型，我印象特别深。

其三，董伯伯非常重视对年轻学者的培养。良渚文化遗址的发现者施昕更先生，当年是西湖博物馆一个只有初中文化水平的练习生。1936年底，他在自己的家乡余杭良渚发现了一些黑陶片，拿给董伯伯看。董伯伯看了后十分重视，积极地支持他去进行调查发掘。虽然董伯伯不是考古学家，但科学的方法是相通的，董伯伯用生物科学的研究方法指导施昕更先生进行考古研究，最后帮助他出版了《良渚》一书，这是良渚文化遗址最早的一本发掘报告，是施先生辛勤工作的结晶，也是董伯伯对年轻学者培养的结果。我国著名的地质学者盛莘夫先生当年也曾在西湖博物馆工作，据说他没有念过大学，董伯伯要他在馆内建立一个地质陈列室，在盛先生本人的努力和董伯伯的指导下，这一陈列室设计布置得非常好，引起国内几位资深地质学家的赞赏，盛先生因此被调到地质部门工作。此外，我很熟悉的杭州大学生物系毛节荣先生和浙江自然博物馆的康美业先生都是在董伯伯的热情指导下成为专家的，他们两位制作动物标本又快又好，曾经使苏联的鸟类学权威彼得洛夫惊叹不已。

这几件事反映了董伯伯正确的办馆思想。

1937年八一三事变后，江南局势日益紧张，杭州随时有沦陷的危险。董伯伯绝不愿让博物馆珍贵的文物、标本、资料等落入敌人的手中，于是千方百计地想把这些财产抢运到安全的地方，最初，他和浙江图书馆馆长陈训慈教授一起去找当时的教育厅长许绍棣，因为西湖博物馆和浙江图书馆都隶属于省教育厅，抢运两个馆的财产，教育厅有不可推卸的责任。不料这个国民党的厅长对这两位著名的学者竟然拒而不见，许多年之后，陈训慈先生和我谈起这件事的时候还感到十分气愤。

在国民党政府撒手不管的情况下，两位学者只得另谋出路。陈训慈先生到处奔走，筹集了一些款子把文澜阁四库全书、浙江图书馆的图书和宁波范氏天一阁藏书抢运到了大后方。董伯伯告贷无门，最后把自己多年省吃俭用积蓄下来的工资拿出来作为抢运博物馆财产的费用。他和钟国仪、钱惠馨先生夫妇以及顾剑谊、毛树森等馆员历尽千辛万苦，把西湖博物馆的财产运到永康方岩，然后又从方岩转到丽水三岩寺和松阳洲村。这时，国民党教育厅不但分文不给，而且(在1941年)还下了一道命令，强迫西湖博物馆立即停办，工作人员一个不留，文物、标本、图书、资料、仪器全部移交给当时的松阳县民众教育馆。事实上松阳县民众教育馆根本没有接收和管理这笔科学财富的条件。再说日寇步步紧逼，松阳也很快有失守的可能，如果把西湖博物馆的财产交给松阳县民众教育馆，就等于把这笔财产拱手送给敌人，而这正是日本鬼子求之不得的事。现在回想起来，董伯伯真是一位了不起的人物，他是优秀的学者，也是正义的斗士，他竟然敢于违抗国民党的命令，不但没有办移交，反而和钟国仪等先生一起在极其困难的条件下，用自己的钱，继续把博物馆的财产抢运到龙泉。在龙泉租用房子所用的钱也是董伯伯自己支付的。由于董伯伯和他的同事们的努力，许多珍贵的文物和标本才能保留到今天。这段艰难的历程，是西湖博物馆馆史上最感人最光辉的一页。董伯伯和钟国仪等先生所作出的重大贡献，是我们这些后辈永远不应该忘记的。

工资的积蓄终究有限。抗战后期，物价飞涨，民不聊生，知识分子的生活每况愈下，为了维持生活，董伯伯只好带着自己的孩子振光和振一在山上开垦荒地，种植蔬菜以补贴家用。他把钟国仪和顾剑谊两位先生介绍到浙大龙泉分校图书馆工作，让他们另谋生路，留在他身边负责保管博物馆财产的只有康美业先生一个人。我不知道康美业先生的生活费用是怎么解决的，只记得他的生活也非常艰苦。

1943年浙东时局稍趋稳定，国民党教育厅得悉西湖博物馆的财产保存完好，于是又下令恢复办馆，馆长是浙大龙泉分校生物系的金维坚先生。这时西湖博物馆搬到了龙泉城北小山上的清修寺，我在课余之去那里跟康美业先生学习制作标本。

抗战胜利那年我考入了浙江大学文学院中文系。10月中旬到杭州报到。按照当时浙大的制度，理工科的学生必须选修一些文科的课程，文科的学生也必需选一些理科的课程。我读一年级时选修了董伯伯讲授的“生物学”。记得当时用的教材是Woodroff的General Biology，每周上课三小时，外加一个小时的实验。指导实验的是林肇茵先生。董伯伯讲课条理清晰，重点突出，使人很感兴趣。所以我在读完一年级之后曾经想转到理学院生物系去。后来因为其他一些原因，转入了史地系完成我大学本科的学业。不过我考研究生时选择了与生物学密切相关的“人类学”，这和董伯伯对我的影响是分不开的。

新中国的成立，使董伯伯欢欣鼓舞，他在旧社会吃足了国民党的苦头，所以发自内心的拥护共产党和人民政府。而党和人民对董伯伯这样一位正直的、爱国的知名学者也十分重视，他曾连续被选为第一至五届全国人大代表，先后兼任过浙江省博物馆馆长和浙江水产学院院长，在他的晚年，还被聘为杭州大学校务委员会顾问。无论是对待教学、科研还是其他的工作，董伯伯始终认真负责，一丝不苟，体现出一个科学家的优秀品质。

1951年我在浙江大学人类学研究所当研究生时，董伯伯曾经到我家找我。当时西湖博物馆已改名为浙江省博物馆，省人民政府请董伯伯兼任馆长。董伯伯想到我所攻读的人类学专业所包含的学科如体质人类学、化石人类学、考古学、文化人类学等等和博物馆的关系比较密切，所以想邀我到浙江省博物馆工作。可是我的理想是当一名教师，我的父亲、祖父、曾祖父都是教书的，我觉得最适合我的工作就是教书，于是怀着歉意婉言辞谢了董伯伯的邀请。想起这件事，我总觉得很对不起他。不过我对博物馆始终怀着极大的兴趣，博物馆是一个人的终生学校，所以只要有机会，我总要去博物馆参观学习。“文革”之后，我在杭大历史系总支书记杨招棣同志的支持下筹建了博物馆学专业。1983年全国进行机构改革，我被省政府调到浙江省文化厅和浙江省文物局担任行政职务，浙江省的博物馆事业是我分管的工作中的一个部分。从1983年到1993年，我在许多同志的支持下，积极提倡和筹建各种类型的博物馆。董伯伯曾经对我说过，他希望浙江省的每一个县都有一个博物馆，那时浙江全省只有一个馆。而现在，浙江省已经有了一百多个博物馆，董伯伯的美好理想正在实现，这是全省文博工作者共同努力的结果，也是许多领导和广大群众大力支持的结果，在我从事博物馆工作的过程中，曾多次向董伯伯求教，董伯伯总是给予热情的鼓励和有益的教导。

人生真是奇妙。当年董伯伯邀我去浙江省博物馆，我没有去。三十多年之后，我却在他当过馆长的这个馆兼任了好多年馆长。董伯伯开心地笑了，因为我终于走进了他要我去的那个地方。

1987年春天，杭州大学党委邀请一部分老教授到西湖风景区春游，董伯伯是这批教授中年事最高的一位，他已经是九十岁的老人了。在玉皇山顶的饭店吃午饭的时候，江希明教授突然提出要我代表被邀的教授们说几句话，因为我在他们中间是最年轻的。我毫无思想准备，抬起头，董伯伯正坐在我对面朝着我微笑，他仍是那么文质彬彬，那么和蔼可亲，使我想起几十年前他为我辅导功课时的情景。于是我站起来代表大家感谢学校党委对我们的关心，同时我代表我自己祝愿九十高龄的董伯伯健康长寿，祝愿所有在座的师生们和董伯伯一样的健康长寿。

1990年春节前的一个大雪天，董伯伯去浙大开会，得了感冒，接着转为肺炎，影响了心脏，经浙江医院抢救无效，终于在1月12日与世长辞了。

董伯伯的一生是勤奋工作的一生，是无私奉献的一生，是赤忱爱国的一生。人们将永远怀着崇敬的心情纪念他。

编者注：作者毛昭晰，原是杭州大学历史系教授，兼学校校务委员会顾问。后曾任浙江省文化厅副厅长、浙江省人大常委会副主任、中国自然科学博物馆协会副理事长、国家文物局博物馆专家组成员、浙江省博物馆名誉馆长等职。

缅怀董老——学习董老的崇高品质和敬业精神

蔡如星

我原在厦门国家海洋局第三海洋研究所工作，归属海军编制。1970年，国家海洋局明确指示，海洋研究所专为军工服务，我所在的海洋生物研究室被撤销。因我不是工农兵家庭出身，被第一批下放到农村劳动锻炼，等待分配。我的导师郑重教授（剑桥大学博士，著名动物学家）是董老好友，都是我国甲壳动物学的领军人物，他推荐我转去董老手下工作。但因当时正当“文革”斗争最盛时期，人事调动停止而未果。直至1974年，国家下达《中国动物志》编写任务，董老需要助手，我才荣幸地被调来杭大生物系，在董老指导下工作。因此，董老也是我的恩人，使我既能从事本专业的工作，又能得家庭团聚。

我来杭后，听闻一些有关董老的可贵事迹。据说，在杭州沦陷时，日军曾入侵西湖博物馆抢掠文物，但进入后看到馆长是毕业于日本京都帝国大学的董聿茂博士就不敢抢夺而退出，使国家宝物得以保存。新中国成立后，国家重视科学发展，成立了中国科学院及各学科研究所和相关学会。董老是“中国动物学会”的创始人之一，又是首任“中国动物学报”编委。当时编委成员都是留学回国的一流科学家。我想就是因为这些功绩和董老的种种贡献，他能够被五届连选为“全国人大代表”。董老的品德和他的敬业精神，对后人是很有启迪的。

一、淡泊名利，热爱科学

我曾看到董老当年所写的博士论文《虾蛄的胚胎和幼体发育》，论文极为详细，照片和绘图都很精美，我很敬佩。即使到现在，在国内还是唯一的资料。中科院海洋所刘瑞玉院士也曾收集到董老的这篇论文，很欣赏，在《中国动物志》编写分工时，也确定杭大为甲壳动物分册虾蛄总科的参编单位。

因为董老毕业于国际名牌大学，回国后又有许多业绩，听说曾要委任他为省水产所所长，但被董老谢绝了。20世纪50年代，国家重视科学研究，全国各省纷纷成立各学科的研究所，但董老只同意成立“浙江省动物研究室”。1960年，福建省成立“福建海洋研究所”(以厦门大学为基础)，1962年，又与中科院合作改称“中国科学院华东海洋研究所”，由郑重教授任所长。从学科发展考虑，舟山是东海渔业中心，拟在杭州设立分所，邀请董老任所长，但董老认为分所应该也是多学科的，当时条件还不具备，只同意成立“中国科学院华东海洋研究浙江工作站”，董老任站长。1965年，国家海洋局进行大调整，在青岛成立国家海洋局第一海洋研究所(以黄海、渤海为研究中心)，“浙江工作站”更名为“国家海洋局第二海洋研究所”，“华东海洋研究所”更名为“国家海洋局第三海洋研究所”(以南海为研究中心)。因此，可以说董老是“国家海洋局第二海洋研究所”的奠基人。“西湖博物馆”改为“浙江省博物馆”，董老也是奠基人。

有一次我到北京参加中国海洋学会的学术会议，期间，国家海洋局外事负责人找我谈话，由于董老的声誉，他们希望董老能出任中国留日学生联谊会会长(安排专职秘书)，请我转告董老，董老考虑后认为年事已高，不愿做“挂名”的会长，也谢绝了。

董老只重视科研的成果，不重视“牌子”的大小和名誉，这种品德是极为可贵的。

二、知难而上，勇于开拓新领域

董老除研究传统的经济动物以外，还开拓一些国内未曾研究的新领域，例如海洋蔓足类、歪尾类和苔藓虫类。董老自己研究虾蛄和蔓足类。指导胡萸英老师研究的《浙江省沿海游泳虾类调查报告(一)(二)(三)》三篇和《浙江省沿海海产蟹调查报告》，都在《动物学杂志》发表。他指导毛节荣老师完成的《舟山普陀的蔓足类》发表在杭州大学学报《舟山普陀海洋生物调查专刊》，种类虽不多，然而是我国第一篇介绍蔓足类的文章。以后董老又安排毛老师做鱼类区系研究，安排翁芷芬老师做蔓足类研究，后安排翁老师做组建微生物组的工作，由陈永寿老师接手做蔓足类区系研究工作，我调杭后也参与此项工作。

董老主持编写了《舟山海洋生物调查》，据董老讲，只是为了满足学生实习用，其实内容十分丰富，其中诸葛阳教授的《舟山多毛类调查》，吴宝华教授的《舟山双壳调查》，董老自己写的《舟山普陀潮间带不同环境的生物群落》，都是第一次发表的浙江省南部沿海的海洋动物调查报告，学术价值极高，被许多部门引用。当时，虞研原也发表了《浙江大陈岛潮间带生态》报告。

值得一提的是，董老安排王复振老师做苔藓虫和歪尾类的研究。王老也是我敬重的前辈，为人忠厚、老实，工作极勤奋，发表了数十篇论文，还发现了几种舟山苔藓虫和寄居蟹新的亚种，后又与海洋二所胡玉妹合作，发现了南极苔藓虫，一种新的亚种。由于董老是蔓足类、苔藓虫研究的开拓者，《中国动物志》编写分工时，指定杭大为参编单位。20世纪80年代后期，因生产、教育部门迫切要求再版中国经济动物图谱，所以科学出版社决定再版《中国动物志》(甲壳动物分册)。第一版无“蔓足类”内容，由于董老德高望重，中科院动物研究所戴爱云研究员推荐董老为主编，出版第二版时增加了"蔓足类"内容，很受欢迎。

董老晚年的另一重大贡献是出版了《东海深海甲壳动物》专著。20世纪80年代后，由于近海渔业衰退，水产部计划开展大陆架深海渔场，由东海水产研究所组织力量开展大规模调查，获得了许多宝贵的深海动物标本。因董老任中国动物学会甲壳动物分会名誉理事长，东海水产研究所负责人慕名而来想与董老合作，开展"深海动物研究"。因为我系海洋生物资料欠缺，特别是深海动物的资料更是空白，董老当时不敢轻易答应。由于水产所再三要求与董老合作，董老想到了在工作中常有接触的中科院动物研究所的戴爱云先生(时任中国动物学会副理事长)。但历来文人有"同行是冤家"的不良情结，请戴先生提供文献是否可能，董老无把握。因此只是用试探的口气写信给戴先生，问他有无困难。戴先生是基督徒，很有爱心，乐于助人，收信后马上回复"全力支持"，请董老放心。董老收信后十分感动，马上与东海水产所领导联系，让其派人来杭商谈合作事宜。合同明确规定"研究成果双方共有，标本归水产所"。生物系由董老、王复振、陈永寿老师参加，水产所也派一位人员参加。我因已分工做"生态"工作，故未参加此项目。

董老的工作精神，我也极为敬佩，当时他年事已高，但每天还在家里做研究工作，寒暑不断。经几年努力，专著终于出版，评价极高，填补了我国"深海甲壳动物调查研究"的空白。董老始终不忘戴先生的帮助，逢人便说，若无戴先生的帮助，此项工作是无法完成的。董老完全是知恩图报的人。

后来，《浙江动物志》由董老任主编，出版后影响很大。

三、重视水产资源的保护和增养殖

原来大黄鱼、小黄鱼、带鱼、乌贼是东海四大渔业资源。20世纪60年代，有渔民发现，如果几艘渔船围在一起，有木棍敲打船底，大、小黄鱼都会浮出水面，任人捕捞。一时产量大增，被认为是一种增产手段，被称为"敲鼓作业"。因为黄鱼是石首鱼科种类，鱼头中有两颗坚硬的脑石，受强声波作用后，其脑石受到震荡，鱼体失去平衡而昏迷上浮。当时还有一位"专家"在杂志上发表文章《敲鼓渔业的生物学基础》，到处推广应用。董老见报后极为吃惊，马上向渔业部门领导反映，认为这是对资源极大的破坏，希望能马上制止，保护渔业资源。后水产所接受董老意见，立刻下令制止这种破坏渔业资源的作业方式，才使渔业资源不再受进一步的破坏，这也是董老的大功绩。

董老也极重视水产资源增殖的工作，早在"动物研究室"期间就安排陈毓山老师进行"缢蛏的人工育苗"研究，该研究成果后在有关杂志发表，这是我国第一篇关于缢蛏人工育苗的报告。省水产局极为重视，提交生产部门参考。省水产局极愿意提供经费请陈老师继续进行贝类育苗的工作。后因故未再进行此工作。当时也安排张炯老师进行"乌贼的人工育苗"，后因张调动工作而停止。本来也还打算进行"黄鱼的人工育苗"，后因体制改革未进行。董老当时就能提出资源增殖研究，实是董老的高瞻远瞩。董老认为，捕捞业和水产养殖业应该是两条腿走路，渔业资源衰退时，一定要发展养殖业来补充。

四、伯乐识马，发现新秀，鼓励和精心培养年轻同志

在西湖博物馆工作期间，有位年轻同志在良渚发现一些有价值的资料，董老极为支持，并由博物馆给予经费资助，鼓励他继续收集资料，深入研究。研究结果发表后受到社会极大重视，后上级部门派员进行深入调查、开发，现在良渚能成为著名的古文化遗址，董老应有一功。

我本人调杭后，也一直在董老指导下工作。董老自己做蔓足类研究，又有陈永寿协助，后来他想要我做《浙江软体动物区系》的工作，我认为我们杭大有关文献太缺，要花大量时间收集文献，感到有点困难。我向董老汇报，我曾在厦门十年，在恩师的指导下，与黄宗国研究员进行过10年的海洋污损生物调查研究(以前主要是东海和南海区)。因污损生物与海洋舰艇和各种海洋设施关系密切，被海军总后勤部列为“重点军工项目”，“文革”期间也未停止，20世纪70年代南海调查结束后，我被调离三所。我调离后，黄宗国研究员又增加了3名助手，范围扩大到北至鸭绿江口，南至西沙群岛，共70多个港口进行大规模的调查研究。因为海洋污损生物中“蔓足类”是最主要的类群，我们积累了丰富的生态与生物学资料。我征求董老意见，能否让我进行此项工作。董老极为支持，以后我仍与黄宗国研究员合作，总结全国的调查资料，编著《海洋污损生物及其防除》(上、下册)。董老他们编写《东海深海甲壳动物调查》时，我也正在与黄合作进行编写工作。

20世纪80年代中期，国家重视海洋开发，国家科委组织全国力量进行大规模的“全国海岸带及海涂综合调查研究”。在我省，由省科委负责，组织有关高校、所、局的力量开展调查。由于董老团队过去的工作在浙江的影响，省水产局指定杭大为“海洋生物专业”负责单位之一，负责组织全省的海洋生物调查。我们团队分工做“潮间带生物调查”，历时5年；接着马上又开展了“全国海洋资源综合调查研究”，也历时5年。

董老谦虚的态度令我十分敬佩。董老同意我做“蔓足类的生态与生物研究”后，还对我积极指导。第一篇文章是总结过去的工作《中国沿岸潮间带蔓足类的生态》，经董老修改后在《海洋通报》(英文版)发表。以后发表的文章，在董老修改时，他都把自己的名字删掉，使我更认识到董老与我恩师一样，只顾育人、不图名誉的高尚品德。

由于资料的积累，《中国动物志》“蔓足类”编写分工中，主编刘瑞玉院士明确“总论”中的“生态与生物学”部分，由杭大负责；陈永寿参加形态学部分编写。这个项目后来又得到国家自然科学基金和省自然科学基金的资助，董老团队的第三代卢建平、杨万喜也参与了此项目。卢建平发表了多篇有价值的论文。其中一篇《舟山潮间带鳞笠藤壶的形态变异》，否定了过去日本学者Hirois的台湾鳞笠藤壶新亚种的结论。杨万喜发表了几篇很有价值的有关舟山潮间带生态研究的论文，这些资料都为以后全国报告的编写提供了宝贵的资料。

浙江省海洋生物各专业报告完成后，汇编成《浙江省海岸带及海涂资源综合调查、海洋生物调查研究报告》总项目，获浙江省科技进步奖一等奖。该报告提交给了主编中科院刘院士。后杭大被确定为蔓足类“潮间带生物”这一章的执笔单位。“全国总调查研究”获国家科委科技进步奖一等奖。

董老为人谦和、德高望重，深受动物学界同仁的尊敬。由此，有两次中国动物学会会议均以杭大为主办方，在杭州召开会议。第一次是中国动物学会中国海洋与湖沼学会甲壳动物分会成立大会，第二次是中国动物学会无脊椎动物学术讨论会，因包括海洋、湖泊与陆地，专业涉及面广，参加的多数是学科带头人，一流专家，可以说是盛大的群英会。这两次会议都极为成功，特别是第二次会议，学校领导也十分重视，开幕式很隆重，江希明副校长代表学校致欢迎词，当时正值秋高气爽，江副校长以“秋桂飘香”来欢迎各位代表。会议不但学术气氛浓厚，会务工作也十分出色。代表的接送、食宿都很周到，会后还安排游览西湖。会议结束后代表们尽兴而归，许多代表说下次再来杭州相聚。

五、研究生培养

“文革”结束后开始招收研究生，董老是第一批招收研究生的导师，他招收的第一位研究生是汪宝永。董老教学极为负责、严谨，他为人师表，给研究生打下扎实基础。汪宝永的毕业论文是《中国沿海龙虾类研究》，后在有关学报发表。论文答辩时，华师大堵南山教授(博导)评价是国内领先。汪毕业后留校，后调省自然博物馆，现已为研究馆员。

第二名研究生陈国进。当时因董老身体较弱，系领导指定我协助培养，这也是给我学习董老带研究生经验的机会。从研究生的课程、毕业论文设计和工作进行，董老也都关心指导。毕业论文是《舟山潮间带日本鳞笠藤壶的生态与生物学》，论文答辩时，国家海洋局三所黄宗国研究员评价也是国内领先。黄是《海洋学报》编委，论文被直接推荐到《海洋学报》发表。陈国进后赴美国深造，现全家均在美定居。赴美后陈也常感念恩师董老先生。

由于董老的社会地位以及他所带领团队人员的努力，杭大也较早被批准为“海洋生物学硕士点”单位。

总之，董老及其团队的业绩为同行所公认，在海洋生物研究领域占有一席之地。四校合并后，国家海洋局三所黄宗国研究员主编的几部有关海洋生物区系和生态的专著，浙江大学都被邀作参编单位。近年国家 908 专项之一，由黄宗国、林茂主编的《中国海洋物种和图集》：上卷《中国海洋物种多样性》(上、下册)，下卷《中国海洋生物图集》(8 册)，已于 2012 年出版。我们浙江大学也是参编单位之一。《海洋学研究》(科技核心期刊)编委会也有我们团队的成员。

饮水思源，这些成绩都应该归功于海洋生物学的奠基人和研究团队的带头人董老先生。

2014.11

编者注：作者为杭州大学生物系动物学教研室教授。

深切怀念恩师董聿茂教授

汪宝永

我是恢复研究生招生制度后，董老先生招收的第一个研究生，毕业后留校做董老的助手。现在，每当回想起当时在他身边学习和工作的情景，总要引发我对恩师的无尽怀念。

董老先生的治学态度极为严谨，对科研工作和培养年轻人满腔热情。当年我读研究生时，董老已是80多岁的高龄。为了给我上《甲壳动物学》这门课，董老查找了很多资料，并很认真地做了备课笔记，同时也要求我认真做好笔记。1982年，董老受中国水产科学院东海水产研究所之邀，主持东海深海甲壳动物的研究课题，80多岁高龄的董老还亲自去上海查看标本。有关深海甲壳动物的资料手头上不多，董老在北京参加全国人大会议期间，还抽出时间专程去中科院动物研究所查找。董老对东海水产研究所在深海采集到的标本极为珍惜，每次我去上海取标本时，总叮咛我要千万小心，不要损坏标本。每当我画完一张实物图时，董老总要将图与标本认真核对多次，有时一张图从画完到核实定稿，要花一个多月甚至更长的时间。董老平时总是说，搞科研工作的人是不应有假期和休息日的，因此，即使是寒、暑假，董老还是要我经常去他那里汇报工作的进展情况。在撰写论文时，董老要求我们认真、客观和简练。董老常说，写论文要像发电报一样，要简练而准确。

董老先生品格高尚，待人极为诚恳，正直、平易近人，从不摆权威和前辈的架子。董老先生对我在学习和工作上要求极为严苛，但在生活上极为关心，经常问我生活中有什么困难。读研究生时，为了我工作方便，还把家里的一辆自行车借给我用。1986年，我受了轻微脑震荡，在家休息，董老亲自来我家看望我，询问我身体好些了没有。当时周围的邻居都很受感动，说你的老师真好，跟自己父母一样。

以上这些我都时刻铭记在心，每当想起董老平时的教诲，就像董老还在身边，不断鼓励我努力上进做出成绩。

深切怀念恩师董聿茂教授！

2015.10

编者注：作者是董聿茂先生的硕士研究生，现为浙江自然博物馆研究馆员。

植物学家、教育家王曰玮教授传略

王正宇　王文中

王曰玮(1907—1988),浙江黄岩人,宁溪王氏横街派三十氏孙,朝义大夫,福建福清、仙游等县县令王士骏(吉人)之第五子,是侧室杜夫人之幼子。自吉人公故后,由四哥王琎(季梁)及四嫂接至南京抚养成人。王曰玮自幼聪慧,性情温和,仿效兄嫂,热爱教育事业。随兄嫂居住时,主动担任侄辈王宝琳、王启东等人的课外辅导。成家后热心教育自己子女。他的启发式教育,循循善诱,好学不倦,以身作则,使子侄辈得益诸多。

他在大学毕业后先后任教和做研究工作于南京中央大学、北京大学、上海中央研究院化学研究所、浙江大学、浙江师范学院和杭州大学。早在1942年即被聘任为浙江大学生物学系副教授。“文革”后,于1980年在杭州大学晋升为教授。曾任浙江师范学院生物系系主任,杭州大学生物系副主任,兼任浙江省植物学会理事长、名誉理事长。

王曰玮教授毕生从事教育,先后讲授过植物学、植物形态学、植物生态学、植物生理学、生物学教学法、达尔文主义等课程,对植物生理学尤为专长,曾主编《植物营养生理学》《植物生理学》等教材。他治学严谨,注重实地调查研究。从教以来,上山下乡,身体力行从未中断,直至古稀之年还亲登天目山,调查植被,采集标本,整理笔记,不断在实践中充实自己,引导学生。

王曰玮教授的主要论著有:《半曲霉培养基的研究》《杭州西湖山区植物种类及植被类型的观察》《浙江省常绿阔叶林的基本特征》《低温伤害及其对森林植被分布的影响》《杭州滨湖丘陵低山森林植被性质的探讨》《西天目森林植被研究》和《西天目南坡森林探讨》等。对杭大生物系生态与环境生物学学科的奠基和发展起了关键性的指导和促进作用。

王曰玮教授一生最注重的是一个“实”字。在学习上,他强调要不断自我充实,认为“做学问的人,知识面要广,学科之间道理是相通的,若能融会贯通,举一反三,就能创新、前进”。在教学上,他尤为注重实际操作能力的培养,认为“凡有成就的学者、科学家都是自己动手做实验的”。在培养青少年一代上,他谆谆告诫,要从实际出发,坚持因材施教:“在任何情况下,都要保护孩子们的自信心,培养其学习与工作的积极性,鼓励他们,引导他们,而不是挫伤他们”。

王曰玮教授因病于1988年10月20日逝世,享年82岁。杭州大学专门成立了治丧委员会,告别辞中称:“王曰玮老师是生物学界老一辈科学家、教育家,为老浙江大学、浙江师范学院、杭州大学生物系的建设和发展以及杭州大学生物研究所的创立作出了卓著的贡献。”

2014.8

编者注:作者分别是王曰玮先生的长子与次子。

孜孜不倦做学问

——缅怀王曰玮教授

项斯端

王曰玮教授是我国资深的植物生理学家，早在1942年就已是原浙江大学生物学系植物生理学副教授，培养了大批植物生理学人才。我国中科院植物生理生态研究所很多知名院士都是他的学生，如植生所的娄成后院士、沈允刚院士等等。浙农大一些与植物生理有关的教授，如园艺系系主任张良诚教授等，都是当时在王先生授业之后进入植生方向的。

1952年全国高校院系调整后，王先生（和吴长春先生等）随江先生来到浙江师范学院。他们承担了系内植物学方面的教学工作，培养了我们一批初出茅庐的年轻教师的工作。当时，学校初创，但教学任务很重，有四年制的系、两年制的科，还有一年制的培训班，而师资力量又欠缺，王先生先后担任了植物形态学、植物生理学、植物生态学，甚至生物学教学法、达尔文主义等课程，可见王先生的生物学基础之扎实、知识之渊博。同时王先生一心为教育事业作奉献，只顾工作需要，不计个人得失。

当年华师大请了位苏联植物生态专家讲学，从全国抽调4位老专家协助工作。王先生不以植物学专家的身份自居，服从组织安排调去工作。此后，王先生也不顾自己年迈体弱，将自己的研究工作转入植物生态和植被调查研究；古稀之年还在暑假时主持了一个多月的天目山植被调查，跋山涉水，当时山上生活极其艰苦，带上山的食物不足时，常采些野菜、野笋充作菜蔬。

王先生为人谦逊，做学问实事求是，强调业务基础，认为做学问的人知识基础要广、要扎实，学科之间要能融会贯通、举一反三，这样才能创新。在王先生身边工作的同事都知道他常常埋头工作，连吃饭或休息的时候都在思考着学术问题。记得有一次王先生来给大家上课，两只脚分别穿着一只雨鞋一只皮鞋，大家低头窃笑，而王先生全然不顾这些，他的心思都在学问上。王先生没有什么豪言壮语，而是处处以身作则，将老浙大的实事求是、孜孜不倦做学问的学风带到浙师院、杭大。

我们植物组就在两位老浙大来的老师带领下，从浙师院到杭大，提高了业务水平，完成了教学任务。“十年动乱”之后，当中科院拟定代表国家级水平的三志（植物志、动物志、孢子植物志）编写任务时，都会邀请我们组的有关老师参加，如蔡壬侯老师受邀参加了《中国植被》部分编写任务，我被邀请参加孢子植物志中国海藻志的编写任务，方云亿、郑朝宗也参加了中国植物志部分编写任务，之后又主持了省科协布置的浙江植物志编写任务，获得了省内科技界的好评。

此外，我们组也为省市生态事业做了一系列工作，如配合省、市环保部门完成了西湖水质富营养化治理、运河污水治理的水生生物学基础调研工作等等。

杭大植物组之所以能为国家、省、市所需要的研究工作作出一定水平的贡献，与王先生（及吴先生）的培养分不开。今天我们缅怀老一辈科学家、教育家，追思他们对老浙大、浙师院、杭大生物系的创立、建设和发展作出的贡献，我们也希望能让更多的后人看到，我们的前辈学者是怎样做学问的、怎样教书育人的，也希望我们的年轻人能够继续怀着对生物学这门学科的深切热爱来求学、教书、育人。

2014.11

忆成长

梁海曼

我是1952年进入浙江师范学院生物系的。1958年后，合并为杭州大学生物系，之后一直没有离开过，工作历四十余年，直至退休。

1952年，我进入生物系时才22岁，人称生物系的小助教。当时自己的知识积累很少，也不懂得怎样当教师。通过年长的前辈老师的言传身教、具体指导，才得以逐步适应工作对自己的要求，并有所提高、成长。当时对教师有明确的指导性要求，概括起来大致是：教师是人类的灵魂工程师，要教书育人，要教学相长，要讲集体精神，要讲奉献精神，对年长教师还要求培养年轻教师。我们系里的许多老师都是尽力按照这样的要求来努力工作、处事待人的。我在耳濡目染之中，颇受感动和启迪。

当年生物系初建时的系主任江希明先生，每天一早就到系里，然后去各个教研室转转，看看是不是都在正常运转，尤其关心年轻教师有没有什么困难或问题需要帮助解决。当然，当年的系比较小，他照顾得过来，但是这种敬业精神是难能可贵的，起着榜样的作用。江先生对年轻教师的培养是十分用心的，经常指导年轻教师准备实验直到深夜。还记得，有一次有外宾要来参观，江先生要我们年轻教师把实验室整理布置好。在检查时对我的布置提出了意见，要我重新布置过。我是照办了，但不太高兴。江先生对我说："如果这样一些意见都不能听，以后还有谁愿意给你提意见？"真是语重心长，我永远铭记在心。江希明先生十分重视对年轻人的培养，注重挖掘年轻人的潜能，对同龄和年长一些的同事则十分尊重。这也是全系教职工能团结、努力工作的条件之一。

另有王曰玮先生，是我的导师。他基础扎实、知识渊博而又谦虚谨慎、实事求是。他的言传身教，如春风化雨，使我受益匪浅。王先生还勇于承担责任，系里需要开什么课而没有人会教时，他就会主动顶上。在系里就数他教课的门类最多，如植物学、植物生理学、植物生态学、达尔文主义、米丘林生物学、生物学教学法等等。这种强烈的事业心和责任心对我们的影响广泛而深远。20世纪50年代，系里需要教师学俄语，系里的吴长春先生主动提出由他来教，最后还以他为主集体翻译了一本俄文的植物学专业教材。工作上主动的例子很多，只可惜年代太远，我也已经记不清了。

几年过去，当系里的教学工作已经比较上轨道，教学质量也比较有保证了之后，1956年，江先生提出教师不仅要讲好课、保证教学质量，还要拓展学生的思维，培养他们的钻研精神和钻研能力。这是从开展学生课外兴趣小组入手的，要求教师自身首先要提高钻研事物的能力，要开展科研工作。系里的科研工作就此开始起步了。

20世纪5C年代，浙江师范学院生物系在全国省级师范学院中是名列前茅的。这固然与江先生作为系主任的努力、细致的工作分不开，同时也是全系教职工齐心协力努力工作的结果，更是当时大环境所要求的结果。我就是在这种大环境中，在前辈老师潜移默化的言传身教中，逐步成长的。

最近，习近平总书记在北师大的讲话指出："当今世界的综合国力竞争，说到底是人才竞争"，"教育是提高人民综合素质、促进人的全面发展的重要途径"，"教师重要，就在于教师的工作是塑造灵魂、塑造生命、塑造人的工作"。这些话具体明确地描述了一个好教师应该具备的素养。做一个好老师要有理想信念，要有道德情操，要有扎实知识，要有仁爱之心。习近平总书记对教育事业、对教师素质、对教学质量提出了更高的要求。

昔有恩师以身作则谆谆教诲，今有国家重视教育，树百年育人大计，相信我国的教育事业在质量上将得到进一步的提高，并迎来蓬勃的发展期。

2014.11

编者注：作者是王曰玮先生早期助教。教授，曾任杭州大学生物系植物生理学教研室主任。

著名学者陈士怡

吴雪昌　整理

陈士怡，著名遗传学家、微生物学家、教育家。历任浙江大学教授，浙江农学院教授、副教务长，杭州大学教授、学术委员会副主任、教务长、生物系系主任，国家教委理科教材编审委员会成员兼遗传学教材编审小组组长，中国科学院浙江分院副院长，浙江省科协副主席，浙江省高校教师职称评审委员会生物学科组组长，浙江省遗传学会理事长和名誉理事长，浙江省微生物学会副理事长，浙江省动物学会副理事长，浙江省自然辩证法研究会理事，《遗传学报》和《遗传》编委等职。他的一生为我国科教事业作出了重要贡献。他作为一个横跨两个时代、见证中华民族从贫弱走向复兴的波澜壮阔历史进程的现代知识分子，有着丰富感人的人生经历。榜样的力量是无穷的。回顾、记述他的生平事迹，是为继承与发扬他作为中华知识分子的优秀代表之一，其为人、为学、为师、为"官"的高尚情怀与优秀品德及人格魅力，为激励后人成就人生注入正能量。

一、生平经历

1912年5月4日，陈士怡出生在浙江省宣平县保和乡（现武义县岭上乡）少妃村的一个墙门上挂有"义门家风"匾额的耕读家庭。兄弟七人，他排行老五。祖父和伯父都是前清秀才，而父亲陈兆勋，早年读过《三字经》之后就在家务农，后迫于家庭生计，曾在本乡开设长丰贞记南货铺；母亲是个非常贤淑而善于勤俭持家的农村妇女，她一生辛劳，协助丈夫担负着农田耕作、家务和抚育子女的重担。陈士怡学前就开始帮助其父亲放牛、割草，做一些力所能及的农活，深感农民耕作之艰辛。他的童年就是在这样一个知书达理又辛勤耕耘的山村农家度过的，从小就养成了吃苦耐劳和勤俭节约的习惯，加之"义门家风"的熏陶和父母的谆谆教诲，陈士怡从小就懂得应该"正直做人，认真做事"的道理。这为他后来一贯保持勤俭朴素的生活方式和勤奋致力于科学上的发展都产生了重要的影响。

1918年，6岁的陈士怡进学校读书。当时，他所就读的学校，既读四书五经等古文，又学数学等自然科学，辛亥革命之后的中国，教育思想、教育内容甚至教育体制等正处于一个新旧转换之际，"科学救国"的思想深刻影响了年轻的陈士怡。由于他天资聪颖，记忆力特别强，加上勤奋好学，力求上进，每学期的考试成绩都是名列前茅，深得老师的喜爱。一位教过陈士怡古文的廪生非常赏识他的天资及勤奋和宽厚待人的品格，在陈士怡小学毕业时曾对他的父亲说："若在前清，你的儿子一定会中举人、中进士，前途无量，你应该让他读书。"因此，陈士怡的父亲怀着光宗耀祖、兴家立业的想法打算将来让陈士怡去中央大学学习法律，好当大官。然而，此时的陈士怡，已从学习的古文和所临摹字帖的范文中领悟到荣华富贵犹如过眼烟云，至多昙花一现而已，认为做人要“格物致知”，自然之理才是无穷尽的。他把“事有终，理无穷”写成六个大字放在书桌上，作为自己的座右铭。在世时，他常饶有兴趣地讲述，他年轻时是如何从古文中学到许多人生哲理和一些朴素的辩证法思想的，这也是他矢志研究自然科学以穷自然之理的思想萌芽。

1927年，陈士怡第一次离开山村来到金华，考入浙江省立第七中学（现为金华一中）读初一。可是就在这年秋天，父亲染伤寒症去世了，这无疑给他家庭的经济带来一定的困难。但他的母亲忍受着极大的悲痛，仍设法让陈士怡继续上学。陈士怡目睹当时广大农村，特别是他那穷乡僻壤的小山村，因缺医少药，瘟疫流行，亲人及乡亲无钱就医而遭受疾病折磨和死亡的悲惨情景，曾一度萌生将来当医生的念头。

1930年，陈士怡初中毕业后即到省城杭州考入浙江省立杭州高级中学（现浙江省杭州高级中学）。当时农村的贫苦和落后，母亲生活的艰辛，都时时激励着陈士怡加倍勤奋学习，奋发向上。在中学期间，陈士怡学习非常刻苦，认为这是为今后做学问和立身处世打基础的阶段。所以，他对各门功课兼收并蓄，决不偏废任何一门功课。在谈到他后来改变学医初衷的原因时，他回忆道，在高中阶段，有一位曾留学日本的生物老师，课讲得非常生动，有条有理，引人入胜，并常常引导和启发学生思索大自然的奥秘，很受学生欢迎。久而久之，他对生物学产生了浓厚的兴趣。

1933年，陈士怡高中毕业即参加了浙江省全省高中会考，因其成绩名列前茅，被当时的浙江省教育厅保送进入浙江大学理学院生物学系。当时的浙江大学已是人才荟萃、名流云集、闻名遐迩的高等学府。在生物学系就有一批学识渊博、治学严谨、作风民主并富有爱国心的学者，如贝时璋、蔡堡、许骧和谈家桢等教授。他们的学术思想、治学态度和为人处事的风范都给陈士怡很大的影响。在大学期间，他为人正直、尊敬师长，极为勤奋好学；他曾在毕业前把修读贝时璋教授《解剖学》课程时所做听课笔记精心装订成册，赠送给贝时璋教授，以非一般学生所能为的方式表达对老师的崇敬与感谢，从中也可见其学习的认真努力与学风的踏实。因为他始终保持优异的学习成绩，颇得教授们的器重。但陈士怡并非是两耳不闻窗外事的书呆子。在九一八事变之后，又相继发生了七七事变和八一三事变，面临日本侵略军对中华国土的大举侵占和国民党政权“攘外必先安内”的政策，陈士怡义愤填膺，积极参加了包括在杭州火车站卧轨集会等抗日救亡运动。

1937年，陈士怡以优异的成绩毕业于浙江大学理学院生物学系，获学士学位。毕业后，适逢当时的浙江省实业厅在舟山开办浙江省水产试验场，计划挑选一名浙江籍的大学毕业生去当实习生，然后派往英国留学，将来回国后从事浙江的海洋水产研究。经著名生物学家蔡堡教授推荐，陈士怡于1937年8月到舟山“浙江水产试验场”当实习员。然而，未满两个月，就因日本侵略军将要攻占舟山而被迫离开，最后辗转回到武义老家，在“方园学社”任数理化教员。

1938年，经贝时璋教授介绍，陈士怡到内迁江西赣州的同济大学理学院生物学系任助教，协助德籍教授科勒(G. Kller)担任动物学的教学工作。不久，学校内迁昆明。此时，因科勒教授已应召回国，陈士怡一人担任动物学、组织胚胎学和无脊椎动物比较解剖学的教学工作。这种流亡式的教学工作，无疑给教学带来很大的困难，但陈士怡仍以高度负责的品德、艰苦创业的精神,认真备课,想方设法保存动物标本,采集实验材料,以满足学生实验的需要。虽然当时的工作和生活条件都非常艰苦,但陈士怡不为高官厚禄所诱惑。一次,在汤恩伯那里身居机要秘书的一个曾留学日本的同乡来找他,说汤恩伯正在物色人才筹办"抗日大学"。因为汤恩伯也是浙江武义人,这位同乡表示愿意将陈士怡引荐给汤恩伯,可望谋得俸禄甚厚的官职。陈士怡听后,一口拒绝。因为他坚信当时的生活虽困苦,但能磨炼人的意志,流亡教学虽艰难,却可以锻炼自己的独立工作能力。决不能因眼前的困境而动摇自己选择的生活道路,趋炎附势、高官厚禄绝非他的追求。此后,陈士怡一如既往,以满腔热情和极端负责的精神投入教学工作。直到1940年7月,当他的老师蔡堡教授得知陈士怡的研究兴趣乃是遗传学时,即聘请他到已内迁遵义的中国蚕桑研究所任助理员,后任研究助理,从事家蚕的数量性状遗传学研究。在中国蚕桑研究所的5年时间里,他兴趣盎然、如鱼得水,出色地完成了家蚕的数量性状的遗传分析,发表了8篇有关论文,为中国的家蚕选育工作提供了必要的理论根据。

1945年,由于陈士怡的出色成绩以及他一贯勤奋工作和突出的研究才能,中国蚕桑研究所的上级主管"中英文教基金董事会"决定选派他去日本留学,但由于日本侵华造成陈士怡感情上的伤害,遂改派赴法国。1946年5月,他取道印度加尔各答到达巴黎,经谈家桢教授介绍,进入法国巴黎物化生物研究所的遗传研究室,师从著名胚胎学和遗传学家埃弗鲁西(B. Ephrussi)作研究生,进行遗传学研究。最初做的是有关果蝇眼色的遗传,但当他完成温度对果蝇眼色突变的作用之后,即随导师埃弗鲁西从果蝇转向酵母遗传学研究。他在研究酵母遗传过程中,发现了酵母分离型小菌落及其遗传行为,取得了突破性进展。1948年8月,由系主任提西厄(G. Tissier)和导师埃弗鲁西推荐,在法国科学研究中心遗传研究所兼任研究助理。1950年6月,获法国巴黎大学博士学位。在整个留法期间,陈士怡在科学事业上取得了令人瞩目、在学术界有重要影响的研究成果。但他并没有完全沉浸在实验室里,而是始终关注着祖国的命运,并积极参加了"巴黎中国学生会",还参与筹建了"中国自然科学工作者协会巴黎分会"。1949年2月至3月间,被选为"巴黎中国学生会"的执委,担任秘书长,积极支援国内学生的爱国运动,并为促进祖国的解放,在留法学生和旅法华侨中做了大量的宣传工作。

中华人民共和国的成立使陈士怡欢欣鼓舞。但当时,伦敦和莫斯科电台已开展了所谓"米丘林遗传学派"与"摩尔根遗传学派"的争论。同时,苏联的一些著名遗传学家受到了不公正的待遇,使陈士怡颇感疑虑,担心回国后能否继续开展遗传学研究。经过一段时间的思考,他认识到刚刚新生的祖国,一定需要人才,需要科学,而科学总是以客观事实为依据的,苏联在遗传学方面学派之争的政治化,可能不至于在中华人民共和国重演。于是,他告别了给他创造优厚条件并热诚挽留他的老师,满怀报效祖国的赤诚之心踏上归途。1950年10月,他回到祖国,受聘为浙江大学理学院生物学系教授。由于当时中国的课程设置深受苏联的影响,他回国前担心的事情终于发生了,原有的遗传学不能讲授,只能讲"米丘林遗传学"。在这种情况下,陈士怡只能去教动物学、无脊椎动物比较解剖学和微生物学概论。

1952年,全国高校进行了院系调整,陈士怡被调任浙江农学院教授兼生物学教研组组长,遗传学课程仍不能正常开设,他只好继续去教动物学,并悉心编写出版了《动物学》

教科书。1954年兼任浙江农学院副教务长，开始了繁忙的教务工作。1956年5月，他光荣加入中国共产党，从此便一直以“党员第一，教授第二”的认识对待自己的工作、学习和生活。1958年5月，陈士怡参加了杭州大学的建校工作，同年9月，原浙江师范学院与杭州大学合并，他即调任杭州大学教授兼教务长和生物系系主任，后辞去教务长职务，专职生物系系主任，直到1987年退休。在他任系主任期间，曾冲破各种阻力，组建了遗传学教研组，开设遗传学课程。后来又积极与同仁筹划成立了杭州大学生物研究所并任所长。他不懈努力，为当时的浙江农学院（原浙江农业大学的前身）与杭州大学的发展作出了历史性重要贡献。

二、科学成就

1. 酵母染色体外遗传研究的开拓者

陈士怡在遗传研究上的一个突出成就是在研究酵母营养型小菌落的过程中，发现了另一种分离型小菌落及其遗传机理。1947年，来到法国不久的陈士怡，当他在法国巴黎物化生物研究所遗传实验室完成温度对果蝇眼色遗传作用的研究后，导师埃弗鲁西教授就告诉他，用酵母进行遗传学研究比果蝇有更多的优点，并要他尽早转向酵母的遗传研究。这也是陈士怡的科学机遇和事业发展的一个重要转折。当时，有关细胞质遗传的研究已由植物扩展到微生物。几年前，埃弗鲁西教授发现，用一定浓度的吖啶黄处理无性繁殖的酿酒酵母营养细胞，可以使其全部变成小菌落，这种突变型小菌落比未经处理的野生型菌落小1/3～1/2。还发现，这些小菌落不能进行有氧呼吸，从而不能有效利用有机营养物质来繁殖自身，所以生长缓慢而呈现小菌落状态。其实在酵母细胞的无性繁殖中，这种呼吸缺陷突变体也能以0.5%～1.0%的频率自然产生。由于这种小菌落突变是在无性繁殖过程中自发或诱发产生的，这种突变体被称为营养型小菌落（vegetative petite）或称为中性小菌落（neutral petite）。埃弗鲁西认为，这种小菌落突变体在研究染色体外遗传（当时称细胞质遗传）上很有用处。

陈士怡在导师的指导下，很快就掌握了解剖酵母子囊的显微操作技术。接着他提出了单倍体细胞对单倍体细胞的直接交配法，以改进酵母杂交中的孢子对孢子和单孢株细胞对单孢株细胞的群体交配的传统方法，这样就可更迅速、更直观和更可靠地获得二倍体杂种，从而为酵母遗传学研究创建了一种新方法，得到老师和同事们的赞赏。接着，在营养型小菌落的研究中，当他将从一株美国面包酵母Yeast form（Y. F.）自发突变的小菌落突变型单孢株I-A2（α交配型）与另一株从二倍体野生型法国面包酵母B-Ⅱ子囊孢子解剖获得的单孢株B-15（a交配型）进行细胞对细胞的杂交时，发现获得的二倍体杂种都是呼吸正常的大菌落，而由此二倍体杂种形成的4个子囊孢子，其交配型分离为2a∶2α，但都是呼吸正常的大菌落，即其菌落大小的分离比是4大∶0小。这说明此二倍体杂种经减数分裂形成4个子囊孢子萌发形成的菌落，其表现型都是大菌落，而未出现小菌落性状。陈士怡一眼就看出，这种营养型小菌落表现为典型的染色体外遗传特征，与核基因似乎无关。为了弄清这两个杂交亲株的原始野生型菌株的小菌落自发突变的机理，以便进一步作遗传分析，陈士怡对这两个单倍体杂交亲株的原始二倍体 B-Ⅱ和 Y. F. 菌株的子囊分别进行了解剖和统计。他惊奇地发现，在 B-Ⅱ和 Y. F. 菌株经解剖子囊而成活的子囊孢子中，分别出现了 44.4%和 4.7%的小菌落突变型。经过分析，他认为这个实验结果至少可以说明两个问题：第一，酵母通过减数分裂可以产生小菌落突变；第二，其突变频率在不同菌株间存在明显差异。并推测，由于这种小菌落来自减数分裂的产物，很可能还与核基因有关。为了揭示他所发现的这种在减数分裂过程中产生的、其形态特征和生理生化特性都与已知营养型小菌落相同的小菌落的遗传本质，陈士怡进而又对这种小菌落进行了遗传分析实验。他把这种在减数分裂中产生的小菌落之一，交配型为 α 的 B-26 与呼吸正常的大菌落 B-15 杂交，他得到的二倍体杂种都是呼吸正常的大菌落，由它形成子囊的 4 个子囊孢子的菌落大小所表现的分离比为 2 大：2 小。陈士怡惊喜地看到这一实验结果中，菌落大小的分离完全是孟德尔式分离比，两亲株的性状在子代中重新得到表达。此时，他就意识到，从减数分裂获得的小菌落 B-26 虽然在表型上与营养型小菌落无异，但它在遗传性质和遗传行为上都有别于营养型小菌落。因此，他把这种小菌落称为分离型小菌落(segregated petite)以示区别。他认为，这种分离型小菌落是由于核基因突变所致，其菌落大小完全受核基因控制。而以前发现的营养型小菌落是染色体外基因突变的结果，其菌落的表型表达受制于染色体外基因。酵母分离型小菌落的发现及其遗传行为的确定，都让年轻的陈士怡兴奋不已。但他并没有满足于眼前的发现，而且，他马上意识到，欲穷自然之理并非一两个实验就能做到的。因此，他仍日夜苦苦地思索这两种小菌落类型的遗传机理，因为他在实验中看到同一菌株在营养繁殖过程中，染色体外基因能自发突变产生营养型小菌落，而在减数分裂过程中核基因突变可产生另一类型的分离型小菌落。那么，这两种不同类型的小菌落，在遗传行为上是绝对独立的，还是相互关联的？为此，陈士怡又设计了新的实验，以弄清分离型小菌落与营养型小菌落在遗传上的关系。他将从 B-15 分离到的营养型小菌落与一个分离型小菌落杂交。一个出乎意料的实验结果出现了，因为他得到的二倍体杂种都是呼吸正常的大菌落，而由它所形成的 4 个子囊孢子萌发形成的菌落大小则呈现 2 大：2 小的分离比，与上述一个野生型大菌落与一个分离型小菌落即 B-15×B-26 的杂交结果一样。陈士怡从这个杂交试验结果得出如下结论：第一，营养型小菌落的核基因是正常的，之所以是小菌落，是由于其染色体外基因发生突变或缺失所致；第二，分离型小菌落是因为核基因发生突变，而其染色体外基因仍是正常的，但其遗传功能依赖于正常核基因的存在。此外，他还发现分离型小菌落自交所产生的合子，其萌发形成的菌落仍为小菌落，但不能形成孢子。就这样，陈士怡通过系统的遗传杂交试验，不仅发现了酵母的分离型小菌落，其遗传行为受制于核基因，并进一步证明了核基因与染色体外基因在酵母呼吸缺陷型小菌落表型表达中的作用及其协同关系。这一研究成果是当时染色体外遗传研究的一个重要发现。1950 年 6 月，陈士怡以“面包酵母呼吸缺陷突变的遗传研究”的论文顺利通过了学位论文的答辩，并获得法国巴黎大学博士学位。同年，以“面包酵母 B-Ⅱ菌株呼吸缺陷突变的遗传本质”为题的论文，在英国 Heredity 期刊上发表。这种基因当时称作细胞质基因，就是 20 世纪 60 年代后所发现的线粒体基因——一种染色体外基因。陈士怡的这一开拓性研究成果，曾引起国际遗传学界的广泛重视，不仅被有关专著所引用，而且写入普通遗传学教科书，无疑为遗传学的发展作出了杰出的贡献。

2. 坚持理论与应用研究的求真务实

陈士怡主要从事遗传学研究，在国内外发表论文50余篇，《动物学》教材一本，《酵母遗传学》专著一部。他早期侧重家蚕和果蝇遗传的基础理论研究，在留法期间，曾将他在中国蚕桑研究所所做的关于家蚕数量性状遗传研究的成果提交1948年在法国南部蚕乡Alés召开的第七届国际蚕桑会议，对发展中国的家蚕和家蚕品种选育都作出了积极的贡献。1946年，陈士怡到法国巴黎物化生物研究所遗传实验室，最初做的是有关果蝇遗传的研究，实际上是摩尔根弟子埃弗鲁西在果蝇遗传研究上的扩展和深入。他的研究工作“温度对果蝇三个色斑眼突变：W258-8、Wm5和Z的作用”论文于1948年在《法比生物学通报》发表，这为果蝇遗传学基础研究增添了新的内容。

1950年10月，陈士怡回国后，正值新中国成立初期，我国的教育和科研体制深受苏联的影响，特别是遗传学研究和教学深受其害，原来的遗传学研究不能继续深入开展下去，遗传学教学也不能正常进行。因此，陈士怡在回国后的最初一段日子里，不能从事他所熟悉而为之献身的遗传学研究，只能去教与遗传学无关的课程。直到贯彻党的“百花齐放，百家争鸣”方针，并在周恩来总理亲自关怀下，于1956年8月在青岛召开了“遗传学座谈会”。陈士怡应邀并充满希望地出席了座谈会。会议期间，他除了主持几次讨论会外，并坦诚地陈述了自己对我国遗传学发展的看法，在两个遗传学派的学术争论中，始终保持求同存异和包容并蓄的态度。因为他认为，遗传学是一门科学，科学应该以客观事实为依据，只能以科学手段来解决科学争论。

1958年，陈士怡调任杭州大学生物系教授兼系主任后（最初还兼任学校教务长职务），才按照他自己的意愿组建了遗传学教研组，开设遗传学课程，并着手进行遗传学研究。当时，他深知基础理论的重要，但他更看到在祖国社会主义建设时期，国民经济的发展既需要基础理论研究，更需要大力发展生产。因此，他决心走理论联系实际的科研道路，在解决生产实际问题中研究基础理论。为此，他一开始选择了胜利油菜这一油料经济作物作为研究对象，领导遗传学教研组的全体教师开展胜利油菜数量性状的遗传研究，以及细胞遗传学和辐射遗传学研究，试图通过他的研究工作改善我国城乡居民食用油的数量和质量。同时，还开始招收这方面的研究生。然而，正当油菜的遗传育种工作稍有起色，他也满怀希望地深入油菜的遗传学研究时，众所周知的“文化大革命”很快席卷全国。这位昔日一贯廉洁奉公、不谋私利、勤恳工作、为人谦和并深受尊敬的党员、教授和系主任，竟被人居心叵测地扣上“黑头头”这样一个莫须有的罪名而遭到批判。他几年来苦心组织起来的油菜遗传学研究被迫中断，实验记录也被当作废纸任意丢弃。面对此景，想到争取在花甲之年把自己的胜利油菜遗传学最新研究成果向党献礼的希望破灭时，他不禁潸然泪下，心中的痛苦难以言说。然而，已有十年党龄的陈士怡，即使在那失去自由、遭受不公正待遇的日子里，也没有忘记自己的遗传学研究，更没有动摇对党的信仰。他想到，现在不能搞科研和教学为党工作，对党没有贡献，遂决定将自己每月工资的一半多作为党费上交。十几年如一日，他一直以这样的方式表达自己的心愿。

1976年“四人帮”粉碎后，陈士怡恢复了系主任职务，他即到微生物教研组“蹲点”。他带领微生物教研组师生一起到工厂、农村做科研调查，对一些生产单位的科研要求进行调查筛选，并开展了皮革厂污水的生物学处理，中性蛋白酶生产菌株的筛选以及金华火腿腌制过程中微生物的作用和缩短生产周期等一系列应用课题的研究工作，对浙江省当时上述有关生产的技术水平与经济效益的提升作出了贡献。

1977年，陈士怡被邀请到北京参加全国科学规划会议，并担任遗传学科组组长，参与制定我国基础学科发展规划。他非常兴奋，感到科学的春天即将来临。回校后，他向全校师生做了热情洋溢的传达报告，希望大家以实际行动迎接科学春天的到来。同时，他自己也积极制订研究计划，招收研究生，继续开展酵母遗传学研究。他根据当时国内外分子遗传学的发展和我国能源短缺的实际情况，及时向国家自然科学基金委申报了他回国后的首个酵母遗传研究课题“酵母有关基因的表达调控及其在酒精发酵中节能技术的探索”。获得批准后，他积极调配和组织研究力量，从三个方面同时开展工作。一是从研究酵母麦芽糖发酵基因入手，对酵母细胞的耐高糖、耐高温和耐乙醇的“三耐”进行了研究；二是通过细胞工程和基因工程技术把外源糖化酶基因与乙醇发酵基因组合起来，构建能直接利用淀粉的强发酵糖化酵母，以达到节能的目的；三是通过酶工程手段进行生淀粉发酵的研究，试图从发酵工艺上探索节能途径。1982年及之后，在酵母遗传学研究领域，陈士怡先后主持并领导了3项国家自然科学基金资助课题：“酵母有关基因的表达调控及其在酒精发酵中节能技术的探索”(1982—1985)，“通过融合重组和基因转化技术构建强发酵糖化酵母的研究”(1987—1990)和“酵母糖化酶基因高效表达的机理与剂量效应的研究”(1993—1995)；一项浙江省自然科学基金资助课题：“节能型糖化酵母的构建及其遗传稳定性研究”(1989—1992)；一项浙江省科委资助课题：“酵母细胞的改建及其发酵工程的研究”(1985—1988)；一项浙江省教委资助课题：“甘薯淀粉综合利用中的生物技术研究”(1984—1992)；以及其他一些基础理论和应用研究。这些研究课题，有的通过了省级鉴定，获得了可喜的科技成果。其中“耐高温酵母选育及高温酒精发酵新工艺研究”于1990年获浙江省科学技术进步奖三等奖，并在我国酒精工业上大规模生产应用，获得较显著经济效益与社会效益；“通过原生质体融合改建酵母细胞的研究和应用”，1991年获浙江省教委科学技术进步奖三等奖；“酿酒酵母与糖化酵母种间原生质体融合及其融合子的鉴定”，1989年获浙江省科学技术协会和浙江省科技干部局的优秀科学论文一等奖；“酿酒酵母α-磷酸甘油脱氢酶突变株的鉴定及其高渗敏感性状的遗传分析”，1992年获江西省生物工程研究会优秀科技论文一等奖；“酿酒酵母与糖化酵母种间融合杂种的遗传分析”“酿酒酵母渗透敏感新基因的定位及其作用机理的研究”等，1993年获浙江省科学技术协会和浙江省人事厅的优秀科学论文二等奖。由于从事科教工作几十年，成绩显著，1990年，陈士怡受到了国家教委的表彰。

1987年退休以后，虽已是耄耋之年的老人，陈士怡仍然保持着良好的记忆和思维能力，每天坚持读报看书，并依旧一往情深地关心酵母遗传学科研的进展，谆谆劝导年轻人克服困难、奋发工作。

三、教书育人

陈士怡几十年如一日，一直耕耘在高等教育园地，为我国高等教育事业的发展作出了较大的贡献。1954年开始，他先后担任浙江农学院副教务长、杭州大学教务长和生物系系主任等职，虽然繁重的行政和教务工作花费了他很多时间，但他始终没有脱离教学工作，坚持为高年级学生和研究生开课，给教师作读书报告。他专业基础扎实，知识广博，对古今中外的生物学发展史有较深刻的了解；在遗传学、微生物学和动物学等学科方面都有较深的造诣；教学时概念清晰、广采博引、内涵丰富，常有妙趣横生的比喻，在对研究生上课时更是引经据典，介绍有关科学成就发展的来龙去脉，思路清晰、逻辑严密，善于引导学生从中理清思路、悟透规律、启迪智慧，使学生获益匪浅，深得师生赞许爱戴。

他在长期的教学和管理工作中，积累了相当丰富的教学经验。在培养学生方面，他一贯提倡对学生进行"基础理论""基础知识"与"基本技能"的"三基"培养和训练。十分强调只有扎实的基础和广博的知识，才能培养出发展潜力较大的人才，才能更好地适应科学和社会发展的需要。他作为一个系的主管领导，总是想方设法创造实验条件，让学生尽量多动手，即使已年近七十，还常进本科生基础课实验室观察指导学生实验，非常关心注重学生独立分析和解决问题能力的培养。在培养师资队伍方面，他非常重视教材更新，注意以最新的科研成果充实和丰富教材内容，十分重视备课与新任年轻教师的课前试讲，同时高度重视教师的进修培养和知识更新，要求教师及时掌握学科发展的新理论、新方法和新成就。在他身体力行倡导下，建立了全系教师和研究生的"读书报告"制度，活跃学术空气，使教学和研究得以互促互进，取得了显著成效。在学风建设方面，他一贯治学态度严谨，坚持实事求是。他对研究生的培养，常在指定研究方向内让研究生自由选题，平时总是比较放手让他们独立工作，但注意及时检查，严格要求；到论文成文关键时刻，认真审查，一丝不苟，甚至连文字和标点符号也不轻易放过，在提高研究生独立工作能力与学术水平方面取得了良好的效果。

陈士怡也非常重视全面育人。常以自己的行动给学生做出榜样，言传身教，持之以恒。他平易近人，淡泊名利，即使在学生面前也从不以专家自居，并总是语重心长地说，一个人的价值，主要看他的工作成绩，对社会的贡献，金钱和地位都不过是过眼烟云，不可看得太重。虽然他主持和指导课题的研究工作，包括论文的修改，但在文章署名时，却总是情真意切地说："今后再也不要把我的名字放在第一位了。"他从衣着到居家都非常简朴，但他却常常自己掏钱宴请来系进行学术活动的国内外专家学者。1983年，他从印度新德里出席第15届国际遗传学大会回国后，即将自己节省下来的500多美元悉数上交国家。这种高尚的思想情操和品德，赢得了人们深深的敬意。为表彰他在发展我国科技与高等教育事业中作出的重要贡献，他于1992年获得政府特殊津贴。

陈士怡有坚定的人生理想信念，坚信教育和科学是提高中华民族素质和富民强国的根本。他作为横跨两个时代、学贯中西，并为中华崛起而身体力行、奋斗一生的一代优秀知识分子代表之一，在为人、为学、为师、为"官"中表现了对祖国、对党和对科教事业的忠贞不渝，他正直谦逊、严于律己、廉洁奉公、顾全大局的高尚品德，勤勤恳恳、任劳任怨、求真务实的优良作风，严谨睿智、孜孜以求、包容并蓄的学术风范，是为永远激励后辈学人之楷模。他永远活在我们心中！

整理者注：本文主要来源于中国科学技术协会编《中国科学技术专家传略》理学编生物学卷2，中国科学技术出版社(2001)；叶永烈著《浙江科学精英》，浙江科学技术出版社(1987)；王谷岩著《贝时璋传》，科学出版社(2010)；百度网有关报道；以及整理人作为陈先生的学生亲历其言传身教的切身体会。

编者注：作者为杭州大学生物系1977届校友，浙江大学生命科学学院教授。

敬爱的陈士怡先生永远活在我们心中

丁仁瑞

1959年初，我们(浙师院)第一批(144人)在萧山欢潭乡安家落户锻炼的下放干部，经一年劳动洗礼和“大跃进”亦工亦农的考验后返校复职。那时正值浙师院和新建的杭州大学合并，全校师生欢欣鼓舞，校园呈现出一派欣欣向荣的气象。当时我们生物系就设在原“工农速成中学”的校园内，一座面积达1500平方米的大屋顶式教学大楼给我们使用，大楼周围既有农田又有池塘，为我们理论联系实际开展科研工作创造了十分有利的条件。不仅如此，在人事上省里和学校更是做了充分的安排。当时江希明先生已升任杭州大学副校长，系主任一职由陈士怡教授担任。陈士怡教授是留学法国的著名遗传学家，1950年6月回国，他先后任浙江大学生物学系教授，浙江农学院副教务长等职。我真的很想见见这位博学多才的科学家，但大家都工作繁忙，即使他来了系里，我也难得见到他的身影。

那是3月上旬的一天，江先生叫我到实验室开会，讨论家鱼(青、草、鲢、鳙)人工繁殖研究工作。我一进门，只见一位身材结实、略显矮胖、手拿烟斗、双眼炯炯有神的中年老师正和江先生热烈谈论着什么，他一见我进去，就十分热情地向我打招呼：“您就是老丁同志?!”当时我有点腼腆地和陈先生握手致敬。在会上，陈先生十分肯定家鱼人工繁殖理论与发展生产实际相结合的研究工作，认为这具有深远意义；同时还提出，我们应从生态的角度去了解掌握家鱼在内塘性成熟所需的条件和规律，这样就可为大规模生产鱼苗提供保障；还建议通过生理、生态相结合的方法，用激素进行人工催情发情，让家鱼在内塘自然产卵、授精、孵出鱼苗等，并将这一原理推广到别的水产养殖事业中。陈先生的这些建议，不仅扩展了我们研究工作的视野，确定了科研的内容和方法，而且还为我们进一步理论联系实际、科研与生产相结合指明了方向。

两个月以后，正是春雨绵绵的季节。我们课题组为去上城河渔业生产合作社进行家鱼人工繁殖研究而做紧张的准备工作，大家下班都比较迟。一天傍晚天下着雨，路边的路灯也相对昏暗，当时我急匆匆地走着回家。突然在路边有人亲热地叫我：“老丁，您也刚下班，我们一起走吧！”我侧身一看，原来是陈先生。在路上我们就闲谈着。他既关心系的发展和青年教师的成长，又关怀我们的生活……不一会我们都到家了。到那时，我才知道陈先生不论天气如何,每天都是走路上下班,用他的话来说:既节约时间又健身。到了住宅小区,我才知道陈先生就住在我家的后面,也是筒子楼,只是比年轻教工多了两个小间,这似乎和他专家、教授的身份不相符合。但他在那里也住了很长时间,直到1960年以后才搬到当时的教授楼。更值得回忆的是,在那年暑假的一个傍晚,陈先生突然出现在我的房门口,这既使我十分高兴,又让我有点手足无措,因为我的住处既无适当座椅且又相当闷热。他看我有点窘迫的样子,便说:“我们就在走廊里谈谈,这里还有弄堂风呢!”于是我俩就坐下闲谈聊天。他是那么平易近人,一直在关心我们青年一代的成长。他嘱咐和鼓励我要把各项工作带头做好,还要关心一起下基层工作师生的生活;并再三叮嘱我,任何工作在开头总是有困难的,到基层更是如此,自己不能解决的就要请教有经验的老师傅,向他们学习。“当然,要依靠党的领导,我相信你们的研究工作在江先生的指导带领下一定会取得成功的。”这是多么感人肺腑、动人心弦的鼓励和教育。真的,我们的工作也不负他的厚望,试验工作被他一语中的,获得了很大的进展。

陈先生出身于书香门第,年纪很轻时就结婚成家。师母比他年长6岁,还是一位缠小脚的旧式女性。但她勤劳俭朴,一切家务都由她处理安排。在国家十分困难时期,师母更是全力以赴地关怀丈夫生活,提供陈先生所需的一切,以保证陈先生有充沛的精力去从事学术研究和教学、行政工作。陈先生对她则不弃不离,恩爱一生。然而,时代无情,20世纪60年代,在以“阶级斗争为纲”的极“左”思潮下,陈先生奉命将夫人迁返老家武义农村,安顿在大女儿的家中。当时陈先生幸有一位读中学的侄女在杭相伴,才未过于孤单。20世纪80年代,师母终因年老体弱,抱病卧床不起,陈先生匆匆赶去,两人在师母临终前凄凉一晤,相互安抚、嘱咐而告永别!

在“文革”期间,陈先生被污蔑为反动学术权威、“黑头头”等并被批斗,他的身心受到严重摧残以致瘦弱不堪。但他对党依然忠心耿耿,竟将五分之三的工资作为党费交纳,如此一直到“文革”后期,按上级指示才停止作此奉献。

陈先生本来有一个很美满的家,他育有两女一男,大女儿早在农村成家立业,女婿是生产队的支书,生活也很美好。儿子、小女儿先后投笔从戎,各在海、陆军部队服役,他们远离家乡效忠祖国。20世纪60年代后期,全军进行整编,掀起复员、转业的高潮。这时正值“文革”早中期,全国处于混乱的局面,生产滞后,经济困难。他儿子小陈转业回杭,被分配到离钱塘江不远的一个小工厂做门卫,随后成家养育子女。但由于工作单调无所作为,小陈精神一直不是很振作,小家庭氛围也不是很好。在这种情况下,小陈一有空就到钱塘江边垂钓以消磨时光。万分不幸的是,有一天小陈正在江边一块大石头上垂钓时,突然无声无息的暗潮猛涨,阻断了小陈的回岸之路,在一时无助之下,他失足跌倒在汹涌潮水之中。事故突发后,有关当局虽组织各方人马大力搜救,但终因江水汹涌,施救力不从心,直到事后第三天才发现遗体。如此悲惨的结局,对陈老来说是多大的打击啊!因为晚年的陈老只有这个儿子相依为命在身边,他为此茶饭不思、夜不能寐,人也消瘦了不少。在这种悲不自胜的情况下,陈老仍坚持为研究生上课,并说:“这是我化悲痛为力量的最好办法,应把注意力分散到工作上去”。面对此情此景,我们也是欲助无力,唯一能做的就是陪他走上讲台。

退休后,陈老和儿媳、孙辈们一起生活,但他仍自强不息,博览群书,甚至书写、记忆外文新词,以此来锻炼思维并养生修身。然而岁月无情,随着光阴荏苒,他的身体渐渐地被多种老年病所折磨。1994年8月，陈老不幸逝世，享年82岁。

陈老的一生是艰苦奋斗、自强不息的一生，是为党和国家的教育事业作出贡献的一生，他公而忘私、不计较个人得失的精神永远活在我们心中。

2015.3.4

追忆思念陈士怡教授

诸葛阳

陈士怡教授留学法国，学成回国后在浙江大学生物学系任教，不久即开展全国性的高校院系调整，他被分配到浙江农学院任副教务长，并教授动物学。他不仅是我国著名的遗传学家，动物学的造诣亦很深厚。当时，浙江师院生物系系主任江希明教授常请陈先生来讲学，以提高青年教师的学术水平。有一次，陈先生讲"动物的演化"，他提出无脊椎动物的演化是多元的，向不同方向发展，因为各纲无脊椎动物的形态结构和生活方式差别很大；而脊椎动物的系统演化，从水生到陆生有明晰的发展道路和演化规律。要搞清楚动物的系统演化过程，我们必须掌握动物的胚胎发育、动物的比较解剖学和古生物学的知识。这对我的启发很大，指明了动物学科青年教师应该进修的领域和努力的方向。

陈先生在农学院编印过一本"动物学"教材，我曾经把它作为重要的参考书。该书32开，页数并不多，内容浓缩精炼，非常适合农学院学生的实际需求。动物学作为农学院的基础课之一，农学院学生学习的学时数不多，不像以培养师资为主的师范学院生物系学生，动物学要学习两年，学习内容也多得多。陈先生编制的动物学教材既符合农学有关基础的需要，又保持了动物学的系统完整性，绝非易事，这也是我们应该学习的高度综合概括的能力。

1958年，我从东北师大生物系动物生态学研究生班学习回杭以后，准备开展小型兽类的区系组成与生态的调查研究工作。正当其时，得知生物系教工在支援萧山农村双抢劳动、夏收夏种中，有一名职工因水田劳动而得病，经抢救无效死亡，农民类似得病的也不少，也还有不治者。据了解，他们所患的疾病是钩端螺旋体病，与田间老鼠有关。为此，我就开始和杭州市防疫站合作，以农田鼠类为主要对象，开展了该病的流行病学研究工作，以探索防治措施。

1959年，全国召开了自然疫源性疾病的防治工作会议，浙江省卫生厅、省防疫站也召开了相关会议，系主任陈士怡和我应邀参加。会后陈先生对我说，自然疫源性疾病我们并不熟悉，必须认真对待，他鼓励我以社会需要为己任，积极参加研究工作，以保护人民的健康。

自然疫源性疾病并非人与人之间传染的疾病，它们能在自然界不断地自行传播流行，这类病的存在有三个必备条件，一是病原体，即传染源，二是传染媒介，三是贮存宿主。人类由于某种偶然因素而介入，就可能被传染得病。

为了查清钩端螺旋体病的流行过程，省卫生厅组织省鼠防所、金华鼠防站、义乌卫生局和杭州大学生物系等单位组成调查队，进驻当年该病爆发流行比较重的义乌大陈公社，从1962年4月起开展为期一年的调查研究工作。我每个月定期去一周时间，自己背铺盖从大陈站下火车，走15里路到后畈村的驻点开展工作。因当时处于困难时期，我们三餐以马铃薯为主，大米很少，只能熬粥喝。通过一年的调查研究，我们查清了三个问题：一、农田鼠类的优势种黑线姬鼠是钩端螺旋体病的主要贮存宿主，夏天田间活动频繁，通过排泄等活动，使田水中含有大量的钩端螺旋体病菌，人类在田水中劳动时被传染而得病。二、到冬天，黑线姬鼠还有较高的感染率，说明部分鼠体内保存了钩端螺旋体，它们就成为下一年夏天该病流行的主要传染源。三、在防治上最主要的措施之一是，冬季到初春开展大规模的农田灭鼠活动。

此后，由我执笔写成两篇论文：《浙江义乌地区钩端螺旋体病自然疫源地啮齿动物生态学调查》《浙江省钩端螺旋体的主要贮存宿主及鼠间感染途径、冬季保菌和人类患病关系之初探》，并于1964年全国钩端螺旋体病学术会议上进行交流，获得好评与赞许。感谢陈士怡先生的远见卓识，他积极支持并指导我参加这项科学研究，使我取得了初步的成绩，为我后来的科研工作打下了良好的基础。

陈士怡先生是武义人，我是金华人，算得上是地区同乡。出于乡情，又是师生，我常去陈先生家拜访问候或请教业务，因此多次见到师母。她常常是坐在方桌边，等着陈先生下班回来用餐，其体贴入微之情，感人至深。师母是从深山来到大城市的，身着土布衣，由于缠足而行走困难，脸上布满风霜印痕，反映了农村生活之艰辛。她待人谦和，我虽是金华老乡，但她讲话我不太听得懂，因此她总是示意我坐下一起等候。

陈先生是一位见过大世面的人，可称得上是大科学家，居住在巴黎多年，西方花花世界，司空见惯，而回国后仍然依偎在原配夫人身边，热菜热饭很温暖。对待糟糠之妻，他不离不弃，相濡以沫，白头偕老，这是家庭和谐的基础，堪称道德楷模。

陈先生出生在富裕的大户人家，按照旧习俗，父母为他领养了童养媳，童养媳比陈先生大六岁，有利于服侍夫君，陈先生到中年时，按理可以再娶一位妻妾，以服侍终老。但陈先生用行动破除了旧习俗，在陈先生十五岁大婚生女之后，即远赴金华、杭州求学，后进浙江大学，很难得有机会回到老家。

因出身成分关系，在"文革"期间，师母被遣返回家。20世纪80年代，师母回到杭州，和陈先生共同生活过一段时间。后因师母身体日渐衰落，最后回到大女儿家休养治病，在弥留之际，陈先生赶回去告别。当他走进女儿家时，师母从脚步声就知道夫君来看她了，面露笑意。陈先生握住夫人的手，低头听夫人最后的嘱咐。不久，师母就驾鹤西去，陈先生挥泪送别。两人感情之深，无以复加，依依惜别之情景，令人感动。

陈先生晚年患帕金森病，生活质量很差，看了让人心酸又无奈，最后，还是无力回天。

陈士怡教授诚诚恳恳，兢兢业业为我国高等教育与科学事业的发展奋斗一生，作出了卓越的贡献，我们深深地怀念他！

师恩浩荡，永世敬仰！

2014.12

往事如烟——纪念父亲吴长春先生

吴曾瑞　吴曾瑜　吴曾琪　吴曾玫　吴巧湄

我们的父亲吴长春先生辞世四十一年了。岁月流逝，他的同事、朋友也相继凋零，有关父亲的记录资料，本来就不多，这些有限的资料也在逐渐湮灭。现在，就是在浙大生命科学学院（由原杭大生物系等合并建立）这个他曾经长年工作的单位，知道他的人也是屈指可数了。但父亲的音容笑貌，仍然清晰地留在我们的记忆里。

父亲生不逢时。前期时局动荡，战乱频繁；后期“十年动乱”，争斗不息。许多经历，他不便也不愿和子女多做交流。如今，他的子女也都是耄耋之年，许多记忆变得模糊飘忽，要准确还原父亲的经历，很不容易。好在他的一生大部分时间都在浙大生物系任教，因此大致的线索还是清楚的。靠着这条主线，我们像串珠子那样，把我们所知道的父亲的点滴经历，以及平时和父亲、母亲交谈的片言只语连贯起来，写成这篇文章。尽管一些具体事件和确切时间可能会有错讹，但父亲生平的主要节点应该还是确切和完整的。

父亲1905年出生在山东惠民，家里有几十亩土地，但在北方也算不上殷实。他顺利地在济南高中毕业，考上了当时的名校——南京国立中央大学（现南京大学的前身）。据父亲说，当年整个山东省，只有他一人被中央大学录取。

在中央大学生物系学习期间，他结识了一批老师和同学，其中包括老师罗宗洛先生、蔡堡先生以及同学陈封怀先生、王曰玮先生等。在他后来的学术生涯中，这些师友对他的帮助和影响非常大。

从中央大学毕业时，日军侵华的步伐加快，战事频繁，社会动荡。据父亲回忆，毕业后他曾在沈阳东北大学就职。九一八事变突发，日军炮轰沈阳北大营，为了躲避战火，父亲不得不仓皇离开沈阳，连他心爱的莱卡相机也来不及带。后又辗转到北京师范大学生物系任教。由于患上肺病，到北京西山疗养。疗养期间，邻居是一位也在此疗养的俄国老太太，父亲就向她学习俄语。20世纪50年代，中苏交往频繁，经常有苏联专家造访浙江大学，父亲的俄语也就派上了用场。当然这是后话。

由于祖父在老家惠民亡故，父亲回乡奔丧。当时惠民县城已被日军占领，祖父灵柩出城时被日军阻拦，父亲用日语和日军交涉，得以放行。不料回城后，听说日军在寻找这个会说日语的年轻人，要他为日军做事。父亲当然不从，连夜只身出走赴上海。母亲后来才赶到上海和他会合。

父亲知道在日军占领下，是没有立命安身之地了，通过当时在浙江大学任教的蔡堡等师友的帮助，从上海赴浙江大学生物学系任教，从此开始了三十多年浙大任教的生涯。

入职浙大不久，战火就蔓延到江浙一带。浙大师生在竺可桢校长带领下，走上悲壮的西迁办学之路。父亲也和师生们一起，辗转建德、吉安、泰和直至贵州遵义、湄潭。西迁办学路途的艰辛已有许多文献记载，这里就不赘述了。不过，据母亲讲，在湄潭的生活尽管艰苦,也是很有乐趣的。竺可桢校长经常亲自带领教授及其夫人们去附近登高游览,以活跃教职员工的生活,提升士气。由此可见,竺校长对教职工的亲和力确实非同一般。

吴长春先生有三个女儿在西迁途中降生,曾琪、曾玫在遵义出生,小女儿在湄潭出生,因生日为阴历七月初七,故取名巧湄。她们都与浙大西迁结下了不解之缘。1946年日本投降,浙大也开始逐步回迁杭州。由于小女儿出生不久,不宜长途跋涉,等到1946年秋天,小女儿巧湄满月后,父亲和母亲才携三个女儿随浙大最后一批师生撤离湄潭。据父亲母亲回忆,回迁的路途也是非常艰辛的,水路乘船,陆路乘坐大棚卡车。这样走走停停,从湄潭到杭州走了好几个月。

回到杭州以后,父亲才真正开始比较正规的教学和研究。后来由于全国高校院系调整,父亲从浙大生物学系转到浙江师范学院生物系,后又转到杭州大学生物系。我们的家也先后从大学路建德村搬迁至现六和塔边上的之江校区,后又搬到杭大新村。尽管变动频繁,在这一阶段,他的植物分类的教学和研究工作一直没有中断。父亲还把留在山东老家的大女儿曾瑞和二女儿曾瑜接到杭州,这样一家人也开始了团聚的生活。

父亲的学术专长是植物分类学,他非常热爱自己的专业。他对专业的执着和勤奋,令人十分敬佩。做植物分类研究需要经常去野外采集标本,那些年里父亲几乎踏遍了浙江的山山水水,由此他对浙江植物的分布非常熟悉。他亲手在老浙大阳明馆建立了植物标本室,那是我们小时候经常去玩的地方。他带我们外出游览,路边的花草树木,他都能一一辨认出叫什么名称,属哪个目哪个科。他告诉我们,植物分类的主要依据是植物的花。一台小显微镜,一台英文打字机,是父亲在家工作时的主要工具。植物分类需要制作大量的卡片,每天晚上,书房里“滴滴答答”的打字声都要延续到深夜。

父亲学习和运用外语的能力是很强的。他通晓英语、拉丁语、俄语、德语和日语。拉丁语是植物分类必修的语种,植物的学名、植物分类在国际上发表的论文,都是要用拉丁文写的。他除了讲植物分类专业课以外,还给学生和青年教师开设拉丁文课。由于懂拉丁文的人很少,经常有校内外需要用拉丁文的人,晚上来家里向他请教拉丁文的问题。据他的小女儿回忆,读小学时,父亲曾带她一起陪同苏联专家浏览杭州。她清楚记得,父亲和苏联专家可以直接用俄语交谈,不需要通过翻译。

父亲曾参与了多部植物志的编撰工作,如《浙江植物志》《天目山药用植物志》《中国植物志》等。尤其要提到的是,父亲曾参与编写的《中国植物志》,记载了我国3万多种植物的科学名称、形态特征、生态环境、地理分布、经济用途和物候期等,是世界各国已出版的植物志中植物种类数量最多的一部。该书基于全国80余家科研教学单位的312位作者和164位绘图人员80年的工作积累、45年艰辛编撰,于2004年10月全部出齐。这时父亲已经过世30年了。后来《中国植物志》获得2009年度国家自然科学奖一等奖。

父亲不善言辞,一生专心治学。他注重独善其身,从不哗众取宠。他有过两次担任领导工作的经历,但都以失败而告终。一次是1953年,杭州市建委接受父亲的同学、好友,时任广州植物研究所所长的陈封怀教授的建议,筹建杭州植物园。时任杭州市副市长的余森文任筹委会主任,陈封怀和吴长春任副主任。杭州市植物园正式成立后,父亲调离杭大生物系,到植物园任总工程师。可是到植物园工作不久,由于当时的政治运动,父亲被下放到植物园苗圃劳动。杭大生物系得知这一情况后,认为这是对父亲不公正的待遇,重新将他调回杭大生物系任教。另一次是去庐山植物研究所任所长。上任不久后知道，所长不仅要管研究所的业务，还要包揽研究所的柴米油盐、调解员工夫妻吵架等一应琐事，他感叹自己力所不能及而主动辞职。

父亲也有业余爱好。摄影就是他的业余爱好之一，而且到了“发烧友”的级别。他很早就有了自己的照相机，如前提到遗失在沈阳的莱卡相机。照相机在当时是高端的奢侈品，他不仅购置了135、120等多台相机，而且三脚架、测光表、胶片放大冲洗设备等也一应俱全。这在当时来说，已经到了非常专业的水平。他的这一爱好，给我们留下了大量的各时期的照片。

父亲从事的植物分类属于“西学”，但他对中国传统文化却情有独钟。他的另一爱好就是京剧，他能拉善唱，是一个老“票友”。记得在老浙大建德村教师宿舍，浙大老师中的京剧“票友”经常轮流到各家，围坐一圈，你拉我唱，尽欢而散。这一娱乐活动，到1956年匈牙利裴多菲俱乐部事件后便偃旗息鼓。但他对京剧的爱好始终不减。在家工作间隙，他经常把收音机调到京剧节目，一边听，一边摇头晃脑，击节吟唱，陶醉其中。

由于自幼接受私塾教育，父亲写得一手漂亮的毛笔字。我们都记得，他曾用正楷工整抄写朱子家训“黎明即起，洒扫庭除，要内外整洁……”，挂在墙上，既示自己，又律家人。

父亲在摄影器材上舍得花钱，但他一生吃穿非常节俭。新中国成立以前的正装都是长衫，成立后主要是中山装，极少穿着西装领带。尽管离开山东老家几十年，他还是保持家乡的饮食习惯，面条、稀饭、馒头和咸菜是他的最爱。

20世纪60年代后期，“文革”进入高潮，学校的学术和教学活动都已停止，父亲仍然做一些业务工作，如制作标本、整理卡片等等。记得当时曾分配父亲饲养实验用小白鼠，他也是尽心尽力认真去做。冬天天太冷，他怕刚出生的幼鼠冻死，甚至把它们小心抱回家里，放在火炉边喂养。

到了70年代，父亲的心血管病越来越严重，由于当时的政治气候，父亲的病无法得到正常的治疗。开始还能骑自行车到生物系上班。后来自行车骑不动了，但还不得不去学校参加各种政治运动时，他只能带一个小凳，气喘走不动了，就坐在路边歇歇，坚持走到生物系。1974年春，父亲在浙一医院病逝，时年69岁。

父亲是浙大西迁这一重要历史事件的参与者和见证人，是老浙江大学的一员。全国高校院系调整时，父亲是从老浙大生物学系转到浙江师范学院生物系的四位教授（江希明、王曰玮、董聿茂、吴长春）中的一个，后又合并入杭州大学。历史上讲，从老浙大生物学系转到杭州大学生物系的教授有五位。因为还有一位陈士怡教授是先调整到浙江农学院，1958年再到杭州大学的。所以父亲也是杭州大学生物系名副其实的元老。他是浙江省乃至全国知名的植物分类专家，为浙江省和全国的植物分类事业作出过重要的贡献。

父亲吴长春先生是一位平凡的中国知识分子，无论是在战争年代、和平时期还是在“十年动乱”时期，他勤勤恳恳地为中国的植物分类学科的发展和人才培养默默耕耘了几十年。他的许多优秀品质，值得我们好好学习。

父亲，我们永远想念你。

2015.10

编者注：作者是吴长春先生的五位女儿。

忆吴长春先生二三事

毛树坚

翻开校友会的照相簿，见到一帧极有历史意义的珍贵照片——老浙大在1952年全国高校院系调整时，生物系师生在"散伙"前(是年8月)，在阳明馆前留下的最后一张合影。中间坐着的是当年老浙大理学院院长谈家桢教授和系主任江希明教授以及前任系主任董聿茂教授。在一个月以后，谈家桢先生率领部分教师和全系学生并入上海复旦大学生物系。谈先生到复旦后担任生物系系主任，1956年谈先生出任复旦大学副校长。那是后话。

照片中的江希明、董聿茂，还有另外的王曰玮、吴长春、陈士怡三位教授和两位研究生俞志隆、项斯端，在院系调整后留在了浙江。并且由江希明先生带头重新组建浙江师范学院生物系，后来1958年，陈士怡先生组建杭州大学生物系。这些从老浙大生物学系出来的教授和研究生，都是以后杭州大学生物系的主要领导和教学骨干。

在照片前排有一位身材伟岸、胖墩墩的教授，他就是植物分类学家吴长春先生。吴先生毕业于南京国立中央大学，曾经从事过昆虫方面的研究工作，后来由于兴趣所致，改为从事植物分类学的教学和研究。笔者是吴先生的学生，听过他的课，以后又在生物系同事几十年，就记忆所及，回忆吴先生的二三小事。

笔者初次见到吴长春先生时，吴先生一身兰卡其中山装，头上还戴一顶干部帽，一开口，一口地道的山东话。1949年5月后，随着解放军进入浙江全省，有大量的山东干部来到浙江，被老百姓称为"南下干部"。当时的干部就像吴先生一样，"一身干部装，一口山东腔"。笔者由此还以为吴先生是南下干部，但心怀疑问——南下干部中怎么还有教授？当然，不久以后就知道吴先生一直是浙江大学的教师，与南下干部无关。但一直认为吴先生属于中国式的"长衫先生"，及至最近看到老浙大的一些照片，才知道吴先生也曾"西装革履"，一副洋教授的派头。

浙江大学生物学系，从创建肇始，系主任贝时璋先生就提倡：教师的基础要广。贝先生自己在动物学范畴内，几乎门门课会教。后来江希明先生主持生物系，继承了这种传统。当我们一批青年教师留系工作后，江先生就要求我们打好扎实的基础。他以吴长春先生为例说，吴先生是搞植物分类的，但是他的昆虫学造诣很深，可以开昆虫学课；吴先生的外语基础也扎实，懂好几国文字(据了解，有英语、拉丁文、俄语、日语、德语等)，要年轻教师以此为榜样。

吴长春先生上"植物分类学"课，总是拎一只棕黄色的皮包(过去几乎所有的教授都有一只皮包，俗称"教授包")，有时还带几份植物标本。进课堂时常常手中还夹着一支未抽完的香烟。有时也在进教室后，在讲台前点一支香烟。讲课时两手撑在讲台上，一般是右手夹着香烟。他夹香烟很特别，是夹在中指与无名指之间（一般人都把香烟夹在食指与中指之间）。但在讲课时，他并不甚抽烟，烟只是在自燃中变成烟灰。我是从高中进入大学的新生，还以为这是大学教授讲课的“派头”。

1954年，为庆祝中苏友好同盟条约的签订，北京、上海、广州三市分别建造了三所“苏联展览馆”，介绍苏联的社会主义建设成就。学校组织全校师生分批去上海的展览馆参观。当时生物系师生，除了在上海有住宿地方的，都自带行李住宿在乌鲁木齐路上海第一师范学校内。吴长春先生带了夫人和小女儿去参观，但不宿在上海一师。及至参观结束，集中到上海一师，准备一同返杭时，才知道吴先生在上海遇到了“三只手”——上海对扒手的称呼。吴先生放在裤子后袋中的80元钱（当年80元不是小数目）不翼而飞。我看吴先生穿了一套崭新的中山装，外套一件藏青色的麦而登呢长大衣。我问吴先生，大衣与裤子有否被割破？吴先生说，衣服丝毫未损，也丝毫未有感觉。当时大家为吴先生的遭窃感到肉痛，但吴先生自己并不很着急的样子，只是连称：上海的小偷真厉害，真厉害。事后，江希明先生说：还好，吴先生是殷实富户，不会影响生活。从此，我对吴先生就有了“殷实富户”的印象。

1954年暑期前，系主任请吴长春先生带队去舟山群岛进行海滨实习，主要目的地是普陀山。因为是舟山是海防要地，驻有解放军，实习的一切行动都要与解放军沟通。吴先生也特别谨慎小心。在他的教授包中放满证件与介绍信，还带足了全部师生的实习费用，鼓鼓囊囊的。那时的学生对老师很尊重，也很有礼貌，看到吴先生拎着一只皮包，很重，就抢着帮他拎。但是吴先生决不让这只重要的包离开自己的手。所以旁人总是看到他与学生拉拉扯扯地“抢包”。后来有老师对学生作了暗示，学生才不去“抢包”了。

1955年，1957届学生去西天目山实习，主要是采集植物标本，所以植物教研组去的教师很多。除吴先生外，还有蔡壬侯、方云亿等老师。每天早晨起身后，学生先做广播体操，然后跟吴先生学太极拳。据说吴先生的太极拳是很正宗的。他教得也很正规，每一节都有一个名称，如：白鹤亮翅、抱虎归山、手挥琵琶等等，一边动作示范，一边解释，教得很仔细。蔡壬侯先生也会太极拳，但套路与吴先生的不一样。在西天目山还举行过师生联欢会，吴、蔡两先生都会唱京剧，人高马大的吴先生还会用假嗓起生角。从我这个外行人看起来，吴先生与蔡先生相比，似乎更正规一些，除字正腔圆外，会的剧起码也多一点。

1949年后，我国“一边倒”向苏联，大学里就掀起学习俄文的热潮。生物系有两位教师可以阅读俄文教材，一位是吴长春先生，一位是俞志隆先生。在系主任江希明先生组织下，全系教师共同学习俄文。选定一本教材，以自学为主，每周一个下午集中学习，轮流自己解读，由吴长春先生主持并担任（辅导）教师。经过一年的学习，为全系教师打下了俄文基础。大家以后翻翻字典，可以看个教科书的大概。因为吴先生是植物学教研室的领导，植物学组的学习效果最好，后来还集体翻译了一本《颈卵器植物分类学》。动物学组的学习效果以吴宝华先生最好，她以此为基础，后来又学了点俄文，曾去苏联留学了两年。

“文革”期间，在“知识愈多愈反动”的口号下，读书无用，有人喊出“砸烂生物系”，植物分类学早已被当作没有用的东西。吴长春先生在被七批八斗以后，贬去劳动——养小白鼠（还算是照顾的轻劳动）。在20世纪70年代初的某一天，我当时在管理资料室（但资料室已荒芜，极少开门），看到新到一本瑞典植物学家林奈（植物双名制的创始者）1753年的

《植物种志》(英文版)。这时吴先生适也走进资料室,我就把书递给他,说:"吴先生,这本书是你们分类的经典著作吧!"因为"文革"期间早已把"先生"的称呼抛弃了,有人突然称他先生,他呆了一下,把书在手里正反看了一下,沉默了一会,用浓厚的山东话,很沉重地说:"这,还是要的,永远要的。"然后默默地把书还给了我。我也无语,因为尽在不言中。但这句话,这个景象,永远烙印在了我的脑海。

吴长春先生从20世纪30年代就在浙大生物学系执教植物分类学,桃李满天下。浙江省从事植物分类的专家,很多是他的学生。从全国高校院系调整至"文革"爆发前的十多年中,他带出了生物系的一个植物分类的教学与研究团队。受他直接亲炙的学生或助手有方云亿、张朝芳、郑朝宗等,其他从事植物生态学、地植物学的同事,也常受到他的指导,如蔡壬侯和项斯端,还有地理系的何绍箕等老师。吴先生主要研究的是禾本科与报春花科排草属,发现过新种,发表过不少论文。但后期集中对舟山群岛普陀山与西天目山植物进行研究。有资料记载:1954—1956年,吴长春先生带领浙师院师生在普陀山采集和记录维管植物63科156种,是研究舟山植物最早的系统报道。1955—1957年,吴长春、王曰玮、方云亿、张朝芳、郑朝宗、严素珍、黄正璋等在西天目山采集种子植物116科676种。其中裸子植物6科8种,双子叶植物离瓣花类68科372种,合瓣花类30科191种,单子叶植物13科105种。1959年,方云亿发表《浙江西天目山的种子植物》。这是第一篇公开发表的、记载西天目山植物资源的文章。

在吴长春先生一生中,战乱动荡的时间很长,他又比较早离世,真正可以用以工作的时间并不多。但作为一名大学教师,他一生勤勤恳恳,诲人不倦,研究不止。在浙大、浙师院、杭大他都留下了许多有形与无形的、物质与非物质的财富,在同事、学生心目中留下了许多难以忘怀的记忆。

我们永远怀念他。

2015年7—8月

写于临安山区避暑地

作者补记:

写完对吴长春先生的回忆文章之后,吴先生伟岸高大的形象,在我的脑海中久久没有退去,他那纯正的山东话仍然在我耳边萦回。我又记起他曾对我讲过的一个真实的故事:

1935年末到1936年初,浙大学生由于"驱郭"运动,罢课已经一个月了。一天(据查证是1936年1月22日),蒋介石到浙大,先召集教师训话,后又向学生训话。在对教师训话时说道:学生这样闹,你们为什么不管管,你们这些教授在干什么?你们尽到责任了吗?……当时,苏步青先生就举手,站起来说:我辞职,我管不住学生!言辞简短,但铿锵有力,掷地有声!蒋介石很尴尬,但也没有发火或为难苏先生。

吴长春先生在讲完这个故事后,又加了一句:苏先生真大胆!这是我亲耳听到和亲眼看到的。

2015年9月补记于杭州

怀念吴宝华先生

王淑霞

吴宝华先生，1916年1月出生于浙江桐乡濮院，1934年考入浙江大学，抗战时随浙大西迁，历经磨难和锻炼。1938年毕业后留生物学系任教，师从贝时璋和谈家桢教授，受到了良好的师德教育和科研能力的培养。1952年全国高校院系调整后，任浙江师范学院生物系动物学讲师。1957年，被分派去苏联列宁格勒大学（现为圣彼得堡大学）进修学习两年，回国后在杭州大学生物系工作，历任讲师、教授。1993年起享受国务院特殊津贴。

吴宝华先生忠诚于党的教育事业，为人师表，品德高尚。她毕生致力于无脊椎动物学、寄生虫学的教学和科研工作。在寄生虫区系分类研究方面，在国内外享有较高声誉。她首先揭示了白鲢疯狂病病原体及发病规律，并对该病病原体的生活史进行深入的理论研究，深入实际开展白鲢疯狂病的防治，其研究成果在国际鱼病学会上报告后受到国际鱼病学界的广泛关注和好评，被国内外学者编入相关学术专著和大专院校的教材。她曾主持多项国家自然科学基金和省自然科学基金项目，发表科学论文40多篇。完成三部科学专著，先后发现新种72种，其中单殖吸虫46种、粘孢子虫26种，并建一新科一新属。

吴宝华先生具有雄厚的动物区系分类知识基础，在研究中采用现代生物技术等手段，因此既能体现较高的学术水平，又能产生明显的应用价值。1984年《动物学报》第30卷第2期第72—79页发表的《鳗鲡寄生伪指环虫（单殖吸虫）的危害性、生物学和治疗试验》和1993年发表于《动物学报》第39卷第1期第84—87页的《鲢疯狂病病原体鲢碘泡虫孢子形成各阶段的观察研究》两文就是明显的例子，前者还被收集在新公布的世界科学计量指标的学术榜上。此外，其研究成果还获1978年浙江省科学技术成果二等奖，1987年浙江省教委高校自然科学成果二等奖，1989年国家教委自然科学二等奖。她主编了《浙江动物志·吸虫类》，主编的《中国动物志·单殖吸虫纲》于2000年由科学出版社出版，参加编写的《中国动物志·粘孢子纲》于1999年由科学出版社出版。

吴宝华先生的一生是无私奉献的一生，她对待学生有如母亲对待子女，故而深受学生爱戴。在她的认真指导下出了不少优秀人才，可谓桃李满天下，如：姜乃澄、李卓凡、蔡晓红、朱冠等，他们在国内外作出了很多的贡献。

先生于2006年9月9日去世，享年91岁。

2014.9.25

编者注：作者曾是吴宝华先生的助教与科研合作者。杭州大学生物系、浙江大学生命科学学院副教授。

笑容可掬，像母亲一样

——忆吴宝华先生

魏崇德

浙江师范学院的一些红红绿绿的建筑物矗立在钱塘江畔的六和塔旁。这是过去之江大学的旧址。校园里有葱郁的树木，树上时有各种鸟类栖息。大多是小型鸣禽，在树梢上滴溜溜地对歌，间或也有大型的攀禽类、猛禽类飞来，夜里还可以听到猫头鹰的鸣啸。春夏秋季节，走在校园里，不时可以碰到迎面飞来的双双起舞的蝴蝶。校园内的岩壁上长有厚厚的湿漉漉的绿苔和羊齿植物，春天的时候，还有杜鹃花开得红艳艳的，不时能听到岩缝里流出来的泉水的滴答叮咚声。从流水的小桥上往下可看到水光潋滟。校园内还有弯弯曲曲的通向山下公路的S形林荫小路，有古朴精致的建筑，如钟楼(经济学馆)、都克堂、红房子、绿房子等等；在小溪流水边的青草丛之间，有飞飞停停的小豆娘在游戏。在山脚下的钱塘江江滨有游泳场，还有小舟出租，人们可乘舟荡漾在粼粼碧波上。沿着慎思堂前面的小道走时，不时能听到从都克堂里飘出来的悠扬的钢琴声，也可看到活跃蹦跳的、手里拿着笔记本和书本赶着去教室上课的一群群学生。位于学院西面方向的西岭，有林荫小道可以漫步，又有大操场可跑步锻炼。在西岭广场上每个周末都放电影。有时在山坡丛林间还会有小野鹿出没。啊！这里真是美丽极了！

在这片土地上，更有那业绩丰盛的可纪念的人呐！吴宝华先生就是这其中的一员。

我大学毕业到浙江师范学院生物系工作，系主任江希明先生嘱咐我做吴宝华先生的助教。

第一次见到吴先生时我就感到她和善可亲可近。她教学认真，爱护学生。她的教案是用大张纸写的，字写得较大，字迹清楚，草图简明。每次去上课的时候，我都是抱着好几张裱好的挂图，坐在教室第一排靠边的位置上，她讲到哪里，我就挂一张她正在讲的图，学生跟着她的讲解看图，并聚精会神地听课，都显出对动物学浓厚的兴趣。

当时每周安排两个下午的动物学实验课，吴先生经常来帮助我一起准备实验材料，也来课堂上指导学生实验。我尊重吴先生，我们在一起配合和谐，工作很愉快。

那时候，吴先生带学生去舟山海滨实习，采来大量蛤类标本作为研究材料。她观察标本时，细致认真，测量精细。毛节荣先生帮助她拍摄贝壳标本照片，照片拍得黑白清晰，立体感很强。后来吴先生相关研究的论文及图片就发表在浙师院学报上(1956年11月刊)。

记得有一次她测量标本的二十公分米达尺不见了，她找不着，问我有没有看见，我说没有。她心里很急，抽屉翻来覆去找不着，嘴里一直絮叨着说："看见没有?"几乎每隔几分钟就要重复问一问，一节课的时间都过去了。近中午时刻，终于发现米达尺在她的中间大抽屉的一侧内壁竖着，找到时她高兴的样子真像个小孩子，我也为之高兴。

1957年，她去苏联留学，两年后她留学回来，仍旧和以前一样，我们两人面对面坐在两张并排的桌子前。她的科研课题是从苏联专家那里学来的单殖吸虫类(Monogence)。她对这一研究课题极其喜爱。她对发现的虫体记录得非常仔细，每周要检查上百条鱼，发现了很多单殖吸虫新种。

办公室的宝生，大致每隔两天就要从西湖、钱塘江、运河等水域边的集市买来一大桶活鱼，放在吴先生办公桌旁。吴先生一早来上班后，就开始检查这些鱼。我有时闻到这些鱼的腥气，鼻子会不自觉地皱起来。然而，吴先生解剖鱼体时，身体伏下，双目专注地解剖鱼鳃和肌肉，她的鼻子尖几乎碰到鱼体，你能说她的鼻子闻不到这腥气吗！但是我从未听到她说“腥”这一个字，这并不是她的嗅觉不灵，而是她专注到早已将气味的不适抛之脑后。凡人碰到他的所爱之人或物时，会尽心尽力地追求它，会忘乎所以，别无他物，一门心思地爱着，吴先生就是这样的人。我后来再也不说这“腥”字，也因此更加敬仰吴先生的执着敬业精神。

江希明主任常来我们教研组走走。他身体挺拔，风度翩翩，富有学者气度。他和蔼地走到吴先生桌边，关切地询问她的研究和教学情况，我们在旁听着也受到激励和鼓舞。

毛树坚是生理学教研组的，他比我小二三岁，常来我们办公室串门儿，吴先生很喜爱他。毛树坚容貌生得白嫩，总带着微笑，脸相未脱稚嫩，像个小孩。吴先生与他是同乡，见到他时，总是亲热地拉拉他的手，很爱护他。薛艳庄是系里的党领导，她姿仪艳丽，品格端庄，随分从时，虽然她年纪小，但是很会关心人。薛艳庄和吴先生很要好，俩人谈起话来很亲密，她像是吴先生的女儿一样。

我每穿一件新外衣或新衬衫，吴先生一眼就能看出，她手指指我的衣服，和我一起高兴，我站起身来，炫耀地让她看，她的手指在我的袖子上捋捋，在我的衣襟上摸摸，我好像感到有一股暖流涌入我的心田，温馨无比。

吴先生的丈夫周志瑞先生是化学系的老师，他们育有一儿一女。儿子名慈伟，女儿叫亚先。亚先当时还是个小女孩，她脸蛋儿红彤彤的，有两个小酒窝，眼睛眯眯地总是带着甜甜的微笑。记得她来办公室时，我正在长桌子上整理一盒盒的昆虫干制标本，她身靠桌沿，双目盯着花花绿绿的蝴蝶、甲虫和蜻蜓标本，看个不停，看得出来她非常有兴趣。吴先生让她叫我魏叔叔，她不停地叫我魏叔叔，问这问那。

1958年，浙师院搬到山下杭州城里来，生物系在文三街的校园，吴先生在教学大楼三楼的办公室里上班。王淑霞老师及吴先生的研究生毕业后留系的姜乃澄等人，参与了吴先生率领下的单殖吸虫类的研究课题，他们形成了很强的研究团队，继续深入研究。

吴先生退休后，晚年还伏案整理文稿及图稿，写成厚厚的巨著《中国动物志·单殖吸虫类》，并出版发行，其著作曾多次获得国家级和省级的嘉奖，并被国内外有关方面采用。

吴宝华先生敬业爱业的精神，慈爱和善的品格，皆永远铭刻在我的心里。

编者注：作者为杭州大学生物系吴宝华先生的早期助教，动物学教研室副教授。

2014年11月17日于杭州文三新村

学生心目中的吴宝华先生

美国德克萨斯A&M大学　朱　冠

关于恩师吴宝华教授，“吴先生”是大家对她常用的尊称。而在实验室里面，我们小字辈们对她的“爱称”是“吴奶奶”。当然，一般也不当面这么称呼的。只是时间长了，“吴奶奶”也很容易在吴先生面前脱口而出。不过当年实验室里面还真是“三代同堂”：上有吴奶奶，中有王淑霞、姜乃澄等老师，然后是我们刚进实验室的孙字辈。

吴先生是知名的鱼类寄生虫学专家。当年，吴先生发现杭州西湖的白鲢疯狂病是由一种粘孢子虫引起的，这一研究可称为确定某病原真正引起某疾病的经典研究之一。至今还值得做病原研究的专家们借鉴学习。而其他成果，则可参考其他老师的纪念文章。

我小时候与很多小朋友一样喜欢动物。1979年考大学的时候，不愿意“继承”做人医和兽医的父母的衣钵，所以选了个既相关又折中的“生物学”专业，有幸进入原杭州大学生物系学习。当年的生物系本科不分专业，而是到了四年级选择不同的专业做科研实习。当时突然对最小的“动物”(原生动物，也称原虫)有兴趣而去了吴先生实验室实习。当然，原生动物其实并不是我们常人理解的动物，只是能动的一群单细胞生物而已，而有些当年说的原虫，如微孢子虫和肺孢子虫其实属于真菌，当然这些都是后话。

吴教授主要研究鱼类寄生虫，所以我开始接触的是鱼的寄生原虫。我跟着吴先生、实验室其他老师和师兄师姐们解剖了不少鱼，兴致盎然地在鱼身上到处找虫子。这段实习经历也是我1983年考研时决定做吴先生的学生的主因之一。这也决定了我一直在寄生虫领域不亦乐乎到现在的生涯！

读研不久，在决定研究方向期间，吴先生有一次找我谈话。说她参加了一次全国会议，了解到现在因为经济改革，全国各地的养鸡业开始爆发式发展。因此鸡病，特别是球虫病开始成为影响养鸡业的重要疾病之一，对国家经济影响很大，问我有没有兴趣做些鸡球虫方面的研究。这次谈话让我成为实验室第一个“由鱼进化到鸡”的学生。实验室也因此不时地会有些可爱的小鸡养着，吸引了一些眼球。直到现在我还保留了球虫方面的研究，而主攻的隐孢子虫也是与球虫很相关的。回想起来，吴先生的确对科研的方向很不保守，而是很开放和有远见！至今为止，如果我的科研在球虫和隐孢子虫领域算是有所贡献的话，那么吴先生则是这些贡献的最初始原因。

优秀的导师可以多种多样。而吴先生则是：给你创造机会，鼓励你创新和尝试不同的道路。让你能够充分自由发挥，但在你需要的时候，则及时给予最大的帮助和指导。我在人生成长最重要的时期有机会接受吴先生三年多的指导，包括半年多的本科实习和三年硕士研究，实在是非常幸运。

当年的实验室规模不大，就是一间大屋子。里面靠窗的桌前经常坐着一个慈祥的奶奶，不知情的也许不容易想到她其实是一位非常知名的学者。还有常常笑容满面的王老师，以及严肃和活泼兼顾的姜老师。再就是几个学生，其中一个傻乎乎的，有时候还调皮。还有一些鱼缸和偶尔出现的小鸡笼子。非常简单，甚至有些简陋，却很有一种家的温馨。而吴先生永远是我心中的吴奶奶，大部分时间被珍藏在内心深处，却又不时地浮现出来，作为我自己对待学生的榜样。

2015.2

编者注：作者是杭州大学生物系1979级校友，吴宝华先生的硕士研究生。浙江省千人计划特聘教授，现兼任浙江大学遗传学研究所副所长。

忆父亲郁永侁

郁昭愈

父亲郁永侁生于1911年6月17日，江苏南通正场乡人。他十岁就离家外出读书，早早地独立生活。1929年考入国立浙江大学，一年级是化学专业。中科院资深院士贝时璋先生1929年从德国回来后，于1930年到浙江大学创办生物学系，父亲转学生物，成为第一届唯一一名生物学专业学生。1933年毕业后留校任教，后来曾先后在上海和南京当中学教师、南京中央大学任讲师；1948年来杭州西湖博物馆（今浙江省博物馆）任自然科学部主任；1952年到浙江师范学院任讲师；1958年浙师院与杭州大学合并，定名杭州大学。1976年父亲为了子女就业而退休，退休后仍从事科研工作十多年。2006年6月去世，享年96岁。

父亲的一生主要从事教学和科研，他治学严谨，工作勤恳。他先后开设了《普通生物学》《动物学》《动物组织学》《动物胚胎学》《人体解剖学》等多门课程，并担任原杭州大学动物生理学教研室主任。他早年在浙大任教时，在贝先生的指导下对轮虫的早期胚胎发生进行了研究，还多次随贝先生一起到杭州松木场一带采集丰年虫。1951年，他编写出版了《杭州蜻蜓志》；五六十年代他对家鱼进行了研究，包括鲫鱼的卵母细胞和鲢鱼胚胎发育的研究，还与水产厅和渔场合作进行家鱼人工催情产卵研究以提高渔业产量；他还对碘与甲状腺疾病的关系进行了研究，论文受到东北地区地方病防治单位的重视。70年代中期以后他着重研制了人工合成新型细胞核染色剂——西湖蓝（又名杭新素），并获得省科技成果三等奖。他培养的学生遍布各地。

父亲有一大遗憾，那就是他来不及将“西湖蓝”染色剂的研究工作做完。他说“西湖蓝”经过改进可以应用于纺织印染工业，那样经济意义会很大。直到晚年他还一直在查资料，94岁时还让我到化学系资料室帮他查印《化学文摘》，可惜没有实验的条件。他退休后一直在研制、改进“西湖蓝”，条件很简陋，一台显微镜，一台切片机，一只旧温箱，十几年如一日，不取分文报酬，他热爱的是科学和工作。父亲虚心好学，1978年美籍华人牛满江教授来杭大生物系做“生物学动态”报告，结束后问大家有什么问题，全场沉默，此时父亲站起来请教了一个问题。这事令我感到很意外，所以印象深刻。

1950年，贝时璋先生在上海组建中国科学院实验生物研究所并担任所长，想调父亲前去工作，连搬家费都寄来了，无奈浙江省博物馆不放人，否则他应该有更好的发展空间。1956年父亲被上报晋升副教授，1957年教育部批准文件下达到省里以后，因反“右”运动开始而没有公布（名单里有部分人被划为右派）；60年代“文化大革命”前又上报了一次，也因“文革”不了了之。对这些历史造成的遗憾，父亲能坦然处之，有良好的心态，因此他才能有96岁的高寿。

父亲为人正直，从不趋炎附势，不吹牛拍马。在新中国成立后的历次政治运动中他常受冲击，被批判走“白专道路”、“个人主义”等等。在“文化大革命”中他又被打成“牛鬼蛇神”，每天脖子上挂着一块“牛鬼蛇神某某某”的大牌子穿过杭大本部去生物系上下班，受人羞辱。1968年“清理阶级队伍”时被集中关押，每天到生物系农场劳动，拉大车，扫厕所，晚上写思想汇报，还不时被开批斗会、游街示众。

父亲言谈谨慎，即使在家里也从不对政治发表评论、感想。从“文革”的大字报中我得知他曾批评“某些党员像一只红萝卜，外面是红的，里面是白的”，因之被上纲为“攻击党”，这是我所知他的政治性最强的批评言论了。他对国家的经济建设和科学技术发展非常关心，每每从报纸上看到哪里一条铁路通车了，哪里一个大型工厂建成了，都会很高兴地告诉我们，他是一个非常爱国的知识分子。

父亲性格内向，话语不多。他喜欢半夜里看书、备课。他喜欢我国古典文学，常看《红楼梦》《水浒》《聊斋》《三国演义》等古典名著，尤其喜欢《三国演义》。我小时候，夏天乘凉时他常常给我讲三国演义中的故事。父亲爱下围棋，也爱下象棋，我下象棋就是他教会的。小时候与他对弈时，他会让我车、马、炮。他还爱听京剧，对京剧的流派、演员十分熟悉。

父亲历经沧桑，对时局形势的发展有远见。我姐姐1969年去黑龙江农村插队，临行前去生物系向父亲告别（当时父亲被关在“牛棚”），意外的是父亲并不伤感，他认为一切都会变的，不会永远这样的。对妹妹去余杭农村插队也是同样。他认为不管形势如何变化，知识和知识分子一定会有用的。

父亲能够长寿，总结起来有几点：一是吃饭定量，八分饱。吃饭时他常常会问我们：“我添过饭没有?”我们觉得很好笑，吃饱就好啦，其实他是定量的。二是烟酒不沾。三是步行。从1958年开始，三十多年上下班，从杭大新村到文三路生物系，每天两个来回，是很好的锻炼。四是适当吃保健品。晚年他天天服蜂王浆和西洋参。五是心态好，遇事想得开。在被关“牛棚”的时候他也是躺下来就打呼噜。有人说如果他还有什么问题没交代的话，怎么睡得着呢？职称问题、待遇问题，说“不在乎”是假话，但争取不到，烦恼也没用，毕竟是身外之物，只要身体好，留得青山在，不怕没柴烧。

父亲有顽强的生命力。1991年11月八十一岁时他乘公交车摔了一跤，腰椎压缩性骨折，躺了两个月，好了；1999年八十九岁时又在公交车上摔了一跤，左腿股骨骨折，打了三根钢钉，也挺过来了；2006年九十六岁时再次在家里摔了一跤，另一条大腿骨折，这次父亲终于没能再起来，2006年6月17日中午约11时，父亲走了。他走得平静、安详，没有痛苦，也没有留下什么话。他是6月17日来到这个世界的，也是6月17日回归西天，他在人世间整整九十五年，一天也不多，一天也不少。很多人说这是一种福分，是要修几世才能修成的福分，我们为他高兴。

父亲的一生是坎坷的一生，值得欣慰的是，他终于看到了国家形势的变化，看到了祖国的强盛，看到了知识分子受到尊重，还享受到了改革开放后的美好生活，愿他的灵魂在极乐世界得到安息，我们永远怀念他。

2013.1

编者注：郁永侁先生有二女一子，作者郁昭愈排行居中。郁昭愈曾任杭州大学、浙江大学的处长。

助教之初

——兼忆我的第一位指导教师郁永侁先生

毛树坚

1952年起，全国高校院系大调整。在院系调整之前，高校中开展了两或三个运动。

第一个运动，是把部分较知名高校的部分师生放到淮北、皖南等地方去参加土改运动，目的是让知识分子感受一下：什么叫贫穷，什么叫资产阶级的养尊处优，什么叫阶级剥削、阶级斗争等等。结果高校师生大受教育。老浙大部分文科师生去了皖南参加土改运动，生物系师生没有参加。

第二个运动是"三反运动"，三反运动在校内开展。主旨是：反贪污、反浪费、反官僚主义。形式上是：先"自我交代"，再"群众揭发"，从而认定"老虎(即贪污分子)"，继而是"隔离审查"和组织"打虎队批斗(即所谓打虎)"，最后是"定性量刑"——由单位内部自行处理或是送法院定刑。但是，在几十年以后，我听说当时校内的两个大案：之江大学的"黄金案"与"设备盗窃案"，都属子虚乌有。

第三个运动是"思想改造运动"，全体高校师生都要参加。思想改造运动与三反运动相比，比较缓和。主要是学习文献，要求大家认识到，从旧社会过来的知识分子，在世界观、人生观上(当年还不提"价值观"这个名词)都有问题。然后要求大家先谈谈自己思想上有哪些错误的思想观念，再从自己的阶级出身、所受的教育等方面找出根源(当年能受高等教育，甚至出洋留学的人，基本上都是阶级成分不好的，受过资本主义教育，过着比较舒适的生活)。最后是要求对错误观念以及产生错误观念的阶级根源，各自作出严格的自我批判，制订出"自我改造计划"等等。

由于有如此强大而完善的三个运动作铺垫，高校师生思想上已经受到了震撼。从正面理解：应该是思想觉悟大大提高。从负面理解：是受到震慑，产生畏惧。因此接下去提出的"全国高校院系调整计划"，执行得比较顺利。但是时至今日，对当年的全国高校院系调整，也时见评论，可能今后还会有历史性的结论。本文不作探讨。

老浙大被瓜分，老浙大生物学系消失。由老浙大生物学系主任身份调整到浙师院生物系系主任身份的江希明教授，他当时想的是什么？

我曾听江希明先生回忆20世纪50年代的情景时说：当年最重要的事情有两项，一是"开得出部颁教学计划中的课程"，二是"积极培养青年教师"。只有做好这两项工作，才能办出一个像样的生物系。

在培养青年教师一项中，江希明主任效法老浙大的"导师制"。他为每一位青年教师指定一位"指导教师"。

我与同班同学诸葛阳、华启洪等同时留校任助教。1953年秋，我被分配担任《组织与胚胎学》课程的助教，主讲教师是郁永侁先生。郁先生就成了我的第一位指导教师。

按照系里规定，助教要在指导教师指导下，制订出进修计划。进修计划主要包括：发展的方向？3～5年的总目标？一年内的近期目标？进行哪些科研项目？还要补听哪些课程？读哪些书？多少年后，可以主讲什么课程？

郁永侁先生是老浙大生物学系第一届毕业生，曾在许多大单位工作过，来浙师院前是浙江省博物馆自然科学部主任。据说早在1950年，贝时璋先生去上海建立中科院实验生物研究所时，就邀他参与，但被浙江省留住不放。郁先生平时沉默寡言，终日伏案，埋首于大部头洋装书之间。在当时的青年助教的心目中，他是一位有学问的教师。我们甚至还有很幼稚的想法：生物系动物学方面，学养最高的是江希明先生，郁先生就是老二了（当时董聿茂教授还在浙江省博物馆任馆长，不计在内）。

我当年仅21岁，从小饱受“吃得苦中苦，方为人上人”以及“好男儿当光耀门楣”的思想教育。因此，感到能在大学工作很幸运，能在这样棒的指导教师手下工作，更是大幸。感到自己是幸上加幸，喜上加喜，将来有个好出息。

《组织胚胎学》是一门比较小的课程，每周3学时，包括实验课。郁先生决定一周上课一周实验。郁先生既主讲课程，也亲自主持实验课。我的工作只是绘制课堂教学中的挂图（好在我在中学时期学过绘画，有点绘画基础），制作组织学和胚胎学实验用的切片标本。

早在全国高校院系调整之前，老浙大生物学系就委请毛节荣先生制作用于普通动、植物学实验用的切片标本，留给院系调整后新建的生物系用。但是更高层次和专业一点的切片标本，如人体或动物各种组织、器官的切片标本，显示细胞器精细结构的切片以及蛙、鸡的胚胎发育连续切片等等，都是没有的。所以凡是《组织与胚胎学》的各种切片标本，基本上都要我赶制出来。我只能没日没夜地投入切片制作之中。那时候，我常看到诸葛阳随着吴宝华先生上课回来（诸葛当时是吴先生的助教），手里抱着一大堆教学挂图，俩人一路上有说有笑，诸葛可以随意地对吴先生的讲课效果提出看法，吴先生也常微笑着听取诸葛的意见。当年，领导要求的主讲教师与青年助教之间的关系，就是像这样和谐的“师徒”关系。我很羡慕诸葛与吴宝华先生有这样和睦的关系。理论上，我与诸葛做同性质的工作，但实际内容却有天壤之别。

当年，生物系办公室的灯，总是全校（整个秦望山头）最后的“亮点”。总务处派出的巡夜队，每天都要到生物系办公室去转一转，叮嘱一声：“时光不早了，不要太辛苦了，早点回宿舍睡觉！”生物系的助教的确有个“孵办公室”的习惯，包括那些有家室的人。俞志隆先生那时已经有儿有女，但也在晚餐后常来办公室看看书，聊聊天。那时候，大家的防灾意识不强，冬天在办公室点火盆，有熊熊的炭火。我们三三两两手捧书本或茶杯，脚踩在火盆边，共享温暖地聊天，俞志隆有好几双棉鞋的鞋帮被烤焦，露出棉絮。回忆起这段（1953—1956年）经历，心头总是暖暖的，一种温馨的人际关系，以及人人努力向上的那份感觉，涌上心头。但我能享受这种温暖的机会不多，因为我要赶制切片，学生实验等着要用。有家室的人（在早期，郁永侁先生也来办公室看书），但最迟也不过八九点钟，就回家去了。留下的常是梁海曼与我等少数几位。梁是夜猫子，常在办公室看书，而且有一项本领，他可以拿着书打瞌睡，惊醒了，继续看书，一般不过午夜不回宿舍。而我，又常常是最后走的一人。

制作切片，要用到二甲苯（Xylol）、苯（Benzol）、甲醛（Formalin）等化学试剂。现在知道这些试剂是极毒的，会致癌，令人视之似虎。但是当年我认识不足，毫无防范。我几乎整天稀里糊涂地在这些毒物的熏蒸下制作切片。后来知道，化学系接触这类药物的人，都领"营养费"。生物系不知道，没有领。我现在已至耄耋之年，还没有发现问题。但不知道今后还会不会有这种毒物的后遗反应。听基督教的朋友说：上帝平等待人，常常"给人关了一扇门，又会为人开一扇窗"。但愿，上帝怜我过去的无知，也未领"营养费"，而能免我今后遭毒物之殃。

我多年受Xylol和Benzol等之毒，但切片技术的确稍有长进。20世纪60年代初期，系主任陈士怡教授研究油菜的高产品种，我为他制作了一些油菜的染色体切片。他比较满意，特地对我说："老浙大生物学系有位许骧教授，细胞学家、染色体权威，现在在美国。他有位高级助手，精于染色体技术。你的染色体切片与他差不多。"这是我第一次听到有人称道我的切片技术，而且还是领导。第二次发生在稍后几年。我有位远亲朱某，是浙农大畜牧兽医系学生。他对我说：我们有同学知道您，说您懂的东西多，人称"毛百晓"，特别擅长切片，是"切片一把刀"。我听了，觉得说的可能是毛节荣先生。毛节荣先生是老浙大出身，生物学知识渊博，样样懂，当得上"毛百晓"。我回校与友人说起，朋友说：你会吹牛，吹得别人以为你样样懂。前两年你与张冠春合开《生物学技术》课，其中切片技术是你主讲的，还有医大教师来旁听。这些学生已经分布到农大、医大去了。学生间的小道消息传传是很快的。贬之、褒之都有，加油、加酱，加得很离奇的也有。你的名声已经远扬了，你自己还不知道？第三次是在二十多年以后。20世纪90年代，我曾兼职主持浙江树人大学的工作。当时树人大学创建了一个园林建筑设计学院，聘请浙农大刘茂春教授担任院长。刘院长对他的副手蒋美珍老师（杭大生物系1960届校友）说：我在农大就听说过毛校长，他是"切片一把刀"。蒋美珍说"我怎么不知道"，还跑来问我。我有点哭笑不得。是不是受了几年致癌物质的熏蒸，蒸出了点"臭名"？可是，我不要臭名，要性命！

郁先生对我很客气，真的太客气。他从不指挥干这干那，对我讲话也轻声细语，还用手掌遮住口部——这是早年知识界人士讲话时的一种有礼貌的优雅动作。但是这对我却很不利。我不知道我应该干些什么。我问郁先生，他的回答总是很简单：你自己看看，还有什么事做？实验切片准备齐了吗？……因此，我要"察言观色"地去揣摩郁先生的心理，特别是要揣摩郁先生要我做些什么。但是，靠"揣摩"要误事。有一次为学生准备实验，我揣摩错了郁先生的意图，没有做好应有的准备，造成了郁先生的困扰。他当时"呃"了一声，也没有批评我，我也没有在意。但是不久，薛艳庄找到我，传达了江希明先生对我的批评："在有些方面是好的，但在工作上还不够上心，抓得不紧。连郁先生都有意见，郁先生是从来不讲别人意见的！"系主任的批评使我大吃一惊。这与我的自我评价，有如天壤。从此，我的心里蒙上一片阴影，情绪上的纠结，影响了我几十年。

20世纪50年代初，在生物科学领域，苏联的影响最大的动作有三：一是李森科对摩尔根学派经典遗传学的批判，二是巴夫洛夫大脑两半球高级神经活动学说成就的传布，三就是勒柏辛斯卡娅的"活质学说"——属于细胞学范畴。郁先生是贝时璋先生的高足，贝先生早年就有"细胞重建"的理念。当年，郁先生选择了仿照勒氏做细胞重建的研究。我是他的助手，参与他的研究。我们以水螅、涡虫等为材料，破坏细胞结构，观察细胞能否重建。的确曾观察到有核样的团聚物，但都不是核物质（不能用染核的染色剂染上色）。因为当时实验条件不好，容易污染，实验没有进行下去。北京师范大学生物系武兆发教授，著名的组织学家，重复了勒氏的实验，证实勒氏所观察到的“核”，不过是脂肪物质的团聚，可以用苏丹Ⅲ染色，从而推翻了勒氏的实验。武氏不久遭到批判，后来自杀身亡。郁先生以后还做过鸡胚发育中的营养物质研究。但因不久后我工作调动，离开郁先生而去做江希明教授主讲的《动物及人体生理学》的助教。张冠春接替了我的位置，所以郁先生以后的研究就不得而知了。

我在郁永侁先生身边两年，最大的收获有三项。第一项是阅读了两部原版书：一部是 Shemwan 著的《Embryology》，另一部是 Maximov 著的《Histology》。看不懂，就问郁先生。第二项是建立了一种从平面二维结构发展到立体三维结构的形态观察能力。我后来从事电镜超微结构形态学的研究、鱼类细胞生物学的研究、病毒学的研究，其形态学基础得益于在郁先生身边的两年。第三项是最重要的，就是郁先生从事科学事业的风范身教。郁先生的沉静、苦读、心无旁骛，不议论旁人、不介入是非，奉公守法，举止儒雅等等，都是作为一名科学工作者或科学家的基本素质。我崇敬而学习之，但学得不好。

郁永侁先生颐享九五高寿，生逝同日，平静地回归自然，可以说是个有福之人了。但从客观说，也带着些细微的个人遗憾：一是升职失机，二是他晚年钟爱而致力研究的“西湖蓝”染料，未能终局。这实在是我国知识分子经常会遭遇的境况，主要是社会的诟病所造成的。从个人而言，郁先生不善于与人沟通，不善于表达自己的需求。他晚年从事“西湖蓝”研究的一段时间，正是我与我的同学丁仁瑞共同主持杭大生物系与生物研究所工作的时候，而且我是分管科研工作的。我曾与郁先生交谈过，也委托科研秘书询问过郁先生，想为郁先生做点什么，但都未能有效地交流。所以我没有能为我在青年时代的第一位指导教师出一点力，而感到丝丝的内疚。

人无完人。我在回忆中提到了老师的一些不足——不善于与外界沟通，由此而可能会给别人和自己带来某些遗憾，甚至是不幸。但是，这些一点都不降低我对授我业、解我惑、传我道的前辈师尊们的感恩！

2014 年感恩节

写于美国南加州奇诺市旅次

回顾与感受

张冠春

纪念江希明教授诞辰100周年座谈会，激起我对生物系一众辛勤工作的前辈们的缅怀之情。昔日情景犹如昨日之事，历历在目自难忘。我在1954年毕业后即留系工作，直至1989年退休。在漫长的岁月里，亲身经历许多难忘之事，拟用我的拙笔和挂一漏万的简述，来与大家分享点滴零星回忆和深切感受。

我留系后即担任新开设的由张永保先生任教的人体解剖学课程的助教。课程开创之初，急需进行课程的基础建设，如挂图、模型、标本等的制作与购置。系主任江希明老师对我的工作提出了要求与期望，还做了许多切实的指导。那时，在以系为家的理念精神下，老师间相处和谐、团结友善、互相关心与帮扶，使我这个新兵感受到像家一样的温暖。专职绘图员汪澄先生（董聿茂教授的夫人）热情指导我绘制人体结构的挂图，毛节荣老师耐心指导我切片技术和制作模型的步骤与技巧，毛树坚老师还经常在实验准备、切片技术和解剖尸体等工作上给予我指点、帮助和启示。其中处理尸体一事令我终生难忘。通过当时的合法手续与途径，系里如获至宝地得到一具新鲜尸体。我第一次参与对尸体的处理、灌注和固定，并最终将其浸泡在含甲醛的固定液中。在整个过程中，薛艳庄、毛树坚、魏崇德等老师和沈宝生同志冒着冬夜的严寒，积极参加，助我顺利完成，令我甚为感激，同时也增强了我克服困难的勇气和做好工作的信心。

第二件事是在教育革命的大潮中，江老师带领教研室部分教师及高年级的部分学生住在市郊鱼种场进行青鱼、草鱼、鲢鱼、鳙鱼四大家鱼在内河繁殖的研究和催产技术的推广。当时的工作环境和生活条件较差，但江老师还是深入实际、亲临现场，设计湍急水流模拟自然环境下的产卵池，研究有关的技术措施。日子久了，鱼种场的渔工们发现江老师在生活上有不吃鱼的习惯，于是他们打趣说："不吃鱼的人研究鱼，真是大公无私。"一时传为美谈。

第三件事是1965年冬生物系师生去平湖参加农村社会主义教育运动。当时，我与江老师在同一生产队，日日相见，江老师与其他师生一样，落实在一个生产队开展工作。他处处时时约束自己、检点自己，克服生活上的困难，尽力贴近农村的生活环境与条件。工作中关心农村的生产与农民的生活。他发现生产队中有几户渔民以鸬鹚捕鱼为生，但那几年不少鸬鹚产蛋不正常，大多是软壳蛋，不能自然孵化，直接影响到生产发展，影响到生活。通过现场调查和分析，他发现在喂养鸬鹚的饲料中缺少了传统的豆腐。因此江老师提出了缺钙是软壳蛋成因的分析与推断，供他们参考。他还曾设想软壳蛋能否放在孵化箱中人工孵化以救当时之急，后因条件限制无法进一步探究。

江老师对我们年轻教师热情培养、谆谆教导、积极鼓励，发挥我们的主观能动性，积聚正能量。从20世纪60年代开始，我参与江老师主持指导的科研团队，参加过鱼类繁殖及肿瘤免疫等课题。在江老师的指导下，我结合专业知识开展有关工作，从中得到了锻炼与提高。在工作中或日常生活中我与江老师接触是比较多的，所以江老师对我的影响是多方面的。从江老师的一言一行中，我得到许多启迪与教益。我是随着生物系的发展而逐渐成长的，感受很多，但无法用恰当的词句来概括与形容，只能归纳成一句话：江老师是一位德高望重的好导师，江老师是一位厚德载物、受人敬爱的好长辈。

因人事变动，张永保先生调离生物系，人体解剖学课程的教学由郁永侁老师接任。从此我与郁老师共事到他退休。郁老师曾先后开设动物组织胚胎学、动物细胞与胚胎学、人体解剖学和人体解剖生理学等课程，形成从细胞、组织到个体的系列基础课程。我从中习得有关的系统知识，获益匪浅，为以后的工作奠定了基础。由于教学改革的深入，课程或增或删，最终仅留组织胚胎学一门。

郁老师治学严谨，钻研好学，工作认真负责，一丝不苟。在教学中虽是教了多年的老课，但在教材内容上仍是经常修改，补充新的科学成果，真是年年教，年年改，年年有新意。他管教管学，几乎参加每次实验课的指导，从实验课的平台了解与检查学生的学习效果与需求，以提高教学质量。

郁老师在教学的同时，积极开展科学研究，其内容是多方面的。他曾对小型淡水鱼性腺发育过程中其卵母细胞的成熟进行观察，后来也参加了四大家鱼人工繁殖的研究，并对白鲢产卵后受精卵的胚胎发育进行观察，也探讨过地方性甲状腺肿疾病与碘的关系。

晚年，他凭借扎实的化学知识，寻找新的动物细胞核的着色剂以替换价格昂贵的进口的苏木素。这一研究他偕同助手进行到退休。经过反复的化学合成、提取并切片检验，经过几年的刻苦钻研与提取，终于获得初步成功，取名“西湖蓝”这个美丽的名字。西湖蓝的研究工作获得浙江省科技成果三等奖，曾在系小工厂进行小量生产。郁老师还希望进一步研究扩大应用范围到纺织印染业上去，所以退休以后仍不断找资料看文献，想尽办法完善“西湖蓝”的应用研究。真正是退而不休！有一次见到我时问我：“你有没有兴趣，我们再合作搞点东西？”他的这种活到老、学到老、工作到老的精神确实让人钦佩和值得学习。

忆往昔看今朝，从浙江师范学院生物系、杭州大学生物系到浙江大学生命科学学院，几十年的蓬勃发展、欣欣向荣、硕果累累都彰显着明天更大的辉煌。看到生命科学学院的跨越性发展，敬爱的江希明老师及先辈们定会含笑九泉。特作诗一首以缅怀前辈并与昔日的同事们共勉。

忆往昔月轮山上共艰辛，
众前辈德高望重尽教诲。
看今朝紫金港园新世纪，
新气象、新成就、新高度，明天更美丽！

2015.1.5

编者注：作者是郁永侁先生的早期助教，杭州大学生物系动物生理学教研室副教授。

缅怀严师唐愫教授

翁醒华

唐愫老师(1917.5.17—2005.1.21)离开我们快十年了,留给我的印象依然非常深刻。1960年春,老师从化学系调到生物系组建生化教研组,并任组长。由于教学工作需要,我和另一位同学被提前留在生化教研组,当时本科生的生化实验由化学系开设,老师立马让我们跟着化学系老师在化学实验室准备生化实验,带本科生实验课,同时随堂听老师的生化课,还给学生答题进行个别辅导等,就这样边工作边学习,十分紧张地过了一个学期。其实老师十分了解我们的底细,用这种方式来弥补我们的不足,为正式工作做业务上的准备。到了那年秋季,新学期开始了,有一天老师把我们召在一起,极其严肃认真地讲她是如何做郑集老师助教的故事。通过老师的身教言传,我们明白了自己的职责:应以实验室为家,管理好实验室;多动手做实验而不是坐在办公室看书;工作要勤快主动;遇到问题要多思考独立解决等等。老师平时很少指指点点或说这说那,但她会经常来实验室转一转看一看,看到我们都在动手忙实验时,她会露出欣慰的笑容。时间过去了半个世纪,但那可敬可亲的情景仍历历在目。

20世纪70年代后分子生物学迅速发展,年已60开外的老师,以"不服老、学到老"的精神,紧跟生命科学的发展。她查阅文献资料,带头在教研组作书报讨论,带领我们步入分子生物学领域。她还为高年级学生和研究生开分子生物学课,让我们年轻老师承担部分章节,以此促使我们边教边学,变压力为动力,不断获取新知识充实头脑。

老师又通过编写《分子生物学基础》一书(该书获1995年杭大第二届优秀教材二等奖)再一次给予压力,使我们从中受益,快速成长。同时也为高年级学生和研究生提供了学习参考书,可谓一举两得。这也是老师培养我们的方法之一,即不断给任务、给压力,同时给予我们信任。

1983—1987年,老师主持了一项国家自然科学基金项目《水稻叶绿体基因文库及限制图谱的构建》,并在1987年通过省科委组织的鉴定。与会专家一致认为,该研究在国内处于领先水平,在国际同行中也有重大影响。

这项课题首先在分离纯化水稻叶绿体的方法上有重大突破。课题组的方法是:在匀浆液中加入高浓度的维生素E,免去了常规方法中液氮和昂贵试剂氯化铯的使用,使操作过程变得容易掌握,所得叶绿体纯度高、完整性好,叶绿体DNA的得率高于常规方法近10倍。日本名古屋大学平井笃志实验室的杉浦昌泓曾于1985年6月来我们实验室,唐愫先生给他留下了很深的印象,在那年圣诞节他还从日本寄来贺卡。美国康奈尔大学的吴瑞也曾来系有过交流。他们两家实验室都在研究水稻叶绿体基因,但他们都是用常规方法分离叶绿体，所以得率低、效果不太理想。其次，课题组构建水稻叶绿体基因文库选用的载体为 pcos2EMBL。该载体当时在国内是首次被使用。用它构建成叶绿体基因文库在国外也属首次报道。再次，课题组用末端标记法构建了三种酶切位点较少的和三种酶切位点较多的限制酶精细图谱，其中酶切位点多的限制图谱为老师的课题组首次报道，日本平井实验室虽先于我们课题组研究并发表论文，但他们只报道了酶切位点较少的限制图谱。

该研究成果曾在 1988 年 10 月中国科协学会工作部在上海召开的“生命科学前沿的研究——全国生命科学前沿学术讨论会”上做了汇报，得到与会者的一致好评，认为地方性大学的生物系能在生命科学前沿的研究中取得如此成果，非常不容易，值得赞赏。与会学者由此对杭大生物系刮目相看。

醉翁之意不在酒。老师意在通过课题的成功申请，使实验室条件得到改善，更重要的是让年轻教师充分发挥聪明才智，快速成长。晚辈们特别是赵衍（现在美国农业部搞重要的研究）没有辜负老师的殷切期望，这一研究成果竟成了送给老师七十华诞的最珍贵礼物。

老师主持完成的课题论文《水稻叶绿体基因文库的构建和精细限制图谱的制作》获得 1991—1992 年度省科协和省人事厅颁发的优秀论文一等奖。

水稻叶绿体的课题虽然取得圆满成功，并有重大突破，国内领先，国际上也有重大影响，可是申请科技进步奖却很不顺利。曾听老师说过，因为形式审查不符合要求，又因某种原因退回重报，最后则直接拿下不予评审，对此结果，老师很无奈，但也很淡定，她说：我们是做学问的，研究的是自然科学，不应去搞关系争荣誉。老师淡泊名利、清白做人、踏实做事的高尚品德令晚辈们肃然起敬。

唐老师从 1979 年开始招硕士研究生，先后培养了十多名硕士研究生，研究生的课题多数都围绕着老师主持的水稻叶绿体课题，或以水稻或以叶绿体为材料研究相关的遗传物质。老师对研究生的要求非常严格，做论文实验前，要求他们先查阅文献做开题报告，提出实验的设想。她还要求研究生不定期和她讨论实验进展情况或存在问题，并及时给予指导。老师十分注重实验的过程和对实验结果的分析讨论；严格把握论文质量关，对论文的修改小到文字修饰或所引用参考文献的编号或论文关键词的设置，大到实验结果的讨论及观点等。老师的研究生都能勤奋学习，努力做实验，肯刻苦钻研的都能得到满意的结果而获得硕士学位。但也有一个例外，有位研究生，由于个人问题精力不集中，没有好好做实验，老师及时与他交流指出问题，还通过其他途径找他谈话，提醒其可能由此带来的后果等，但触动都不大，最终根据该生的实际表现和论文质量，唐老师决定不授予其硕士学位。作为导师要作出如此决定，该是多么痛心，并会因此承受很大的压力，但是为了保证质量，老师承受了一切。这是生物系众多研究生中罕见的情况，可见老师之严格。三十年过去了，如今这位研究生怎么样呢？我在网上搜索了一下，非常震惊，要不是见到简历和照片，真还以为是同名同姓呐！他现在是浙江某大学的教授、博士，是该校某研究所的所长。他在国际上首先提出一种新型 P2P 网络，因为这一发明，他被英国剑桥传记中心收录在 2008—2009 年度全球 2000 名杰出科学家之中，而且还曾是英国某大学的高级研究员，发表过论文一百多篇。他工作得心应手，非常出色。我想，或许是那一年的经历，让他彻底醒悟，作出了新选择并重新规划，从而改变了人生的轨迹，最终以他出色的成绩告慰他的导师唐愫教授。真可谓师贵在严！

2014.1

编者注：作者是杭州大学生物系1956级校友，唐愫教授的助教。副教授，曾任杭州大学生物系生物化学教研室主任。

中国梦的践行者

——纪念我们的父亲蔡壬侯先生

蔡遵生　蔡芝生　蔡燕生等八位子女

我们敬爱的父亲蔡壬侯先生，虽然已离开我们整整20年了，但是他那高大的身影，时时会在我们的脑海里涌现，他那亲切的话语也会时时鞭策着我们。

父亲1917年1月6日出生于浙江杭州余杭仓前高桥村，1942年与北京尹端华女士完婚成家，1995年11月23日病逝于杭州。生前系杭州大学生物系教授。

1941年8月，父亲毕业于浙江大学农学院园艺系，获农学学士学位。由于早年对植物生态学感兴趣，而植被学是植物生态学的一个重要组成部分，所以后来当学校发展有需要时，他积极参与其中，从而成为浙江省植被学研究的开创人之一。纵观其一生起伏，国家民族的大势造就了他成为中国梦的践行者。在其大学毕业后，他经历了抗战、解放战争和新中国成立以后百废待兴的建设时期等阶段。随着形势的发展，他先后在贵州惠水的公立农场、中国蚕桑研究所、贵州省立遵义师范、南京国立编译馆、国立湖州蚕校、东吴大学附中、嘉兴农校任过职，而从1953年到浙江师范学院及杭州大学生物系任教，则是他一生中最主要的发展时期。他曾是浙江省植物学会名誉理事长、原浙江林学院顾问、浙汇省林业厅科学技术顾问、中国科学院《中国植被》杂志编委、中国生态学会及国际植被学会会员。

父亲在《我的主要学术成就》一文中写道：1946年，在当时的南京国立编译馆任职时，曾研究过美国生态学家Frederic Edward Clements倡导的植物生态学，为他新中国成立后参与浙江省有关学科的创立打下了基础。1956年，浙江师范学院地理系设置“植物地理学”课程，他应邀讲授该课程，成了浙江省讲授“植物地理学”的第一人。1961年，杭州大学生物系开设“植物生态与地植物学”课程，他担任主讲，成为在浙江最早讲授这门课程的人。1963年，中科院生态室邀请他担任浙江省地植物学研究的负责人。后来，此项工作因受到当时形势的影响而被迫中止，直到1977年，应中国科学院《中国植被》编委会之邀，他作为浙江省的代表赴北京参加《中国植被》一书的编著工作。他具体参与了该书中植被类型、植被区划以及植被利用、保护和改造等内容中九个部分的编著工作（该书于1980年由科学出版社出版，获1987年度国家自然科学奖二等奖，并于1989年12月由中科院植物研究所转发荣誉证书）。1982年，他参加了林业部华东林业浙江组考察队，结束后，发表《浙江省红土丘陵的生态平衡与改造二例》一文于《生态学杂志》，并在首页刊出，引起广泛的注意，使得长江中下游红土丘陵的改造得到了明确的指导和推动。1984年，他在将近古稀之年又受浙江省科委及海岸办领导小组的委托，率领一小组人员从事《浙江省海岸带和海涂资源综合调查报告》中有关浙江省海岸带植被资源调查的研究，研究成果

《浙江省海岸带植被调查报告》获省科委二等奖。1992年,《浙江省海岸带和海涂资源综合调查报告》获省科技进步奖一等奖。1986—1987年,他参加并完成了《中国海岸带植被》一书的编撰工作。

同时,父亲积极参与地方的经济建设。1980年前后,他受浙江省农委区划办委托编制"浙江植被区划图"与"浙江植被类型图"。"浙江植被区划图"编成后,曾作为浙江省林勘设计院编制浙江省林业区划时的主要参考资料而获奖。1988年编竣了"浙江植被类型图"。随后,在1989年此两图均被收录在测绘出版社出版的《浙江省农业区划图集》中。这本图集获1991年全国农业区划委员会颁发的科技进步奖。他所绘的"浙江省百万分之一植被图"是浙江省第一张植被图。以上这些图谱对浙江省农、林、牧、副业的发展起了重要的参考作用。

父亲从事植物学、植物生态学的教学和科研工作五十余年,十分关心浙江的农林发展,通过实地考察,积累了丰富的第一手资料,通过不断研究,发表论文百余篇,有多篇获奖。代表作有1964年撰写的《杭州马尾松林的初步观察》;1965年的《浙江西天目山南坡的几个显著的林子》;1980年的《杭州西湖山区的植被类型及其分布》;1983年的《浙江省红土丘陵的生态平衡与改造二例》;1985年的《浙江省植被分片介绍》;1986年的《简论浙江富阳山区植被的主要类型及经营管理》;1988年的《浙江省森林植被的水平与垂直分布》(获省二等奖);1988年的《浙江省海岸带和海涂资源综合调查报告》中的第十章"植被"(获省科委二等奖);1989年的"浙江省植被类型图及植被区划图"(获全国农区划委进步奖);1991年的"浙江省植被类型及百万分之一植被图"。

他关心社会民生,酷爱文学体育,还热衷于教化。大学毕业后,他曾与热血青年一样,以杂文、评论、小小说等等,反侵略、反贪腐,呼吁正义、和平、公平、民主。新中国成立后,他初衷依旧,加入了九三学社,参政议政,撰写包括科普在内的各类文章的热情更高。直至去世前的1995年11月6日,还应邀给《浙江林业》写了一篇题为《黑松救命》的小文,该文刊登于《浙江林业》1996年1月号。1970年译著的《植物的生长》一书,由科学出版社出版并向海外发行,得到了植物学界的重视和读者的认可,1973年又再版。此外,《与人类息息相关的生态系统》一文还获得1989年浙江省优秀科普作品一等奖。

在我们的记忆中,父亲总是忙着他的教学和科研,他习惯经常把工作带回家继续做。他对教育事业、科研工作的热爱、忠诚、执着、追求、敬业,让我们非常敬佩。同时,在他精神的熏陶下,我们做儿女的也获益匪浅。

敬爱的父亲,在半个多世纪的工作历程中,始终埋头钻研,认真负责。即使经历了各次"全国性运动"的洗礼,还是那么无怨无悔,尽心尽力地去完成教学和科研这两大块任务。

父亲不仅一直坚持给本科生开课,而且也努力培养研究生。因为课程的需要,他亲力亲为,得益于他对体育锻炼的坚持不懈,他能够一次又一次地带领学生进行野外实地考察,跋山涉水,足迹遍布浙江的大小山川和乡村,从而让学生对植被、生态等性质、形状特点有近距离的了解。与此同时,父亲还用笔详尽记录下有关植被、生态等方面的科学素材。即使在步入老年后,父亲依然保持这样的教学风格,赢得了师生们的称赞和敬仰。

他的这种做事风格无处不在,甚至在家里也是如此。有多少个夜晚,当我们一觉醒来，看见书房里的灯还在那里亮着，有无数个节假日他总是伏案工作着。例如，1988年前他参与绘制"浙江植被区划图"，尽管已上了年纪，但干起事情来还是那么精力充沛。在挥汗如雨的夏季，在寒冷的冬季，父亲都会在书桌前或八仙桌旁，一手拿着笔，一手拿着放大镜，猫着腰，伏案描画着，直到全部编制完工。他总以科研、带教为中心，有求必应，自己的年龄从来不是他的顾虑。他还乐此不疲地给研究生写他们毕业论文的评语，以及为申报项目、课题的人写推荐信。

1986年12月，他已年逾七旬，遇到了一起超危险的翻车事故。当时天寒地冻，他们一行十三位老先生组成科考队，乘吉普车去舟山定海参加珍稀树种的鉴定会议。会后去佛顶山研究考察如何用中国特有珍稀植物——自然生长情况下仅存一株的普陀鹅耳枥造林。可是，那天忽然下起雨来，于是就决定先坐原车下山，谁知，仅仅下坡行驶了两分钟，因刹车失灵，车从山坡侧向翻下，幸亏下方39米处遇到树木挡住，但还是造成重伤三人，而他轻伤，在舟山医院观察数天后才回家，真是大幸也！不过令人欣慰的是，通过不懈努力，普陀鹅耳枥这种被国家列为一级保护的濒危物种，终于通过技术手段可以大量繁育出树苗了，暂时脱离灭绝危险。

1990—1991年间，他到美国密苏里州探亲，由于住处靠近大学校园，他不但去密苏里大学图书馆浏览最新的教材，而且还会饶有兴趣地去旁听有兴趣课题的讨论会，追踪学科的发展。

父亲就是这样为了科研、为了浙江乃至全国植被事业，从青年、中年一直到老年都全力以赴，耗尽自己全部的精力。在我们的印象里，他的工作脚步从未停下来过。

父亲一生给我们留下了很多宝贵的精神财富，特别是他用心血凝成的大小25本的写满蝇头小字的工作笔记(或是日记)，更是无价之宝。我们在仔细认真的阅览过程中，真的被他对工作、对专业的酷爱和追求的精神所折服。从中，我们也看到他老人家对工作的敬业态度和对科研一丝不苟的钻研精神。

他在这么多的笔记本中详细记录了大量有关植被、生态的特点的素材，在这些记录中有文字，有数字，还有英文说明。此外，他还会时不时地随手在日记中写些美文。如在1958年的日记中就兴致勃勃地写了一篇《栽花札记》，文章从花对环境对人类的益处以及如何栽花等多个角度进行阐述，在这篇美文里，父亲是这样写栽花的："花不但可供观赏，使人们赏心悦目，并且还具有很高的食用价值"(花的优点)；"如果想要一年四季都能看到花，那就要有一个温室。在温室里就要有花盆。而温室还要有一个必要的条件，便是温暖和透光"(栽花的条件)；"种花首要掌握的事，便是浇水"(栽花的方法)。这篇美文，父亲洋洋洒洒地写了八页。文章的最后写道："我国花卉有成千上万种。而每季都有特殊的花可以观赏。许多国家都曾来我国取花种。我国在花卉事业上也是足以自豪的。"类似这样的文章，有好多好多。

父亲在我们的眼里，是一个严谨执着的科学家、教授，他出过书，编过教材，写过许多有影响力、有见地的论文；他还是一个多才多艺、很有生活情趣的好父亲，可爱家庭之梦的践行者。在他生命的长廊里，留下了好几十首诗词，他还写得一手好字，在闲暇时还经常吹笛、箫和口琴，有一支英文童谣《可爱的家庭》是他经常吹奏的，有时还会唱唱京剧。他经常会在工作间隙陪着妈妈带上我们去那些名胜古迹游玩，年轻时甚至会骑车带我们绕行西湖，期间还会时不时地给我们普及一下有关杭州市及浙江省各地的园艺和植物花卉知识，同时还会给我们拍照留念。在我们家，影集也成了爸妈留给我们的特别重要的物件之一。

下面借此文撰写之际，选几首父亲的诗词与大家分享。

一　写给父亲和母亲

1984年9月在回杭候车时作

七层高室近云天，窗外远山断续连。
心事忽然思老父，匆忙难得亲杯前。
频年浪迹天涯远，往日空余美梦边。
慈母呼声时在耳，茫茫天地欲求仙。

二　1980年端阳五首

（一）

旧日端阳闹且忙，
龙舟竞赛人如狂。
家家需饮雄黄酒，
能避百邪保健康。

（二）

屈原有愤作离骚，
此日沉江恨未消。
千古艰难唯一死，
叫人凭吊到今朝。

（三）

首次今朝记端节，
骚人雅集赋诗章。
愿今此社年年盛，
放出光芒万丈长。

（四）

浩劫十年渐渐平，
中秋重阳再叙情。
水乡鱼米好收成。
一年佳节时常有，

（五）

火箭射来两万里，
太平洋上巨声隆。
机群照耀天空里，
舰队从容公海中。

三　七月七日密苏里河畔小游感怀

一九九一年七月作于美国

苏里河边忆大江，
滔滔东去为谁忙？
浓荫夹岸消炎夏，
静寂山村送晚凉。
老退多暇弄草木，
夕阳余灿喜晴光，
无争于世留精力，
默然古松岁月长。

父亲尤其喜欢我们一大家子围在一起座谈和聚餐、其乐融融的场景。每每到家庭聚会时，父亲和母亲总是最忙碌的两个人，买菜做菜，除了照顾我们这些儿女们，还要照顾孙辈们，忙得不亦乐乎！特别是每年的除夕，那热闹非凡的场景，呈现出的浓浓亲情，更是让我们难以忘怀。这种几代同堂欢乐的场面一直延续到父亲母亲晚年的时候。父亲是伟大的，当我们遇到不顺利和烦恼的事情时，父亲总会用他那宽广的胸怀拥抱我们，用他那淡泊心态、正确的价值观帮我们排忧解难，让我们坚强地渡过难关，迎接明天美好的未来。

晚年的父亲，对我们的母亲更是无微不至地关怀和悉心照料，大小家事都由他担待着。

父亲身上还有一种持之以恒的生活态度也是让我们非常非常仰慕的，那就是他坚持锻炼身体。清晨起来，打太极拳、跑步、倒退走，每天重复，从不间断，即使在外地也是如此。可见，只要认准的事，他就会自始至终做下去。

然而，父亲在我们面前，却从来都不流露出自己的身体哪里不舒服，给我们的感觉，父亲是我们永远的天，永远的靠山。因此，当父亲突然病倒，突然离我们而去，着实让我们难过了很久很久。

父亲曾在 1989 年春节，妈妈 72 岁时，给她写了一副对联祝福：“天上图画在咫尺，人间万事且从容”。而他自己 76 岁生日时在日记中写道：“淡泊的生活，是我家传统，我未摒弃，是维持健康之第一要道。人很空，但要尽量享受生命之可贵，此所谓享受，不是吃、喝、玩、乐，而是乐天，乐长寿，乐日有所得也。”

父亲是一个热爱国家，酷爱事业，追求生活，关爱家庭的正直的好父亲，他是中国梦的践行者，也是可爱家庭梦的践行者，他留给我们的宝贵精神财富，将会永远永远留在我们的心里。

2015.9.30

亦师亦友的蔡壬侯先生

毛树坚

蔡壬侯先生出生于1917年，属龙，大我十多岁。从年龄与学问讲，做我老师当然绰绰有余。但他与我二哥同岁。因此，我敢大着胆，用上面的题目，写一篇小文，纪念这位亦师亦友的“老大哥”。

1953年，我们生活在钱塘江畔的秦望山头。一些黑白相间，红绿共彩的洋楼，隐隐约约深藏在一大片覆盖着绿色植被的小山包中。山的南面有一条江水委婉地向东流去。如果早晨起来向东望，一轮旭日从东方升起，照耀出半边蓝天的丝丝金光，既耀眼又多彩美丽，将目光稍稍下移，就可见到一片江水也变得金光灿灿，一架铁桥横空架在南北两岸，钢铁结构的线条架子，非常雄伟，极好看。在桥下江面有点点白帆游移其间，有时还有拖着几十条货船的长列船队行驶其间，船头还有烟气升起，随风飘逸在江面，江水平静，或也稍有波涛。有时可以看到一种奇葩的景象，就是牛拉船：一头或数头健壮的水牛拉着一列木船，在江水中行(游)走。江面，动中有静，静中有动。这样的景观，真的很美。但是这种美景，现在已经难以见到，现在已经极少有风帆船了，牛拉船更已绝迹。人类的进步也会消灭一些美的事物。

当年我们就是生活在这样美的环境中，这就是浙江师范学院。但是，身在画中不知美，身在福中不知福。当时，我们这些年轻人——小助教，生活无牵挂，谈笑无顾虑。特别在食堂用餐的时候，天南地北，谈天说地。有一天，突然来了位中年人，大我们十多岁。听说是嘉兴来的，原来是嘉兴农校的校长。经打听，这位中年教师是老浙大农学院毕业的，江希明先生请他来加强生物系的农业基础课力量。他名字叫蔡壬侯，是讲师。当年，高校中讲师以上被作为高级知识分子看待。我们小助教相互都以名字或小某相称，但对讲师以上的老师都尊称以“先生”，所以我们对这位新来的中年教师，以“蔡先生”相称。

与蔡先生相识几天以后，一天早餐时间，蔡先生穿了一件紫红色的当年称作司威特(Sweater)的厚绒运动衫。大家坐在一起，边吃边说着话。蔡先生说：“真奇怪，我刚来这里不久，接到一个通知，叫我到工会去拿一件司威特，就是这一件。”他边说边指了指自己身上穿的紫红色衣服。我听了以后，“啊”了一声。我说：“已经有半个月了，工会登记买厚绒衫，我登记了一件，钱也扣掉了，到现在还不见音讯。”蔡先生一听，马上说：“那一定就是这一件！弄错了，弄错了，不好意思，真不好意思！”他边说，立即就将司威特脱下来，递给我。我连忙说：“别脱别脱，要着凉。你把钱还我就得了，我也不一定要买。”可是他很坚决，并且再三说很不好意思。想不到，蔡先生刚来浙师院，就与我有这样一桩有点滑稽的遭遇。事后我想，上了年纪的老先生(其实他当年还只有三十几岁)，就是与我们不一样——“认真”。这是蔡先生给我的 First Impression,A Good Impression!

蔡先生在杭州是有家的,但是他刚来学校,在单身宿舍要了个房间。那时规定:助教是两人合一间,我那时与诸葛阳合住一间,而且还是朝北的,见不到太阳。诸葛不久就搬走了,因为他的宝眷从金华调来了,落实在幼儿园当老师(今天看来她还是幼儿园的创建人),学校给诸葛在头龙头分了家属宿舍。蔡先生是一人住一间,而且是朝南的。我们那个楼叫“白房子”,以前是之江大学附属中学的用房。一天,我到蔡先生的房间去拜访。一进门很亮堂,有阳光。见到墙壁上钉着一张头像漫画:圆圆的脸,两边的腮颊(俗称巴掌肉)鼓鼓的,但有一可爱的尖下巴。脸上架着两个圈圈的眼镜架。眼镜后面一双大眼睛,也是圆圆的,略似在微笑。再上面是一头软软的绵发,三七开。漫画是用淡墨寥寥几笔勾出来的,一看,就是蔡先生的形象,带点滑稽相,但惟妙惟肖。走近一看,右下角署名浅予。乖乖,是大师级漫画家——叶浅予的作品。我几乎惊叫起来:“你认识叶浅予啊?”按我的想法,蔡先生的令尊是著名的蔡堡教授,蔡先生本人也是名门之后,认识叶浅予,完全可能。可是蔡先生却“哦,哦”地支吾了一下。接着,我们谈到别的事。蔡先生说:抗日战争期间从浙大毕业,找工作很不容易,常常东一棒子西一榿,哪里有工作就到哪里去。他在农场、蚕桑研究所、国立编译馆等许多地方工作过,但较长期的工作是在学校教书,教过好几个学校,直到嘉兴农校当校长。他又告诉我,他爱好文艺,爱好写作。以前还写过小说,写过社会问题评论,写过科普文章,常常在报刊上发表文章。他还喜欢作诗,唱京戏。自从这次聊天,我印象中的蔡先生,是一位多才多艺的才子。

几十年以后,经过“文革”的洗劫,我还惦记着叶浅予的那幅漫画。我问蔡先生:那张漫画还在不在?蔡先生已经有点忘怀。问:“哪张漫画?”我说:“叶浅予画的,您曾经带到六和塔山上宿舍挂在墙上的。”“噢,早丢了,我家被抄几十次,不知弄到哪里去了。”“您到底怎样认识叶浅予的?”我对他认识叶浅予很感兴趣。“我也不认识他,那年逃难,大家都在富春江边等船,他每天在江边作画,我早晨锻炼,碰到两次,他说给我作一幅画,就给我了。”原来如此,所以早前问他时,他只是支吾了一下。典型的老式知识分子,不会说一丁点儿假话,连吹一点点小牛,也腼腆。

1955 年暑期前,有一批学生去西天目山实习,蔡先生、吴长春先生都去山上指导实习。我看到了蔡先生的两项才能:一是唱京戏,二是打太极拳。每日早晨他打太极拳,边上有学生跟他学。他还与吴长春先生一起唱京剧。后来,蔡先生曾经跟我谈过京剧的唱腔主要是有西皮与二黄,所以京剧也可简称为“皮黄”。西皮与二黄的显著区别在音律。西皮主要表现明快亮丽,二黄主要表现低沉悲婉。除了唱腔之外,每种唱腔又有许多板式,如西皮导板、西皮慢板、西皮流水板等几十种。二黄也是这样。蔡先生为了说明西皮与二黄的表现力,他还唱了几段京剧。可惜我一窍不通,不知道他唱的是什么,根本也分辨不出西皮与二黄有什么区别。蔡先生对古诗也很有造诣,常常低吟一些古诗,有时以古诗为谜面或谜底出灯谜让别人猜,可惜能与他同乐的人,寥寥无几。他也能写古诗,生物系能写古诗的,就只有他和陈士怡先生。我有时只能以打油诗与他唱和打趣,功力有天壤之别。

蔡先生也是一位很好说话的人。在“文革”以后不久,教育部在浙江省宁海市生产“细胞超微结构模型”,需要鉴定(另外还有几种植物器官的模型)。我作为主讲细胞生物学这门课最早的一名教师，当然被邀请参与评议。教育部的那位处长要我代为再邀请一位植物解剖学教师参与评审，我请了好几位老师，但都没有空。我就邀请蔡先生，蔡先生原来也有安排，但为我的请求，同意出席鉴定会。结果蔡先生的博学多才，给与会代表留下了很深印象。鉴定会在江苏张家港举行，当地很富有。在鉴定会的开幕式上，有当地的村长出席，看到那边村长的座驾比我们省长的轿车还好，大家很诧异。当然，这是题外话了。

另外，我们那个年代还是个纸质资讯时代。做科研找文献，要通过一系列的工具书，有一套查找纸质文献的方法。浙江省科委情报研究所与科技图书馆约我向读者作一次讲座，介绍“如何查找生物学科技文献”。我答应了。但临近讲座的时日，我必须出差(因为当时我还兼职浙江树人大学的工作，非常忙)。我又找到蔡先生，请他代劳，他开始觉得有点为难。我对蔡先生说：您英文好，我给您一篇文章“How to use the Biological Abstracts”，很快就能掌握这种查找文献的方法。蔡先生为解决我的困难，就答应了，为此还突击准备了几天。所以，我对蔡先生的又一印象是：一位好好先生，一位很随和的先生。

有一年我们都被下乡，出于何因或搞什么运动，已经记不清了。地点是余杭。蔡先生住在一个有几十人住的大房间中，靠近大门的一竹榻上铺了些棉被褥。我住在附近不远处。一个星期日我去看他，随便聊聊。正好杭大党委书记陈烙痕带队来慰问大家，有人介绍这是生物系蔡老师，陈客气地握手慰问数语就走了。蔡先生在床上翻出一小棉袄，一边穿，一边说：这小棉袄有年份了，跟随我走南闯北几十年。我说：按过去可以以“小棉袄”为题写一篇小说。蔡说：是的，可现在不行了，写出来都是小资情调，受批判。我们又接着以文学为题往下聊。我说：我最近看俄罗斯小说，俄罗斯人生活上有两个细节很重视。一个是他们很重视睡眠时的枕头。枕头很大，是方的，每天起床后的第一件事，是要把枕头拍松。第二是很注重喝茶，要保持茶的温度，他们有很讲究的“茶坎”。蔡先生听到这里，轻轻地纠正说：“茶炊。”我一下子呆住了。对啊！是茶炊，不是茶坎。“炊”字与“坎”字我是认识的，但是脑子里就一直把“茶炊”认作“茶坎”。看书不用脑。这个错，在脑子里已经几十年了。真惭愧！

又一个星期日，我们约好到附近的径山寺去看看。径山寺在南宋时香火鼎盛，是江南五山十刹之首，有僧众1700余人。听说在抗日战争中几被全毁。我们走走停停，不到1小时就到了径山寺。见在一片废墟上，大殿已修葺得差不多了，边上还有几间小屋。屋外堆了些修缮用的木材。小屋里有位老太出来，非常客气，邀请我们进屋去坐坐。我们没有进去，就在大殿前的石墩上随便坐下。老太捧出两杯茶，说是自己炒的径山茶，又拿出香烟招待。我本想说不会抽烟，但进寺的时候手里明明夹着香烟，不能当面说谎。想拿出烟来敬老太吧，可我的烟是最蹩脚的旗鼓牌，每包仅一角八分，而老太拿出来的是雄狮牌，每包要二角五分，我的旗鼓牌实在拿不出手。蔡先生本是余杭人，对径山寺的历史比较了解，就与老太攀谈径山寺的历史。谈南宋孝宗亲书的御碑，谈明代的永乐大钟与铁香炉……还问老太：这些东西还在吗？在哪里？问得老太最后说：你们是来过径山寺的最有学问的人。最后还明确地说了一句：“你们都是高级知识分子吧？”“连香烟都不敢拿出手来，还什么高级知识分子！”我在心里嘀咕着回答她。

早在“文革”之前，蔡先生翻译了英国福格著的《植物的生长》一书，“文革”一起，就无法出版。到了1969年，出版社要出书了，通知译作者及单位。单位造反派不让用真名(当年把著书立说，都当作追求名利)，蔡先生就用了“蔡罗丁”的笔名，意为愿作螺丝钉。所以后来我常常戏称他为“罗丁先生”。蔡先生对这些都看得很淡薄，一笑了之。

蔡先生来生物系后，没有从事农业课的教学。他早年有兴趣于植物生态学、地植物学等。所以后来他成了这方面的专家，有很多研究成果，这里不赘述了。在改革开放后，他晋升为教授。

蔡先生一家三代，我都有点交往。蔡先生的令尊蔡堡教授是生物学界的老前辈，是我老师的老师。早年，在动物学会常受教于他，他晚年在省政协，他是一位正直敢言的知识分子。早在30多年前，就建言要有亡党亡国之忧，对于腐败等错误，要作断臂之举。真是谔谔一士、诤诤一友的可敬可爱的老人。蔡先生有位弟弟蔡钺侯医师，担任过浙二医院、浙江医院院长，著名的五官科专家。我生物系有人要求医于蔡钺侯教授时，都央求蔡先生介绍。蔡先生就写一条子：“弟弟，今有我同事某某前来就医，请照顾。”只要有蔡先生的条子，他弟弟不管多么忙，总会给你瞧病。蔡先生的小儿子燕生和侄女馥生，是我熟悉的第三代，他们都很孝顺长辈。蔡堡老先生晚年与蔡壬侯先生住在一起，住在一个冬日照得到太阳的厢房中，和煦温暖，充满中国式家庭的和谐。蔡老的学生、中国科学院副院长童第周院士来看望他，老浙大生物学系同事、居海外的许骧教授来看望他，美国的牛满江教授来看望他……他们都很羡慕蔡老晚年尽享天伦之乐，其乐融融的居家生活。

今年，是蔡壬侯先生的诞辰百岁纪念。我们曾经一起生活在“生物系”这个大家庭下将近40年。他圆圆的有福相感的脸，深度的眼镜，说起话来略略有点口吃，还有点鼻音的形象、仪态，都历历映在我的眼前，好像招呼一声还可以一同聊天。但是，实际是天各一方，一切都不可能了，只能写这篇小文缅怀他、纪念他，同时也祝愿他在天堂永生！

2016年3月初春

本文完成后，我发给负责编务的周宏老师，请她提意见。周老师看得很仔细，除了纠正几个错字外，对文中所述“茶坎与茶炊”一事有疑惑。经查，俄罗斯因冬天寒冷，饮茶有一煮茶、保暖的专门茶具，名为“茶坎”(不是茶炊)。所以我所说茶坎是对的，而蔡先生纠正为茶炊是错的。当年，我一是迷信权威，相信蔡先生比我懂得多。二是想当然，认为能煮茶的器皿应该是炊具，所以觉得称茶炊无误。哪里知道，这一改对为错，一错又错了30多年。我这种错属于“马大哈”式的错，不求甚解、不仔细，是科学工作者的大忌。可惜我知之晚矣！

2016年6月初夏补记

一位默默为科学作贡献的苔藓虫、寄居蟹专家

——介绍王复振先生的学术贡献与高尚品格

蔡如星

王复振先生是动物学界的一位前辈。1936年毕业于浙江大学生物学系,与江希明教授是同班同窗。由于有扎实的生物学基础以及对无脊椎动物分类的兴趣爱好,因此为他的老师——海洋生物学权威,董聿茂教授所欣赏,长期跟随董老先生一起工作。在董老担任浙江省博物馆馆长时期,聘请王复振先生任博物馆自然科学部主任。1956年董老先生奉命组建浙江省动物研究室(是浙江省级研究所的建制),王复振先生又随董老至动物研究室,协助董老创建研究室,自己也担任重要课题。

当年,由于动物研究室规模较小,行政建制委托浙江师范学院(1958年后合并为杭州大学)代理,人员职称也按高校编制。董聿茂老先生是浙江大学老教授,原编制在浙江大学,一度转入浙江省博物馆,后又回归浙师院与杭州大学。但王复振先生从博物馆过来,是衔接高校的讲师职称。王先生一切听从组织安排,丝毫没有个人情绪。

慕名请教,得到热情帮助

我原在厦门国家海洋局第三海洋研究所工作,1974年调来浙江。但在厦门时,就与王复振先生有工作上的联系与合作。原因是当时我的恩师郑重教授,在科学事业上非常高瞻远瞩。他看到"海洋污损生物"与航运、水产养殖,特别是海军国防等行业关系密切,建议我与黄宗国共同开展此项研究工作。因此,从1962年开始,我就与黄进入这个研究领域。在工作中发现最难的就是"苔藓动物"种类的鉴定。苔藓动物是污损生物中的主要类群。在查阅资料中,发现当年浙江省动物研究室的王复振先生曾发表过多篇关于苔藓虫的论文。我们非常高兴,立即给王先生去信请教,征询他能否协助我们鉴定苔藓虫。王先生很快回复,表示乐意帮助,还说这也可认为是为他提供研究材料。从此,我们开始了有关苔藓虫的合作研究。

我们把我们认为是不同种的标本,分别编号寄给他。他鉴定后把种名按编号寄回我们。在工作中,我们发现王老先生的工作极为仔细,而且非常认真负责。有时我们认为是一个种的编号标本,经他鉴定后,竟然是2或3个种。原因是苔藓虫是片状的,不同的种也会叠在一起,附着在某些物体上,造成我们的误判。王复振先生工作细致,学养深厚,阅历丰富,因此能解决物种鉴定中的这种失误。我们这项污损生物的研究,关系到海军军舰船底的防污漆研究,因此被列为海军总后的军工课题,从而我们的研究就扩大到全国海洋沿岸。期间,我们一直与王老在工作上合作,得益匪浅,受教良多,但从未谋面。

深厚的学术功底，卓著的苔藓虫研究

我于1974年调入杭州大学，明确是协助董老工作。董老安排我与王老同一工作室，才得与王老晤面。第一次当面交谈，觉得王老是一位非常谦虚、和蔼可亲的师辈。我很庆幸能够与这样的长辈共事，这是我的福分。我想这不是巧合，而是上帝的安排。

王老还与海洋二所的胡玉姝合作过苔藓虫动物的研究，共发表论文5篇。其中一篇《南极苔藓动物的调查研究》，发表在国家海洋局出版的《南极综合调查研究报告》中。这是世界级的科研成果。王老在此同时，还开展有关"寄居蟹类动物"的研究。

20世纪90年代初，在国家科委的组织下，沿海各省同步开展《海岸带与海涂资源综合调查研究》，历时5年。紧接着原班人马又进行《海岛资源综合调查研究》，也历时5年。王老虽已七旬以上高龄，但都参加了工作，发表了数十篇有关苔藓虫类动物和寄居蟹类动物的论文，还发现了苔藓动物和寄居蟹类动物几个新的亚种。

因为我省编撰的《海岸带和海岛资源调查》和《海洋生物调查报告》中，有"苔藓虫类"和"寄居蟹类"动物的丰实资料，而其他省的调查中都缺少这两类群的内容，所以，我省的调查报告领先于其他省份。不言而喻，这主要是王复振先生的贡献。关于"寄居蟹类"的研究成果，以后都汇入《浙江动物志·甲壳类》中。由此，也成了我省动物志甲壳类分册的特色。

王复振先生关于"苔藓虫类"与"寄居蟹类"的研究成果，也引起了《中国动物志》编委会的关注与认可。因此在编写分工时，特别邀请王老参加这两类动物专著的编写。至结束时，共记录了苔藓虫类100多种，寄居蟹类近百种。后来，我到青岛将这批记录成果交中国科学院海洋研究所《中国动物志》有关主编，汇编入《中国动物志》。

王老还参加了《中国大百科全书》中"寄居蟹类"条目的编撰。《中国大百科全书》的条目都是由各学科的领军人写的。由此可见王复振先生在这领域的学术地位。

在"文革"中，王老的生活很不称心。为了给儿子有个工作，王老提前退休，当时王老还停留在讲师职称。但王老并不埋怨，仍然埋头工作，还陆续发表论文十多篇。在这样的事实面前，学校晋升王老为副教授。

深海生物的研究成果，也极彰显

王老的另一重大贡献，就是与董老、陈永寿合著的《东海深海甲壳动物》。这是我国首次对深海甲壳动物的研究成果，填补了深海生物学研究的某些空白，获得了水产部的奖励，也引起国外同行的关注，不少国家的专家来函交换学术成果。

由于董老、王老卓著的学术成果，当年由董老所率领的杭州大学生物系（后为生命科学学院）海洋生物学科研团队所完成的《海洋生物区系和生态研究》有关成果，得到国内同行的认可和重视，我们常常被邀请作为有关专著的参编（写）者。

近年，国家908重大科技项目之一，由国家海洋局第三海洋研究所黄宗国等主编《中国海洋生物系列丛书》（共13册），总结我国60多年来海洋生物研究的成果（包括港、台科学家的成果），其中《中国沿海底栖生物》一册中的“深海底栖生物”一章，详细比较了我国深海底栖生物的各研究成果。这彰显了当年董老科研团队（王复振先生是主要的研究成员）所出版的有关专著的学术价值。

1988年出版的董老科研团队专著中，虾类最深记录是2000～3000m，寄居蟹类最深记录是3000～4500m（王复振先生研究论文中的记录是4470m）。中科院海洋研究所2008年报道的深海寄居蟹，只在陆架区200m之内。台湾海洋大学海洋生物研究所2009年报道的深海虾类和寄居蟹类，最大水深是2000～3000m。南海水产研究所报道的南海深海虾类最深也是2000～3000m，无寄居蟹类的记录。从区系组成来看，东海深海虾类和寄居蟹类的有些种，与南海、台湾海域是共有种，但多数是东海特有种。所以，董老、王老以及我们科研团队当年的这些珍贵记录，将永载科技史册！

值得学习的高尚品德

这次写纪念王复振先生的文章，我与海洋二所的胡玉妹女士取得联系，请她介绍一些当年与王老合作的情况。胡女士非常激动，她说她非常感谢王复振先生，并且一定要我代她表达她对王老的崇敬与感恩之情。她介绍说：当年，海洋二所在海洋调查中，获得大量的苔藓虫类动物标本，分工时由她整理。当时她大学毕业不久，没有这方面的知识与经验，于是向王复振先生求教。王老耐心地帮助她，向她介绍有关苔藓虫类动物的基础知识，以及有关分类和鉴定标本的方法和技能。她这个“门外汉”，才得以慢慢能够独立地对苔藓虫类动物进行分类研究，并由此，胡玉妹也顺利地晋升为副研究员。目前，胡玉妹是我国为数不多的苔藓虫类动物方面的专家了。

我带了几届研究生，期间也都曾请王老给他们讲授苔藓虫和寄居蟹这两类动物的基础知识和有关分类鉴定的技能。每一次王老都耐心细致地为研究生上课，恨不能倾其所有，但从不取一分一毫报酬。

对于研究成果，王老总是宽容谦让，让年轻人署名在前。“年轻人比我们重要”，这是王老常说的一句话。这是一般知识分子所难以做到的。

王老在生活上，一直朴实清廉，甘于低标准。他原在学校有一两人合住的单间宿舍，可以在午间休息。但当他知道同室人要结婚，立即无条件退出。他在教场路有一间二楼的仅10多平方米的住房，卧房、工作室都在此。另外在一楼有一间加搭的不成房的小间，仅2平方米左右，作厨房用。因为算是“自有房”，学校也不再分配房子。我几次因事造访王老，看到他的住房条件，总是一阵心酸。但王老自己始终没有怨言。

学校对教师不实行“坐班制”，不考勤。但王老总是坚持按时上下班，风雨无阻。他退休后，因需要他参与“海岸带与海涂资源调查”课题工作而返聘。课题组考虑他高龄，劝他工作半天，下午可在家自由安排活动。但王老非常执着，坚持全日上班。他对研究工作所付出的时间和精力，甚至年轻人都达不到。他的这种敬业精神和工作态度，对我们都是一种“身教”的榜样。

王老极注意礼节。平常有人向他请教或交谈，他总是站起来，倾听你讲话或与你交谈。待人离开后，他才坐下。王老终生保持着一种我国传统知识分子所特有的彬彬有礼、温文尔雅的儒雅举止，令人心怀敬意。另外，每逢春节，他一定到同一教研室老师家里拜年。他的高龄，总是使我感到十分不安。因此我常赶在他前面，去他家里拜年。同时向他申明，我们已经相互拜过年了，请他不必再奔波了。但是，王老总是按礼节回拜，这使我感动而受教。

生物学在20世纪中叶以后，向分子生物学的层次发展。原有的分类学、区系学、形态学、解剖学等学科的研究，逐渐式微。及至20世纪后期，连“生物学”这个名称也逐渐淡出，代之而起的是“生命科学”。这昭示“生物学”的研究主体已经从研究生物的个体形态、解剖、分类特征等发展到研究“生命的本质”。原有的分类学、形态学等学科的专家，也似乎在逐渐淡出生物学界的视线。在这个大背景下，王复振先生的人生似乎越来越低调。王老原来就不善言辞，讲话讷讷不流畅，因此不登台讲课。在学生中除少数涉及海洋生物的研究生外，很少有人认识他。在生物学界，除少数真正的同行有所接触外，他极少与人交流。因此，几十年来，王老都是埋头于标本、书本，默默地研究苔藓虫类与寄居蟹类动物，默默地帮助别人鉴定标本或发表论文。王老的一生，几乎是无声无息地为科学作贡献的一生。

我与王老合作共事20年，亦师亦友。他对科学的严谨、对名利的淡泊、对人生的豁达、对生活的质朴，于我的人生以诸多启迪。我很敬佩亦非常怀念他。谨以此文，表达我的崇敬和对他在天之灵的慰藉。

2015年暑天写于浙江大学启真名苑

笔者记述本文时，王老的身影、笑容一直在我的面前游移。耳边也似乎回响着王老略有点沙哑的声音：“老蔡，你看看，这样鉴定有没有问题？……”甚至此稿完成后，我还沉湎于与王老当年合作的许多往事之中。由是，我又想到了有关王老的两件小事。

有一年山东青岛出了一本小册子，介绍“青岛海滨习见无脊椎动物”，是中科院的某一研究所编写的。王复振先生看了以后，觉得其中对牡丹苔藓虫的鉴定有问题。王先生认为这应该是一种棘膜苔藓虫。因此王先生写了文章予以质疑，希望更正。有人认为，这是专业权威机构出版的书，王先生不应持怀疑态度。甚至有人觉得王先生有点傲气。其实这件事说明两点：一是王先生在苔藓虫研究方面的确有很深的功底，他一眼就能鉴别真伪，看出对错，所以他能大胆地提出质疑与纠错；二是王先生虽然一向做事低调，但在科学面前，非常“较真”，一是一，二是二，“科学面前人人平等”，绝不马虎。

第二件事是他在杭州九溪十八涧的泉水中，发现过一种淡水苔藓虫，曾著文介绍。淡水苔藓虫极少，至今也几乎无人注意。如今，杭州九溪十八涧的生态面貌已经完全变样，大概也不会再有淡水苔藓虫了。王先生已作古，他的文章大约也成了淡水苔藓虫研究的绝唱，变为历史了。

2015年初秋补记

我的父亲毛节荣

毛　毛

我的父亲毛节荣1921年10月25日出生于奉化溪口镇。1934年11月，仅仅读了两个月初中的他，就由一位亲戚陪同离开家乡到了杭州，进入浙江省立西湖博物馆自然科学部的动物组做练习生，开始了他的个人求职生涯。临别时祖母心痛而又无可奈何的神态，父亲一辈子也没有忘记。祖母谆谆叮嘱自己年幼的儿子："在外面做要懂事，要争气，有志气，不要依赖家庭的关系，一切靠自己努力，不要给母亲和家庭丢脸。"祖母的这席话父亲始终铭记在心。

没有和别的同龄人一样升学读书，是父亲一生的遗憾。在博物馆做练习生的时候，看到同伴中有一个练习生经过刻苦自学，以同等学力考取当时的浙江医药专科学校读书时，受其影响父亲也想走这条路。为了实现这个梦想，父亲在工作之余开始自学数理化。没有多久因为抗战爆发，父亲的生活开始动荡。1937年10月，从杭州西湖博物馆疏散回家乡，1939年赶到永康，第二次进西湖博物馆任助理员，1940年3月，由董聿茂先生推荐进入浙江湘湖师范学校科学馆任职，兼教学生课外兴趣小组的动物标本制作。在湘湖师范的三年中，自学条件比博物馆好了，工作之余父亲坚持刻苦自学，有时候会因为一道代数题解不出来而废寝忘食苦想三天。湘湖师范有些老师对父亲的学习也很支持，在老师的帮助下自学取得了较大的进步。到1942年，湘湖师范因日本飞机轰炸而迁校，由松阳古市迁到庆元新窑。1943年3月，又因当地发生鼠疫，学校由庆元迁移到景宁沙湾。4月，父亲就离开了学校。抗战后期，父亲的处境更加艰难，生活也难以维持了，父亲知道在这种条件下，升学读书的希望已经没有了。

抗战胜利之后，父亲回到杭州西湖博物馆，在自然科学部任干事。不久，父亲去看望已经到浙大任教的恩师董聿茂先生，董先生鼓励他说："一个人学习有两条路：一条路进学校，一条路靠工作上的努力。"在董公公的教育下，父亲从此完全走上在工作中努力学习的成才之路。

父亲从博物馆练习生开始，就得到董聿茂先生的授业，学习动植物标本的采集和制作了。董公公从来就不是唯"学历"论的，他看人，只要有志于科学事业，他均加以精心培养，扶持成材。为了充实博物馆馆藏文物和标本资料，父亲在董公公的指导下，将收集来的各种动植物制作成标本在馆内展出。在董公公的亲自指导下，父亲制作标本是又快又好，连苏联的鸟类专家彼得洛夫看到后也点头称赞。1947年6月，董公公要组织一支浙江大学生物采集队前往台湾和厦门沿海采集海洋动物标本以充实教材，这是一次扩大眼界的绝好机会，父亲在取得博物馆同意后加入采集队。1947年8月初，父亲和浙江大学生物采集队的周本湘、陈柏林从上海搭中兴轮到台湾基隆港下船，后转台北，住台湾大学招待所。在台北，董公公按潮汐涨落的规律排定采集计划。他们带着采集工具，先后在北部的基隆港、南部的垦丁附近、船帆石、鹅銮鼻、高雄港，东部的苏澳采集标本。经过半个多月的努力，完成了全部采集工作。在工作的间隙，董公公还带大家还参观了台湾大学生物系、台北植物园、圆山动物园和台湾博物馆等地。这次台湾之行令父亲大开眼界，增长了不少海洋动物采集的知识。完成了台湾采集计划后，周本湘因病先返回了，一行人又从基隆港搭船来到厦门，住在厦门大学，到厦门沿海一带开展采集。董公公约在8月中下旬搭飞机先回校，父亲和陈柏林一起完成在鼓浪屿、曾厝垵、南太武、灯塔、集美、刘公庵、漳州等处的采集之后搭船回到上海，然后回杭州。同年10月，董公公征求父亲的意见，询问其是否愿意到浙大生物学系工作，但只是临时聘用，当时父亲不假思索就同意了。

1947年11月初的一天，父亲到浙大，由董公公介绍去见谈家桢先生。见面后谈先生同意父亲进入浙大生物学系工作，于是在11月7日，父亲就进入浙江大学生物学系担任技术员工作。当时没有编制，是临时聘用的，工资从研究生经费开支。父亲做梦也没有想到能够进入浙大生物学系工作，他知道过去在博物馆的那一套不够用了，今后的工作必须从头学起。他暗暗下决心，必须更加努力地学习和工作来报答董先生对他的提携和谈先生对他的信任。

初到生物学系，父亲在生物学系阳明馆三楼的301室和董聿茂先生、胡步青先生、丁再福先生，还有一位工友朱兆铭同室办公，父亲主要是协助胡先生准备教学和科研实验材料。另外，父亲还兼管学生实验用的显微镜，担任动物分类和解剖方面课程的实验协助工作。这个工作难度不大，就是在各个实验室上课之前，按教师要求准备好实验仪器和实验材料。如果遇到困难，任课教师都能够耐心地指导，帮助父亲做好工作。因为每天上班是在实验室中一起工作，下班了一起到食堂用餐，就这样父亲认识了生物学系不少单身的年轻助教和研究生，和他们做了朋友，也得到了不少的帮助。一次，一位教师因科研需要一种实验动物，请求父亲帮他采集。当时，父亲也不知道如何着手，这是他进生物学系后遇到的第一个难题。于是父亲求教于一位比较熟悉的谈先生的在读研究生，也是系里的年轻助教。这位助教很热情递给父亲一本有关生物实验工作的英文参考书，他知道父亲不懂英语，就自己翻到参考书中的有关章节，逐句翻译讲解。讲完有关内容后，又和父亲讨论如何落实到具体方法。父亲就根据他讲的内容和方法，再结合自己的经验，从野外顺利地采集到数量足够多的这种实验动物，完成了工作任务。为了帮助父亲，年轻的助教把自己收藏的这本书和另外一本有关生物实验工作的英文参考书都送给了父亲，鼓励父亲有空多多学习。通过这一件事情，父亲认识到要做好本职工作，不仅仅是学好实验操作技能，还需要学会熟练地利用中外文献来增加专业知识。父亲业余时间很抓紧，没有假期也没有休息，常常是拿着一本参考书，一本英语字典，不懂的地方就查字典硬啃，他自己也很虚心求教，得到许多老师的热情帮助和耐心指导，业务上进步得很快。他学会了动物解剖、生物切片技术，还在先生们的帮助下懂得了，在高校生物系工作不仅仅是会实验操作那么简单，还要会利用文献资料，不仅能看懂中文的，还要自学英语，能看懂外文的文献资料，才能够把工作做好。靠浙大生物学系老师的培养和父亲的勤奋，许多权威教授们对父亲的工作是满意的，到1948年8月就转为正式的编制了。

新中国成立后，系里成立了切片室，父亲被调到切片室工作。不仅做动物组织的切片，普通植物形态方面的教学工作中有需要切片，也常交给他做。1951年开办了浙江师范专科学校后，父亲也为师专做切片标本。经常会有教师把教学用切片交给父亲做的同时，又给父亲带来许多业务知识的指导。有的教师对组织切片有兴趣，也会在一起讨论切片技术。之前，父亲和江希明先生很少接触，因为做师专的切片标本开始有了工作上的往来。切片工作一直做到1952年10月全国高校院系调整为止。从1947年11月以后的五年中，父亲和浙大生物学系建立了深厚的感情，他知道自己的成长离不开浙大生物学系对他的培养，离不开浙大生物学系全体师生对他的热情帮助和耐心指导，也忘不了浙大生物学系师生那种科学又民主的学术氛围，他珍惜全系师生亲密如一家人的感觉。由于院系调整，从前共同工作和学习的师生，从此天各一方，被分配到全国各地的高校和科研所。几十年以后他们聚在一起，这种"老浙大人"情结依然根深蒂固。老浙大生物学系给予父亲人格和精神上的影响是很大的。

全国高校院系调整时，父亲又面临了一次人生的重大转折。和往日的师友依依不舍地告别，父亲也不知道自己将走向何方。当从陈士怡先生处得知分到浙师院生物系做助教时，父亲一点心理准备也没有。父亲知道自己完全没有受过正规的学校教育，怎么可能去做助教呢！还以为是弄错了。

1952年10月，到浙师院生物系报到后，开始父亲仍然是技术员的名义，做的大部分是事务性工作，附带做些实验教学工作中的辅助工作。几个月后的一天，沈保生叔叔告诉父亲已经被批准担任助教了，并表示祝贺。父亲得知消息后，想到以目前自己的能力，要完成党和学校交给的教学工作任务困难太大了，去向江先生诉说自己的困难。江先生听后，一面鼓励父亲要挑起担子，更好地为教育事业贡献自己的力量；一面亲自过问父亲的工作和进修事宜。按江先生要求，父亲每周一上午向他汇报学习和工作情况，然后排出一张本周工作学习时间表，要求按时完成所有学习计划。江先生对父亲的要求很严格，对他管得很紧但态度很和蔼。每当父亲面对新承担的工作内心里打怵、感到过不去的时候，都得到江先生的热情鼓励，指出他的进步，不许他畏难后退。在江先生的督促下，父亲克服了心理障碍，硬着头皮一边刻苦进修，一边工作。一年中他没有休息时间，每天晚上心里想的就是：今天没有备好课，明天课堂上就要出洋相。在江先生的悉心指导下，父亲终于顺利走上了助教岗位。从1954年开始，江先生主要督促父亲写读书报告。父亲通过指定文献的阅读，然后写出读书报告交江先生过目，通过这种方式的训练，父亲的文字表达能力有很大的进步，打下了论文写作的基础。

当年的浙大生物学系，在竺可桢校长的领导下，一批名教授在极其困难的战时条件下，搞好教学的同时，积极开展科学研究，教学与科研交相辉映，短短的几年内，在国内外杂志上就发表了二十几篇有相当影响的论文。1944年，著名的科学家李约瑟一行四人在参观浙大时，到生物学系实验室作长时间的视察，并因此将行期推迟一天。生物学系和数理化三系并驾齐驱，浙大因此被誉为"东方剑桥"。江先生就是当年的名教授之一，他很重视科研工作。江先生希望浙师院生物系能够继承"东方剑桥"的光荣传统，在科研上更上一层楼，在搞好教学的同时推动学科研究。他经常教育系里年轻的教师包括父亲在内："你们要快快成长起来，要搞科研，没有论文是不行的。"

从1954年开始，动物学教研组与植物学教研组都行动起来，结合学生的课程实习搞科学研究——舟山与西天目山的生物调查研究专题科研。动物学教研组结合学生海滨实习所采动物标本，搞了舟山海洋动物调查研究专题科研。根据组内分工，父亲和董聿茂先生负责分类鉴定舟山的蟹类和蔓足类标本，标本分类鉴别完成后，又和董先生完成了《浙江舟山蟹类的初步调查》和《浙江舟山蔓足类的初步调查》两篇调查报告，并以此参加了浙师院1956年第一次科学讨论会。之后，调查报告又在学校学报发表。江先生对于父亲在工作和科研上的努力感到高兴，为了鼓励父亲，还带他到上海华师大生物系参加科学讨论。系里对父亲的工作也给予了肯定，这一年父亲被评为讲师。父亲知道，如果没有新中国，没有共产党的领导，按照原先浙大的等级制度，他不可能被学校破格提拔；如果没有江先生这样一位严师的指导帮助，他也很难成为一名合格的讲师。父亲是一个懂得感恩的人，像自己这样一个刚刚走上教师岗位的新人，学校和系里从工作、生活各方面都是关怀备至，爱人的工作从奉化照顾调入了系里，自己又晋升为讲师。只有加倍努力地工作，不断地做出成绩来回报学校和恩师对自己的精心培养。

父亲时常忆起江先生鼓励大家搞科研的情景。江先生认为，搞科研才能提高教师的学术水平，从而提高教师教学的水平，如果全体教师的水平都上去了，占据某学科的话语权，也就占据了学术的制高点。1954年起，每年暑假父亲都在江先生的催促下，外出采集标本。最先，是在杭州市郊采集，由于采集条件的关系，淡水鱼及两栖爬行动物的标本收集得较多，结合自身教学工作对脊椎动物分类方面的知识接触较多，父亲就把淡水鱼类的区系分类作为研究课题，附带两栖类研究。1959年下半年接受新任务，开设鱼类学这门课，讲义是自编的。同年，在学校学报上发表了《杭州钱塘江鱼类调查》《杭州两栖类调查》（和张贞华合作）。这些调查就是在年复一年的标本采集和分类鉴别的基础上整理而成的。在江先生的支持和鼓励下，无论遇到多少困难，父亲一直把这项工作坚持下去。到1962年，父亲的科研选题被列入一个国家项目，有了经费的支持，父亲计划走遍全省。1962—1964年的三年中，父亲四次外出调查，跑了全省多个地方，采集了大量的淡水鱼标本。1965年，系里调他去搞半农半读教育试点，他的方向转到教改。我记得那几年，每当暑假父亲就不在家了，快开学的时候，父亲才身背几只标本箱，风尘仆仆地回来，浑身的皮肤晒得跟黑人一样。直到数周后两臂、双腿和背部的皮肤开始裂开，然后老皮整片整片地剥落下来，露出新皮。这种情形在别人身上是从来没有看到过的。标本箱里满是浸泡在福尔马林溶液中的系上白色小标签的淡水鱼。回来后，他就要花许多时间处理这些标本，有时候我也会在晚上跟他到系里去看他工作。父亲连睡觉的时间也很少，有时半夜醒来看见父亲还在看书。清晨五点不到就起床了，他读英语，我们小孩就背一下课文，然后下楼去扫马路，扫好以后就吃早饭，六点半就上学了。

“文化大革命”开始后，生物系正常的教学科研工作都受到冲击，原领导和中老年教师大都受到迫害。江先生受到的迫害最大，时间也最长。父亲也一度受到隔离审查，每天做检讨、交代问题。在这段黑暗的年代里，父亲始终相信，总有一天，所有的问题都会搞清楚，他会重新回到教学科研中去。

1970年，曾经担任浙大生物学系系主任的贝时璋先生终于在北京中科院生物物理研究所又开始了他的细胞重建研究。为了避免不必要的争论，开始时贝先生不得不把研究组称为“细胞生物学组”。1970年3月，北京中科院生物物理所派人来杭采集南京中间性丰年虫作为研究的实验材料，系里派父亲陪同一起采集。因为当年在浙大生物学系，父亲协助胡步青先生准备教学和科研实验材料时，对南京丰年虫做过采集。当年胡步青先生在贝先生的直接指导下，做过关于丰年虫遗传学方面的专题研究，有两篇论文分别在1953年、1957年发表在《动物学报》上。父亲于1970年3月11日上午和3月27日下午两次陪同中科院同志在松木场、黄龙洞和九里松一带采集丰年虫。1980年12月，中科院生物物理研究所召开细胞重建学术讨论会，江希明先生和陈士怡先生都出席参加了讨论会。会上发表的《丰年虫中间性生殖细胞的转变和重建》一文，注明丰年虫实验材料的来源为：1970年3—4月采集于杭州松木场地区。中科院生物物理研究所1974年12月派专人来杭，研讨保护中间性丰年虫自然群落的问题，委托杭大生物系协助办理，系里领导把这项任务委托落实到父亲身上。1975年3月，北京寄来了一批虫卵，父亲接受贝先生的委托，开始将虫卵在室内孵化，把丰年虫的幼体散养在杭大生物系附近的各种水洼中，观察丰年虫的幼体成活及生长发育情况。从此父亲和南京中间性丰年虫的研究工作结下了终生之缘。

从1975年3月到1976年8月，经过一年多的摸索，父亲进一步弄清了杭州丰年虫自然群落的分布现状及其主要的生态条件，为重建群落奠定基础。1976年，贝先生派人来杭，了解中间性丰年虫的情况，以后父亲几次赴北京汇报工作，受到贝先生的接见和叙谈。贝先生和父亲谈了好久有关丰年虫的科研进展，深入浅出，使父亲深切了解了他所从事工作的意义。在叙谈即将结束时，贝先生还和在老浙大时期一样亲切地直呼父亲的名字，他说：“节荣，我最高兴的是，现在我又能像在浙大时那样工作了。”这一句十分平常的话给我父亲留下了永生难忘的印象，深深地感受到先生对事业赤诚的爱心。其后贝先生又提出，南京丰年虫中间性群体是极好的细胞学研究实验材料，希望其原产地杭州永远能保持它在自然界生存下去，嘱咐父亲能在这一方面做些工作。1979年8月，父亲写了《南京丰年虫中间性自然种群重建工作的小结》的科学报告，对杭州市郊区的南京丰年虫生态分布情况进行了重新调查。由于生态环境已经起了极大的变化，原分布地点十之八九已经消失，自然群体遂于1979年春绝灭。这份报告在1979年8月15日送到系里。

受贝先生的高尚品格与献身科学事业精神的影响，为了挽救南京丰年虫中间性群体，父亲谨记贝先生的嘱咐，在原产地保种工作中一直从事南京丰年虫的增殖和利用研究，并为此贡献了自己的余生。

粉碎“四人帮”之后，经过拨乱反正，高校的教学科研开始走上正轨。1978年下半年，父亲在教学工作、丰年虫保种工作、药用蜈蚣科研等三项工作之余，又考虑继续收集本省淡水鱼类标本的工作。1979年上半年，父亲向系领导提出，结合研究生的指导工作与过去做过的科研工作，花五年时间开展本省脊椎动物区系调查研究，重点搞淡水鱼类的1979—1983年个人科研课题研究，请领导审查批准。当时，系里领导也已经确定了动物以本省动物资源开发与生态学研究为发展方向，决定对浙江淡水鱼类区系进行全面调查。就这样，父亲从1954年开始的淡水鱼类区系分类科研课题在领导的支持下继续开展下去。1981年初，父亲被评为副教授。编写《浙江动物志》是生物学界老一辈科学家董聿茂先生、蔡堡先生、江希明先生、陈士怡先生几十年的夙愿。他们多次向浙江省领导建议，要求编著《浙江动物志》。但是由于经费等种种原因，编志的工作未能如愿。1984年，老一辈科学家的积极倡导终于得到省有关领导的热情支持。省科委将编志工作列为“六五”重大科研项目，拨出专款支持，并组织了十五个科研和教学单位的几十位专家开展我省动物资源调查和组成《浙江动物志》编委会。由德高望重的董聿茂先生担任《浙江动物志》主编，聘请蔡堡先生、江希明先生、陈士怡先生担任《浙江动物志》编委会顾问，恭请贝时璋先生为志书题写书名并撰写序言。在贝先生、江先生、董先生的支持下，父亲作为专家也参加了编志工作，担任淡水鱼类分册主编。父亲历时几十年辛苦采集淡水鱼类标本，开展浙江省淡水鱼资源区系分类调查和总结，终于对开展本省淡水鱼资源的保护、开发和利用，对促进本省经济建设和维护生态平衡发挥了重要的作用。父亲也因此为社会、为国家、为后人留下了关于浙江淡水鱼区系分类的宝贵资料。1992年国庆节，父亲荣获了浙江省科学技术委员会颁发的浙江省科技进步奖获奖者证书：“因参加完成的动物资源调查及《浙江动物志》的编著项目获1991年度浙江省人民政府颁发的科技进步奖一等奖，为第四完成者”。

父亲的成绩与贡献体现了两代动物学家的劳动成果。是老一辈生物学家对他的精心培养和鼓励，使他从一个什么也不懂的、只有初中2个月学历的博物馆练习生，通过自学成为一名老浙大生物学系的技术员；新中国成立后，又通过1952年全国高校院系调整，从一名普通的生物系技术员破格提拔到教学科研岗位，还从助教开始一步一步提升到讲师、副教授，以至于把一生奉献给了生物教学与科研。父亲一辈子在感恩中前行，感恩共产党，感恩国家，感恩学校，感恩生物系，感恩给予他热情帮助的各位同事，感恩历届生物系系主任对他的关心和信任。是董聿茂先生的授业和提携，父亲才得以进入浙大生物学系工作。是江希明先生的鼓励和培养，父亲才得以被破格提拔进入教学科研队伍并成为合格的助教和讲师。是从贝时璋先生开始的历届系主任对父亲的关心和信任，父亲才得以在生物教学和科研的岗位上不断成长做出成绩，最后成为令人尊敬的教授。他的后半生以生物研究为生命，为丰年虫的保种工作作出了重要贡献。我为有这样的父亲作榜样，而备感幸运！

2015.1.5

编者注：作者毛毛，是毛节荣先生的长女毛学军（原名毛建始）在家里用的小名（昵称）。

实实在在的人

魏崇德

一位中年人从浙江师范学院的头龙头宿舍走出来，手里提着书包，经木质结构的小桥，来到二龙头校区工程馆二楼的生物系动物学教研组办公室上班。他从书包里拿出一本精装厚皮的英文版的Parker & Haswell 著的《A Textbook of Zoology(6th ed.)》，一本已经翻得很破的卷纸角的英汉大辞典及一本写教案的本子，摊在靠窗口的一张办公桌上。他在桌子前坐了下来，开始工作。

这位中年人就是毛节荣先生。他借助英文辞典阅读这本英文教科书，认真地写教案。他与助教张贞华老师配合和谐，他们两人共同教好每一堂课，带好每一节实验。

毛先生对人真诚，他答应人一件事就帮助到底，直到成功。例如，他答应吴宝华先生拍动物标本照片，他总是精益求精，拍的照片清晰又有立体感，总让人满意。他为人很正规，很传统。他的脸上几乎不带笑容，他不颂扬人，更不奉承人，有一说一。他脑子里一旦形成见解，定下主意，就几乎不受他人左右，他人是改变不了他的主观意见的。然而，他离“顽固性”的性格，还差得很远。

毛先生的生活朴素，节俭，他一天到晚都穿着球鞋，我似乎未见他穿过皮鞋，衣服半新不旧，人不高不矮。他人长得结实，筋骨好；头发粗黑，三七左右分开，耳利目亮。他与妻子卢文仙（编者注：卢文仙女士当年是生物系保管室的保管员）持家有方，节约有策。他们家的家具，除了大件外，其他如小桌子、柜子、凳子、茶几，都是自己动手制作，他家里锯子、榔头等工具齐全。他们家是个好温馨的家庭。

毛节荣是实验员出身，对工作深有体会，他认为一切要从实践出发，因而他对助教张贞华的实验要求很严，要她多动手。由此，张贞华在准备鲨鱼头部神经实验时，在8%福尔马林液体中剥离鲨鱼神经，细致的工作几近数月。她的一双手的食指和拇指被液体浸泡得都开裂了。最后，她终于把十几条鲨鱼头部原始的、复杂的神经剥得清清楚楚。毛先生看了很满意。

江希明主任常来看看毛先生，鼓励并称赞他以英文书籍备课的钻研精神。他遵照江先生的要求，刻苦学习英文。

董聿茂先生在西湖博物馆工作时，毛节荣被招来工作，当时他还是一个年轻小伙子。董老一手精心栽培毛节荣，激励他努力上进。毛节荣活泼天真又听话，给他的任务是采集标本，制作标本。他兢兢业业，做好采集员的工作。通过刻苦勤劳，钻研业务，自强不息，终于成才，争得荣誉。毛先生很尊重和感恩董老先生。

毛节荣在博物馆工作时，他一早就从博物馆的大门出发，上路去采标本。他的左肩背着一个大的采集包,包里放着大大小小的镊子,还有折成三角形的半透明的油光纸,以准备放被毒死的昆虫;他的右肩挂着一个大口径的昆虫毒瓶,他的腰里绑着一袋霉干菜饭,手里举着扑虫网和水网。他的这副打扮很像《昆虫记》的作者法布尔。他跑遍杭城的山山水水。有一日,他去杭州的将军山一带采集。一天下来,他采来了大量的黄黄绿绿的昆虫和虾类、鱼类。第二天他就动手做干制的标本。后来毛先生调至浙师院工作时,带去不少这类标本。我带学生无脊椎动物实验时,就很得益于这些标本。

20世纪70年代,毛先生为我国杰出的生物学家贝时璋教授采集了大量的丰年虫(*Chirocephalus*),供给他做"丰年虫的中间性生殖细胞的转变和重建"研究。丰年虫的中间性个体似乎只有在杭州的松木场稻田里才能采集得到。该虫在这特有的水生生态条件下才能生长和繁殖。毛先生精心保护这片生态环境,但是终究由于大环境的改变,自然生态条件消失,丰年虫的自然群体于1979年春灭绝。毛先生只能转而在实验室进行保种研究。丰年虫体长1～2cm,像小虾,腹部朝上地仰游,是种美丽的小动物。他把采集来的丰年虫亲自或托人送到北京中国科学院。有几次贝教授派"细胞重建研究室丰年虫组"的张淑英、曹懋荪两同志来杭。毛先生热情地陪他们到现场观察和采集虫体。

毛先生告诉我,采集水螅(*Hydra*),要到六公园的西湖水流的出口处,从栅栏上的水草上才能找得到,他说那里的水是流动的,水里的溶解氧充足,食物丰富,虫体繁殖很快。我果然曾在此处采到。我把采来的水螅培养在放有金鱼草的水族缸里,水螅的基盘固着在水草上,它们的体态洁白如玉,柔媚娇俏,袅娜纤巧,它们在水里的舞姿优美,每个水螅的数根触手摇摆招展,似乎在向我致意示好。它们那般地自由和快乐,我看了是多么高兴!毛先生又说,采涡虫(*Planaria*),要到灵隐溪水的小石头上,用猪肝作诱饵去采集,它们是在石头上滑行取食的,涡虫的再生能力很强,是生物学做再生现象(regeneration phenomenon)实验的好材料;采桃花水母(*Craspedacusta*),要在春天桃花开时,到杭州西泠印社所在的岩壁下的有树荫遮的那个水池里才能采集得到;采特大型的蝴蝶,要到西天目山,爬上老殿再上到仙顶才有;采集以食小昆虫为生的树虱(*Chelifer*),要到杭州九里松的松树的枯树皮里采;要得到果蝇(*Drosophila*),你就往烂苹果堆里去寻;要取得潜叶蝇,你就到豌豆叶肉里去找;等等。这些都是毛先生历年来野外采集动物的经验,他的这些指导对我的教学实验动物材料的获得,以及带领学生进行野外实习,都有很大的帮助。他的无私给予,我都牢牢地记在心里。

在办公室的长桌子上,我摊开郁永侁老师著的《杭州西湖蜻蜓志》和其他的昆虫分类学书。我参考这些书籍,并按昆虫的高低等进化次序,分类整理归纳了几十盒干制昆虫标本。当我在做这些工作时,我想到,这数千个昆虫的干制标本,绝大多数是毛先生亲手制作的。我不能不说,毛先生对浙师院与杭州大学生物系教学的贡献,是何其大啊!

毛节荣先生是一位踏实的人,一步一个脚印的人,真实的人。他永远活在知道他的人的心里。

2014年12月9日于杭州文三新村

怀念我的母亲方云亿

李斌放

我的母亲方云亿生于1921年农历春节，故而小的时候每逢春节，我就和母亲一起回上海外婆外公家过新年，顺便也庆贺她的生日。

我还是四五岁的时候，曾经和母亲住在钱塘江边的月轮山上学校的宿舍（韦斋）中。那时她在浙江师范学院生物系任教，就是后来的杭州大学生物系（现在已经合并成浙江大学生命科学学院），一直到她退休。

我小时候身体比较弱，母亲老是鼓励我锻炼身体，并且要我参加一定的家务劳动。比如要求我挑煤球等。我要感谢她给了我体力的锻炼及意志的训练。她教导我，生活上要注意节俭，尽可能自己动手，培养动手能力；还要富有爱心，待人要有同情心。例如，在三年饥荒时期，她常常关心许多同事、学生，经常给有困难的人一些帮助。

母亲一生对自己的专业（植物分类学）的教学非常专注和执着。她对学生和蔼可亲，交谈时有如兄弟姐妹，有问必答，答必尽可能详尽。我记忆中最深刻的是：那时我家在华家池浙江农业大学内（我的父亲李曙轩是浙农大园艺系教授），但是我的妈妈，从星期一到星期六，一直住在月轮山上浙师院的单身教师宿舍内，只有到了星期日才会回家与我和父亲在一起。我幼小时曾去山上住过一段时间。据我观察，在白天，她脖子上整天挂着一个放大镜，工作时一手拿一枝植物，一手拿放大镜，低了头，眼睛凑在放大镜上观察植物的细部，确定植物的分类地位。因为她眼睛的近视度数比较深，眼睛、鼻子几乎与放大镜碰在一起。到了晚上，她又得查对大部头的分类手册或图鉴，直到深夜，很是辛苦。

母亲自己在学术上精益求精。她常和父亲带我去植物园，与父亲讨论和研究各种植物的分类和拉丁文学名，因为父亲是学园艺的，也有较好的植物学功底。她常带学生去浙江南北各地山岭，像天目山、莫干山、雁荡山等地实习和采集标本。她身背采集箱，啃着冷馒头，爬上海拔上千米的高山。这些都为她后来编写《浙江植物志》和《中国植物志》打下了坚实的基础。母亲除了专业于她的“植物分类学”外，也对“中草药”有过顺便的研究。

母亲在“文革”过后几年中，曾多次被邀参与为医务人员举办的中草药培训工作，是培训班的主要教员。她又经常应邀为杭州市和浙江省有关部门作植物或中草药的鉴定。有时甚至还为法院、检察院的有关案子中的中草药药渣作鉴定。由于在这方面有过较多的贡献，母亲还获得过不少奖状及奖品。

母亲一生投身于植物学，尤其是植物分类学的教学与研究。我印象最深的，是她在退休前参与了《中国植物志》和《浙江植物志》的编写工作。她是《中国植物志》中报春花科植物的编著者，又是《浙江植物志》第五卷主编，还负责《浙江植物志》编写办公室的工作。这一时期的工作，可以说是我母亲一生从事教学与科研约40年的总结。她毕生勤奋工作的成果和智慧的结晶都融入了这两部植物志巨著中。《浙江植物志》获1993年度浙江省科技进步奖一等奖，母亲是第一完成人。我为她感到骄傲！

母亲勤勤恳恳为祖国的教育和科学事业奉献了一生。她用自己的行动，为我们后辈做出了正能量的榜样。她经常教导我：做事要努力，要认真；遇到不顺利的时候，要往宽处想，不能灰心，要有自信心。这些"慈母语言"是我一生工作和做事的指南。我今天和我的夫人、孩子们虽远离祖国，在大洋的彼岸，但母亲对自己严格要求和对他人宽容的慈爱形象，以及对我们的种种教诲，将永远永远记在我们心中。

2015年春节写于美国南加州圣盖博市寓所

编者注：作者是方云亿先生的独生子。1989年赴美国佐治亚州亚特兰大大学学习，后留美工作，现已退休。现全家定居在美国南加州圣盖博市。

怀念母亲陆曼琦

黄 定 黄 宓

我们的母亲陆曼琦，是1952年浙江师范学院生物系组建时最早的一批教师之一。

前不久，她当年的学生和同事毛树坚教授来电来信，告知在去年秋天，浙江大学生命科学学院举行了一次"纪念江希明教授诞辰100周年暨缅怀前辈师恩座谈会"，并拟为生物系的前辈老师出版一本纪念文集，希望我兄弟俩为母亲写点纪念文字。

与母亲离别四十一年了，母亲的身影似乎已渐渐远去，此时却顷刻又出现在我们面前。由于母亲离世较早，除去童年，我们和母亲一起生活的时间并不长，因此，竟不能细述母亲的生平履历。如今，我们知道而且最想说的是，母亲是一位教师，她曾努力地奋进过，只是过早倒在"十年浩劫"的狂风暴雨中。她的人生足迹，穿越了多次社会的大动荡，被深深地打上了时代的烙印。

抗战时期，母亲的父母携带六个子女逃难江西，唯有母亲一人随浙大西迁，远赴贵州，就读浙江大学生物学系，并随浙大许多爱国师生一起，参加了许多次抗日救亡活动。1941年7月毕业，次月受聘贵阳私立西南中学，开始了她的教师生涯。此后辗转我国的西南、西北地区，多以教书谋生。1947年回到杭州，7月进浙大附中任教。不久杭州解放，母亲满怀热情迎接新中国的成立。鉴于她当时的政治态度和工作表现，曾有军管会的同志建议她去参与接管旧教育局的工作，母亲几经考虑，还是选择了她热爱的教师职业。在那个历史大转折时期，母亲除了教学，还积极参加各种社会活动，成为当时学校的骨干教师。不久前，我们在《杭州第二中学百年校史纪念集》(1999年，浙江文艺出版社)中见到一帧我们母亲与当时浙大附中领导黄怀仁(黄后来出任杭州师范大学的前身——杭州师院的首任院长)等欢送浙大附中参军参干学生时的合影，她在前排就座(注：浙大附中在1952年8月与杭州私立蕙兰中学合并，组建成杭州第二中学，因此，浙大附中也就成为杭二中的前身之一)。由此可以想见，当时母亲的确是全身心地投入了时代的洪流，她的付出也得到了肯定。1951年，浙江省教育系统评选优秀教师与模范教育工作者，有六名中小学教师获得省人民政府授予的浙江省第一届工人劳动模范称号，其中三等劳模五人，母亲是唯一的二等劳模。至今我们仍记得家里墙上挂着的劳模奖状和一幅用红布制作的锦旗，上面写着四个大字：人民教师。

那些年是我们有记忆的和母亲一起生活持续时间最长的一段日子。期间的有些生活情景，如今能回忆起来的还多少和母亲的工作有些关系。记得有次母亲抱回家一只兔子，我们围着兔子很兴奋。母亲说是解剖要用的。我们有些失望，就问：为啥要用兔子，用鸡解剖可以吗？母亲回答说：鸡和兔子是不一样的。我们似懂非懂，心里很不情愿。还记得接连几天母亲回家后就打开一本厚厚的大书，把书中植物形态的插图放大比例临摹到一张张白纸上。我们不知道这样做是为什么，但对描图很有兴趣，就帮着画一些简单的树叶图。也许画的图根本就没有用，但心里很得意，自认为是在帮妈妈做事情。

1952年，母亲调入浙江师专生物科任教，后又到新组建的浙江师院生物系，是生物系最早的一批教师之一。其间，曾担任系秘书，并先后去北京师大、华东师大脱产进修数年。她常住在位于钱塘江畔秦望山上的浙师院宿舍，难得进城回家，常念叨的是系里的人和事，致使我兄弟俩年少时就记住了这些名字：吴宝华、项斯端、薛艳庄、毛树坚……母亲留下的照片中，有一幅记录了表达这段友情的某个瞬间。1954年前后，母亲请几位同事到家里玩，在隔壁的小花园（现为龚自珍纪念馆），几人登上假山合影留念。时隔六十年看照片，我们仍能感受到那一代人年轻时的活力和情谊。在众多同仁中，母亲提及最多的是江希明先生，她一直尊其为恩师和兄长，即使数年后，未能再随江先生一起工作，母亲对其的敬重丝毫未减。最让母亲感动的是，在她生命的最后日子里，江先生特地赶到病房探视。母亲已经无法知道的是，她去世后，江先生还骑自行车到远离杭大的我家吊唁，又在五年后补开的母亲追悼会上仗义执言，使我们能以家属的身份讲话。

1958年，母亲转入杭州大学生物系。几年后被调到省教育厅教研部，从事中学教材的编写和教研。屈指数数，从1952年进浙江师专开始，直到退休，前后二十年，母亲为了工作方便，一直住在离家较远的单位宿舍，除去节假日，平时我们很少见到她。当时我们年纪还小，竟也逐渐习惯了身边没有母亲陪伴照顾的生活。只知道她忙于工作，顾不上我们，好多事需要自己学着做。如今回想起来，在我们开始有记忆的孩童时代，没能和母亲多一些时间在一起，确是我们人生经历中的莫大缺憾。无法弥补，但也有所得。由于较早独立生活，我们有了较强的自理能力，也因此而受益终生。

母亲的心血更多的倾注到工作中，倾注到学生身上。一桩跨越半个世纪的往事也许能印证这一点。我俩中的黄忞，原在省教育厅工作，大约十几年前，先后有两位素不相识的浙大（原杭大）生物系教授余象煜、钟华鑫，找到他的办公室，递上名片说：你是陆曼琦老师的儿子，我是陆老师的学生，今天特意来看看你。寥寥数语，暖人心窝。两位事业有成的老教授，始终未忘五十多年前教过自己的老师，并且将念师之情转达给她的儿子，这使我们深感欣慰。母亲得到了作为教师最看重的回报——育人一时，活在学生心中一辈子。

突如其来的灾难降临了。“文化大革命”开始后不久，母亲就遭受冲击，被关进“牛棚”，隔离审查，监督劳动。1968年前后，都在外地工作的我俩和母亲有大半年时间断绝了通信联系，全然不知母亲真实的境况，只有杭州的亲友告知了一些令人心酸的片断：母亲挂着“反动学术权威”的大牌，在少年宫广场示众；曾带着反动分子的标签被押送去外地农村劳动；审查期间因患子宫肌瘤，动了大手术，但术后不到一个月就得下地劳动，因为医生知道她的“身份”，不敢开具假条。但是在日后与我们恢复的通信中，或是我们回杭探亲见面时，母亲对于受审期间的遭遇，未写过一个字，未说过一句话。她把所有的苦痛深埋在自己的心里，直至生命的尽头。

在解除审查后不久，母亲不得已办理了提前退休手续。又过了两年，1974年5月的一天，她突然大出血，剖腹探查，确诊为胃部未分化型腺癌，已全身广泛转移。术后百天，8月17日与世长辞，年仅五十六岁。在母亲的兄弟姐妹七人中，她是最早离世的一个，至今她的兄弟姐妹中还有半数老人健在。已逝者，享年最少的也有八十几岁。

1979年1月，浙江教育学院补开了母亲的追悼会，为其平反昭雪，恢复名誉。认定母亲“与林彪、‘四人帮’反革命修正主义路线进行了抵制和斗争”，“以莫须有的罪名，受到非法审查，监督劳动，精神上和身体上受到极大摧残”。肯定其“热爱党的教育事业，勤勤恳恳为人民服务，为提高教育质量，培养人民教师做了大量工作，为党和人民作出了贡献”。

一个新时代的开启，催生了这迟来的追思。逝者得以安息，生者痛定思痛，尚需更多的反思。

绵绵不绝的思念中，母亲的身影越来越贴近，越来越清晰，相比现在已年过七旬的我俩，母亲是那么年轻。她那一生苦难的经历，她那勤奋育人的工作精神，她那慈祥而充满高尚人格魅力的形象，尤其是那双明亮而深邃，似乎可以洞察一切的眼睛，我们刻骨铭心，终生难忘。

2015.2.22

怀念我的父亲金逸民

金一庆

我父亲金逸民于2015年8月9日乘鹤仙游,永远离开我们了。虽然有点遗憾,没能活到100周岁,也应该算高寿了。能活到现在,并不是一帆风顺的。父亲分别在1993年和2002年动过两次大手术,要感谢医生们高超的医术和学校各级领导无微不至的关怀,才使父亲转危为安。每次大手术后,他能很快恢复,还多次被评为浙大的健康老人,这与他豁达开朗的性格,与世无争的人生态度,良好规律的生活习惯,丰富有益的兴趣爱好以及友好愉悦的周围环境,都有一定的关系。

我父亲1987年从杭州大学生物系退休,曾任浙江省植物生理学会秘书长、副理事长。

颠沛流离的学生及青年时代

我父亲1916年出生于浙江绍兴市,绍兴稽山中学毕业,1936年考上浙江大学农学院。在杭州读了一年书之后,因经济困难,没能随学校去江西,经校方同意,休学两年,回到绍兴老家打工;在筹得一些经费后,立即赶赴广西宜山就读大二,随后又跟随西迁大部队抵达遵义,直到湄潭。1942年毕业于浙江大学农学院农艺系。

在湄潭求学期间,我父亲因参加学生运动而险些被开除,在农学院教授们的担保和竺可桢校长的保护下,保住了学籍,但被给予记大过、留校察看,并且取消公费生资格的处分。但学校提供勤工俭学的机会,让父亲刻钢板维持生活,帮助他完成了最后一年的学业。我父亲2007年捐赠给湄潭政府,收藏在浙江大学纪念馆里的《棉作学》(上、中、下)三本教材,就是他在湄潭用钢板亲手所刻。此事在2008年1月4日《浙江大学报》上,以"难忘湄潭"为题做过报道。

1945年我在湄潭出生了,为庆祝抗日战争胜利,江希明伯伯的令尊问渔老先生为我取名为金一庆。1946年,我父亲随卢守耕教授到台湾,担任台湾糖业试验所卢所长的业务秘书。1947年底,我父亲回绍兴奔丧,之后没再去过台湾,而是去南京农林部棉产改进处工作,后又到上海人人企业公司做棉产品进出口贸易。1956年,在江希明先生的帮助下调回杭州,在浙江师范学院生物系教书,这才走上了教师的工作岗位。

兢兢业业几十年

我父亲既是浙江大学的学生，也是浙江大学的教师。作为是老一辈的知识分子，他热爱党的教育事业，长期辛勤耕耘在教学和科研岗位上，从事农业基础、土壤、作物栽培及植物生理等教学工作。他曾开设《农业基础》《植物生理学》《作物栽培学》和《生物专业英语》等课程，编写了《农业基础》《土壤基本知识》《作物栽培学》《植物发育生理》《植物激素在农业上应用》以及《现代生物实验技术》等教材，先后开展甘蔗、棉花、小麦、水稻等农作物育种及植物组织培养和植物激素的应用等研究工作。他几十年的教学、科研生涯，一直走与生产实践相结合的道路。

在植物组织培养方面，主要从事水稻花药培养。1974年，首先在浙江省培育出早籼"浙花一号"，产量比当时的当家品种"二九青"高，获浙江省人民政府嘉奖。1979年，又培育出晚粳"花粳42"，经多点试种，产量不亚于当时当家品种"秀水48"，在专家评议会上获得好评。先后发表了《单倍体育种国内外动态与展望》《水稻花培育种在籼粳杂交上应用的问题与展望》等多篇论文及译文《生物技术译文选编》；还与浙大计算机系我的实验室合作，完成了"植物组织培养咨询系统"的研究。

在植物激素方面，开展了荸荠汁和马铃薯提取液中天然激素、米醋及三十烷醇等的研究。米醋含有多种氨基酸、核苷酸及类细胞分裂素等生理活性物质。稻麦应用米醋的试验均获得增产。"稻麦应用米醋的基础理论研究及应用推广"项目获1984年浙江省和杭州市科技进步奖三等奖。他研究了三十烷醇的生理活性和对作物的生理效应，编写了《农业应用三十烷醇技术问答》科普小册子，推广三十烷醇的应用。他是全国三十烷醇协作组负责人之一，出席了1987年在中国和1992年在朝鲜的国际会议，先后做"中国三十烷醇研究进展""三十烷醇和油菜素内酯对水稻幼苗能量代谢的比较试验""三十烷醇对水稻愈伤组织分化作用的初步研究"和"三十烷醇应用研究进展"的大会报告。研究成果"三十烷醇在杂交水稻制种上的应用研究"项目获1982年度浙江省科技进步奖三等奖；"植物激素在花木上的应用研究"项目获1990年度浙江省教委科技进步奖三等奖。

我父亲这几十年，对工作兢兢业业、勤勤恳恳。他在教学与科研第一线，是学生们的良师益友；他深入生产第一线，是农民兄弟的好朋友。

我父亲不仅教授学生知识，指导学生提高动手能力，还把学到的知识用到生产实践中去。他经常与学生们一起讨论问题，一起动手做实验，一起耕作试验田。他批改学生的作业认真细致，一丝不苟；对研究生的外语作文，一字一句地批改，经常挑灯到深夜。七八十岁了，还不辞辛劳去实验室指导年轻教师和研究生，到田间地头去推广农业科学技术。

据现在是浙江大学生命科学学院教师的徐礼根回忆说，是我父亲和游树鹏老师接纳了他，使他从政工岗位转到植物生理学教研室当专业老师的。还手把手地指导他一起工作，仔细耐心地帮他修改论文及英文摘要。徐礼根与我父亲共事这些年，深受我父亲教学与实践相结合、理论联系实际的作风影响。在从事教学和科研工作22年之后，他也毅然走上了农业技术推广之路。我父亲带过的1981级本科毕业实践学生蒋跃明，现在是中科院华南植物园副主任和中国植物生理学会副理事长，他也一直从事着果蔬保鲜的理论研究和技术推广应用研究。

我父亲研究开发的三十烷醇及植物保健素等产品，自20世纪80年代初至1998年四校合并前，一直是杭州大学生物制品厂的主打产品。他的植物激素产品使黄岩蜜橘增产20%～30%。连续好几年，果农把丰收了的黄岩蜜橘运来生物系，分给大家尝鲜，我也有幸吃到过。

我父亲与贫下中农打成一片，甚至在被监督改造、接受贫下中农再教育的时候，也不忘他的农业技术推广，以致湖州妙西乡稍康村的杨惠松一家，从没把他当成管制对象，有什么好吃的一定和我父亲分享。回杭州后，父亲一直与他们保持往来到晚年。我记得，在杭州城西改造之前，花园大队的老老少少都认识我父亲，走过那里，不断有人与我父亲打招呼。

我还记得1958年，杭州大学给我父亲安排了两间筒子楼房间，就把在上海的奶奶和姑姑接到杭州居住，但在她们来杭的那天，我父亲居然还在乡村做土壤普查，没有去接她们！

心胸宽广的“自乐居士”

我父亲一生淡泊名利，为人正直，严于律已，宽以待人；对学生关爱备至，教书育人；对同事邻里平和谦让，友好相处；因而人缘特好，朋友众多。

到了晚年，还有不少海内外学生惦记，常来看望我父亲。如在宁波年近八十岁的朱继樑老师等，差不多每年都要来杭州看望我父亲。在2014年国庆期间，刘晓、陈利萍、徐程、舒庆尧、马博英、徐礼根等还一起给我父亲做了九十八周岁生日，并拍照留念。今年年初，我父亲生病了，在浙江中医药大学教书的学生钟晓明和在浙大医学院教书的学生杨友金等，积极帮着联系住院事宜，解决住院的困难；生命科学学院党政和工会领导，徐程、陈利萍等学生都前来看望。

我父亲这辈子并不顺利，但他为人宽厚，胸怀坦荡，什么样的坎坷，他都能看得开，过得去。生活上要求不高，容易满足。

我父亲还是孝子，赡养母亲，照顾亲友。他在杭大河东的筒子楼宿舍生活了35年，晚年还经常亲自买菜做饭，照顾祖母到九十五岁过世。在这十分简陋的房子里，我父亲还亲自掌厨，招待过科研上协作的朋友，甚至还有过朝鲜客人。有不少的亲朋好友和学生，到过这筒子楼，挤在一起吃着粗茶淡饭，感到十分温馨。

我母亲事业心强，年轻时与我父亲分居了几十年。但到老了，我父亲还是悉心照顾我母亲，直到母亲过世。

1993年分到第一套杭大新村的住房，那时我父亲刚从浙一医院开刀回来住在我家养病，我给他的新房子简单装修了一下，他就满意得直点头。

1968年被打成“历史反革命”、“台湾派回来的特务”，住在“牛棚”里。我父亲让人带话出来，要一把剪刀剪指甲，要一根长绳晾衣服。我怕他想不开，扛了根竹竿和一个指甲剪交给红卫兵。后来，他恢复了工作，说起这件事，他说我太不了解他了，竹竿和指甲剪用起来多不方便！他在里面，吃得下，睡得着，呼噜打得好响，看守他们的红卫兵被他呼噜吵得睡不着，骂他这个牛鬼蛇神：“一点思想斗争也没有！”他说，历史上事情都讲清楚了，没什么好思想斗争的。

父亲的兴趣爱好丰富了他的晚年生活，他钟爱绘画和花卉栽培。退休后，在家学学画，养养花草，斗斗蟋蟀，修身养性，心境乐观开朗，自称“自乐居士”；还参加了杭大的书画社，交了不少兴趣相投的老年朋友。每年父亲都要作一幅生肖画，拍照做成贺年卡，分发给亲朋好友。

在我小时候，父亲总是鼓励我好好学习，同时又十分支持我的兴趣爱好；也教导我不要骄傲自满，要谦虚谨慎，与人为善。我会记住父亲的教诲，也要教育我们的后代，都要做一个正直的人，有用的人。

2015.10.8

生物系的两位留日教师

——潘锡九先生与韩士淑先生

毛树坚

1952 年全国高校院系调整以后，浙江师范学院生物系建立伊始，生物系的教师大多与老浙大生物学系有关。系主任江希明教授是从老浙大生物学系系主任岗位上调整过来的，另外直接调整过来的还有董聿茂、王曰玮、吴长春等几位教授，青年教师毛节荣，以及当年的研究生俞志隆、项斯端等。还有一位老浙大生物学系的工友胡品堂，也一起调整到浙师院。胡品堂负责一间温室花房，种植番茄之类的科研材料。记得有一次，在俞志隆先生等指导下，胡种出许多"牛奶番茄"给大家尝新，大家觉得很新奇。董聿茂老先生因刚受省人民政府任命为浙江省博物馆馆长，所以名义上是兼职教授，但他一直执教授课。还有一位是刚从法国留学归来的陈士怡教授，从老浙大生物学系先调整到浙江农学院任副教务长，后又参与筹建杭州大学，任杭大教务长兼生物系系主任。1958 年杭州大学与浙师院合并，陈士怡先生才回归到杭州大学生物系，任系主任，直到 20 世纪 80 年代中期。

陆续调入生物系的教师，出身(毕业)于老浙大生物学系的有：郁永侁(老浙大生物学系第一届毕业生)、王复振(江希明先生同窗同学)、吴宝华、陆曼琦等老师，还有蔡壬侯、金逸民两位是老浙大农学院毕业的。还有一位张永保先生，是后来调来生物系执教《人体解剖学》课的。张先生毕业于浙江大学龙泉分校生物系。当年浙江大学在龙泉办有分校，郑晓沧先生任分校主任，郑先生是教育专家，主张办师范学院，因而就有了浙江大学师范学院生物系。由于《人体解剖学》后来停开，张永保先生随之也离开了生物系。

董聿茂先生是日本京都帝国大学研究院的博士，是生物学界的老前辈。其实，在浙师院还有两位留日老先生——潘锡九先生与韩士淑先生。

两位老先生都是 19 世纪出生的人，约在民国初期，负笈东洋，留学日本，学习博物学。也算得上是生物学界老前辈了。

潘先生是诸暨人，留学日本时进的是东京高等师范学校博物科。我国当时也仿照日本教育，办各地的高等师范学校。北京高等师范学校就是后来的北京师范大学。1919 年，国内爆发"五四运动"，反对政府签订"二十一条"，潘先生激于爱国热情，毅然回国(作者注：此段有关潘先生履历的叙述，是早年听潘先生自述的。但因年时久远，记忆或有误，待考)。

潘锡九先生长期在中学执教，并担任领导职务。1945 年，抗日战争胜利，日本军国主义侵略者无条件投降。西湖博物馆(1953 年改称浙江省博物馆)迁回杭州。博物馆在抗战期间，迁到浙西内地，由于当时省政府领导不力，停停办办，矛盾多端。博物馆收藏标本，险遭损失。幸有创建人董聿茂教授极力设法维持，并出私资保护收藏品，始得减少损失。但没有能被当时当局领导所赞许。董先生为表达自己的不同意见,坚决不愿再担任馆长的职务。因此,博物馆自抗战胜利后的1948年起,由潘锡九先生担任馆长。1952年,潘先生由浙江省文教厅调动,进浙江师专任讲师,1952年秋后浙江师专并入浙江师范学院,潘先生也调进生物系。

潘锡九先生来浙师院生物系后,担任动物学教研组主任,自己执教《脊椎动物学》,科研主攻鸟类。与他搭档的首位助教是诸葛阳。诸葛以后成为动物学教授,鸟类、兽类专家,实始于潘锡九先生的指导与启迪。潘先生授课的特点是:生动。学生的反应是:"潘先生的课生动,印象特别深。"1958年后,潘先生受"运动"的冲击,被调至外语系日语组,从事日语教学,成了一位很棒的日语教师,为我省日语人才的培养,贡献了自己的力量。

潘锡九先生是生物科学界的前辈,一生为教育事业努力,在生物系主持动物学教研组四五年,很有成绩。我们永远怀念他!

可能是由于潘锡九先生调离生物系,教育厅将韩士淑先生从杭州第十中学(崇文中学)调来杭州大学生物系(当时生物系并不知情)。当时,韩先生已接近退休(从年龄上推算,他比潘先生略小一些),在生物系已无课可教,因此落实在生物系图书资料室,帮教师整理一些日文资料,遇到需要翻译日文资料时,也可请他帮助。在困难时期,抽烟者凭票购烟。韩先生受工会的委托,管理烟票,"烟民"们都要去他那登记,由他上报,烟票发下来,也由他分发。

韩先生从日本归来后,有过很辉煌的经历。他曾受国民政府教育部之聘,任职于国立英士大学。他曾给我看过国民政府教育部颁发的"部聘教授"证书。我也曾听他口述:他曾任教于浙江医药专科学校,执教《药用植物学》,也还写过一本《药用植物学》作为教材。当时,还兼职于上海医专,每周去上海上课,奔波于沪杭道上。他还说,上海的大学生英语水平较高,英文版的《大陆报》可以随便看看。他是留日学生,英文水平不行,看到这些大学生,有点不自然。

当年,杭州有一位知名宿耆,古今掌故甚多,就是崇文中学老校长钟毓龙老先生。钟老是韩先生的老师,我从韩先生口中听到不少杭州的掌故。韩先生自己也有许多掌故。例如:郁达夫与王映霞的故事。郁达夫是韩先生的朋友。他说,郁达夫常常一个人坐在茶馆中,边喝茶边观察人,一坐几小时。这是作家在观察人,观察社会,构思文章。王映霞是韩先生的学生,很活泼,爱漂亮,有时在课上也会摸出粉盒照照镜子。

人生如戏,社会似大舞台。每个人都担负着社会的角色,在舞台上表现一番,最后又安息,回归自然。从老浙大生物学系至浙师院生物系,又从浙师院生物系至杭州大学生物系,经过浙江省四所高校合并,杭州大学生物系又回归为浙江大学生命科学学院。在这个舞台上走过一趟、亮过相的诸多前辈,我们都想念他们。写此小文,谨表对他们的缅怀与崇敬!

2014.12

深切怀念潘锡九先生

诸葛阳

当年浙江师范学院生物系所在的工程馆共有三层,顶层属教育系,一二两层为生物系教学与办公用房。二楼左边朝南的一间为植物学教研室所用,朝北的一间归动物学教研室,每间约有六十平方米,北面靠窗的一排为实验用桌子,摆有多架显微镜,还有培养动物的水族箱等器材。中间有六张办公桌,两两相对,最西边是董聿茂先生和毛节荣先生,中间是吴宝华先生和魏崇德同志,东边是潘锡九先生和我,四周多为书橱,南边还有制作切片的场所,门口还有开会的大桌。在新中国成立初期,百废待兴,有这样的条件已很不错,气氛温馨,合作融洽,有利于工作。

潘先生每天准时上班,先泡一杯茶,查看我准备的实验材料,并和我谈一周的工作计划及每天的任务。他非常关心我的进修提高,除指定的英文教科书以外,更要我阅读日文参考书籍。我记得有两本日文的动物学大图鉴,图形非常精致,对动物解剖和分类都有很大的参考价值,受益匪浅。

潘先生备课非常认真,他的讲稿都是全文写出,一丝不苟;讲课时声音洪亮,条理清楚;板书清晰,苍劲有力,如行云流水,根底深厚,得到同学们的赞许。这对我有很大的启发和教育,我认识到,讲课和板书犹如一个人的颜面、一个企业的品牌,是一个教师的最基本的条件。

除理论学习之外,潘先生很重视实际动手能力的提高,根据讲课的进度,他指导我从鱼类到哺乳类的实验操作,对代表动物的解剖非常认真仔细,并确定每个纲的代表动物解剖观察的重点,以更深刻地了解各器官系统的结构功能和对环境的适应能力。引导学生通过实验多比较、多思考,更深刻地理解脊椎动物从水生到陆生的进化过程。在解剖之后,潘先生又指导我精确地绘图,作为实验课的示范标本与图件。

有一次在我解剖家兔时,潘先生提出要观察十二对脑神经的所在部位和出处,他在一旁指导,我仔细地分离毛皮肌肉,取出头骨,经过固定,再掀开头盖骨,才能看到脑部,逐渐分离掉周围组织,可以看到从脑腹部伸出的脑神经,比较容易看出的是Ⅰ嗅神经、Ⅱ视神经、Ⅴ三叉神经、Ⅷ听神经和Ⅹ迷走神经,仔细一点其他脑神经也能看到。潘先生对观察所得很满意,喜形于色,认为对讲课和指导学生都有好处。

潘先生也鼓励我到野外去观察和采集动物。由于条件限制,我只有望远镜和铁丝网,只能观察鸟类和捕捉小鱼。我记得曾捕到过斗鱼、餐条鱼等,并观察常见的鸟类。但无法开展脊椎动物的野外实习,只能结合由董聿茂、吴宝华先生带队的海滨实习开展海洋鱼类的调查实习。

经多次考察,生物系海滨实习的驻地选定在舟山普陀岛的紫竹林,它位于普陀岛的东南端，在潮音洞与金沙湾之间，地势险要，环境幽静，涛声不绝，非常有利于海洋资源的考察与研究工作。

紫竹林寺庙的大殿早年焚毁，左右厢房尚存，厢房两层，各有四五间，由生物系出资修缮右侧厢房，楼上为师生宿舍，楼下作为学习、观察及制作标本室。我是班主任，负责学生的思想工作兼对外联络。

在泥涂和沙滩中无脊椎动物很多，主要有腔肠动物、软体动物和环节动物等，而鱼类仅有弹涂鱼一种。收集其他鱼类，除从普济寺附近的小集市上购买外，还必须寻求驻军的帮助。

在普陀岛实习，除向政府申报外，还必须向当地驻军报告。在新中国成立初期，普陀岛还属于前线，普陀山驻军整天打洞备战。某次实习期间，驻军派一名参谋军官来了解我们的生活和学习情况，双方还开展了打球、唱歌等联谊活动。我则通过部队的事务长联系岛上渔民，收购各种鱼类。

1954年和1955年的6—7月两次海滨实习期间，除了普陀岛之外，我们还到沈家门、蚂蚁岛、朱家尖、青滨、庙子湖及嵊山县的花鸟岛等地收集鱼类标本，共采集到64种鱼，作为学生实习和舟山鱼类资源调查的样本。

鱼类标本在潘先生指导下进行了整理固定、查阅资料、物种鉴定、记载描述、绘制图件，最后编写成文。根据系里要求，舟山海洋生物资源调查报告在1956年出版专集，因此我们从1955年下半年开始，在教学之余紧张地开展科研工作。

潘先生对绘制图件要求很高，多数鱼都按标本1∶1绘制，体长与身高准确测量，背鳍、胸鳍、腹鳍及尾鳍的硬棘与软刺数都要正确。最困难的是绘制鳞片，很多鱼类具有细鳞，而且侧线上鳞与侧线下鳞均要求计数。一个星期只能绘制一张图件，其难度可想而知。由我提供图件和测量数据，经潘先生严格审查后采用，文字由潘先生执笔，他态度严谨，字斟句酌，实事求是，及时完成，这是我在老师指导下合作完成的第一篇调查报告，对我今后开展科学研究具有重要意义。1956年，《浙江舟山鱼类的初步调查》一文作为《舟山生物调查研究报告》的组成部分在《浙江师范学院学报》(自然科学版)第二期上发表。

查阅资料得知，潘锡九先生字寄群，浙江诸暨市枫桥区视北乡潘家坞人。民国十二年(1923)年毕业于浙江第一师范学校，后留学日本。抗战时期，任绍兴中学校长；1945年，调杭州第一中学(今杭高)任校长(一说任教务主任)；1948年1月，任杭州西湖博物馆(1953年改名为浙江省博物馆)馆长；新中国成立以后，调浙江师范学院任教。潘先生著作颇丰，有《人类遗传学》(中华书局1940年出版)，《教育生物学》(世界书局1934年出版)，《神经系统》(高桥坚、潘锡九著，商务印书馆1930年出版)，《发生学》(八田三郎著，潘锡九译，商务印书馆1935年出版)，还有《潘锡九行书字帖》等出版发行。

潘锡九先生为人谨慎，待人谦和，学识渊博，著作等身，他热爱教育事业，悉心培养后人，令人敬仰。他是一位著名的教育家和动物学家。1954—1956年我有幸在潘先生指导下从事脊椎动物学实验教学，1956—1958年我到东北师大生物系进修，当我在1958年8月回来时，浙江师院已组建为杭州大学，从此我再也没有见到潘先生的身影，因此特别怀念他。

师恩绵长，永世不忘。

2014年11月于杭州浙江大学启真名苑

历史忆往篇

历史上的生物系与生物学研究机构

毛树坚

浙江大学生物学系创建于1930年，在贝时璋先生主持下，名师云集，一贯重视科学研究，即使在抗日战争的战乱时期，仍然研究不断，成果迭出。浙江大学当时受到英国科学家李约瑟博士的赞誉，有“东方剑桥”之称，生物学系也是功不可没。

参阅贝时璋先生的传记得知，1942年成立浙江大学生物研究所，由生物学系系主任贝时璋先生兼任所长。研究所刚成立时的名称是：浙江大学研究所理科研究所生物学部。但不久即改称：浙江大学生物研究所。研究所的命名显示出研究所是隶属于学校的，体制上与生物系并列，所长与系主任为同一人。所以实际上是一个（生物）系、所合一的机构。老浙大成立一个（生物）系、所合一的研究机构，究竟做了些什么工作，带来何种成果？现在找不到具体的文字资料。但是从贝时璋、谈家桢等几位前辈科学家的工作看，他们用生物研究所的名义招了不少研究生。谈先生的研究生中有四位很杰出的人才：徐道觉、施履吉、盛祖嘉、刘祖同，当年被戏称为“四大金刚”。这些研究生当年协助导师进行科学研究，出了许多成果。几十年后，他们中的多数成了名家，有的是院士，有的还是国际知名的科学家。现在浙大生科院的退休教授中，俞志隆教授就是谈家桢先生在老浙大时期的最后一位研究生，项斯端教授就是仲崇信先生的研究生。

1952年全国高校院系调整后，浙江大学生物学系被撤销，新建立的浙江师范学院生物系系主任江希明教授（原为浙江大学生物学系系主任）秉承老浙大的办学理念，重视科学研究。江先生可能也有建立研究机构的思想，但因建校建系之初，规模尚简陋，一切条件都不成熟，因此没有建立研究机构的举动。

1956年，周恩来总理提出“向科学进军”的号召。教育界、科技界对此反响比较热烈，特别是当年的青年、中年教师，有强烈的积极性投入科学研究，也有向副博士进军的愿望和冲动。当时，原在浙大生物学系的董聿茂教授，在1952年全国高校院系调整时，先被落实到浙江省博物馆任馆长，但仍在浙江师范学院任兼职教授。经董聿茂先生的要求和浙江师范学院的积极请求，在1956年时，董先生正式脱离浙江省博物馆，调入浙师院。此时江希明先生已升任浙师院副院长。在董、江两位先生的策划和浙师院的请求下，省政府同意与浙江师范学院合作建立一个生物研究机构——浙江省动物研究室，由董聿茂教授任室主任。该研究室性质上是浙江省的一个研究机构，本应命名为：浙江省动物研究所。但董聿茂先生谦虚，认为成立初期，规模小，人员少，暂时以研究室为名称，等待以后规模扩大后再更名为研究所。研究室由浙江省科委给编制，给科研经费，给人头经费。研究室虽然归属浙江省科委领导，但行政完全由杭州大学（1958年前是浙江师范学院）代管，科研项目也由杭州大学生物系支持与代管。所以,这一时期的浙江省动物研究室,实质上等于是杭州大学的一个研究机构。

浙江省动物研究室始建时,除董聿茂教授任主任外,还有原浙江省博物馆自然科学部主任王复振先生跟随董聿茂先生一起调入浙师院,协助董先生工作。另外还有浙师院生物系1956届两位毕业生(胡萸英、虞研原)。以后又留1957届三位毕业生(翁芷芬、张炯、陈毓山)。1960年后,陆续有南京大学、武汉大学、四川大学、北京大学等校的毕业生分配来室。但是,好景不长,"文化大革命"以迅雷不掩耳之势袭来,一切研究都被迫停顿。至1974年,浙江省动物研究室被宣布解散,全部人员都调入杭州大学生物系,分配到各教研室。

20世纪70年代中后期,系主任陈士怡先生恢复主持工作。当时生物系调来了一位党总支书记李行。李行是出身于学生的一个党政干部,比较了解知识分子在社会主义建设中的作用,因此在工作中对知识分子比较重视。他在生物系毕业生(工农兵学员)中留下几个人,成立了一个"浙江省资源考察队",主要的职能是调查考察浙江省的生物资源。李行曾经与笔者谈过建立"资源考察队"的目的与他的想法。他认为,一是经过"文革",生物系大伤元气,教师力量不足(特别在植物学领域),而且青黄不接,因此总要为生物系积存点力量。但是生物系有动物研究室人员的并入,已经超编,不能再留人,因此只能借用成立一支资源考察队留一些人。好在资源考察队要求的基本专业技能,与动、植物学教师基本一致,将来也可以补充这两个教研室的力量。二是浙江省的自然地理面貌是七山二水一分地,山区广袤,水域浩渺,生物资源丰盛。将来浙江省的开发与发展,需要有生物资源资料的支持。这项工作是杭大生物系义不容辞的职责,因此得未雨绸缪。笔者在听了他一番解释以后,立即产生了两点想法。一是这种借省的编制、经费,在生物系内设置科研(技)团队的方式,与前浙江省动物研究室设置在生物系的方式,同出一辙。二是李行作为一位政工干部,能深入专业,为系的发展作如此考虑,难能可贵。钦佩之心油然而生,而且顿起敬意。

"资源考察队"当年在1979年毕业生中留了5位毕业生(姜士仁、郑锋、丁炳扬、洪利兴、赵志良),分成动物组与植物组。动物组邀请生物系动物学教研室诸葛阳老师作指导教师,植物组邀请植物学教研室张朝芳老师作指导教师。他们都曾经接受省农委的任务,在龙泉凤阳山等地区做过野外调查。

可惜的是,"资源考察队"在坚持了约三年以后,宣告解散。据说,资源考察队的成立,是由李行通过在省里的人脉关系,向省编制委员会申请到几个人员的编制,把这个编制放在省农委,因此名义上这个"资源考察队"是属于省农委的,业务上归杭州大学领导。这个"资源考察队"从诞生起,关系就没有理顺,因此最后得不到经费等各方面完整的支持,只能无疾而终。所留毕业生最后交给杭州大学重新分配工作。可以告慰李行(已经故世)的,在30年以后,当年资源考察队的5位年轻人,都很努力,最后都事业有成,有的当上教授,有的走上领导岗位。

20世纪80年代初,江希明先生恢复杭州大学副校长职务,主管全校科研工作。一日,江先生来系,邀笔者及梁海曼老师商谈科研工作问题。在此前,笔者曾向李行提出过建议:现在百废待兴,在教师中要提倡"耐得住寂寞,坐得住冷板凳",把科研工作抓起来。

可能是我对科研工作还有点想法，引起了江先生的注意，要我谈谈对科研的看法。至于海曼兄，一向以读书多，善钻研，科研上较有成绩著称，征求他对科研的想法，是理所当然。又隔了一段时间，系里正式通知，由系主任陈士怡先生牵头成立一个筹备组，考虑筹备建立杭州大学生物研究所。陈先生以下有组员三人：沈桂芳（生物化学教研室）、梁海曼（植物生理学教研室）、毛树坚（动物学教研室）。但在筹备组成立后，并未展开研讨有关筹备事宜，一切都停留在高端（江、陈两位先生）的谋划之中。

后来才知悉，当时江、陈两位代表杭州大学与省领导相商，杭州大学拟成立一个生物研究所，请求给予编制与经费。又据说，省科委对杭大建立生物研究所是赞同的，支持的。又过了一段时间，省科委派了一位叫涂强的干部到生物系来商讨有关成立生物研究所的事宜。笔者也应嘱参加会议，因为人多，会议开成座谈会的形式。涂强的表态，大致可归纳为以下几点：

1. 杭大建议成立生物研究所的想法，省科委是很支持的。

2. 对于生物研究所需要的编制和经费，省科委也可以负责解决。

3. 这个研究所在业务上由杭州大学支持，但作为一个省级研究所，应归属省科委领导。

江希明、陈士怡两先生代表杭州大学一方，表达了意见，大致是：

1. 浙江省原有一定的生物学研究力量，经过“文革”以后，许多研究都处于停顿状态，现在亟待给予一定的条件，加以启动，把许多研究进行起来。如动物志、植物志的工作，海洋资源的工作，落后于国际几十年的遗传学工作，当今国际上进行得火如荼的生物工程工作等等。所以，成立一个浙江省生物研究所，是很有必要的。

2. 杭州大学在业务上给予支持。研究所可以由省科委与杭州大学合作共管，采月前浙江省动物研究室的模式等等。

座谈会没有结论。涂强答应将情况带回反映给领导。但最后，没有下文。应该是研究所的归属问题，双方意见没有一致。

不久以后，杭州大学还是宣布成立：杭州大学生物研究所。由陈士怡教授担任所长，沈桂芳（兼任）、毛树坚任副所长。实际此时，陈士怡先生已高龄，将近离休，对于系、所的工作已经管得很少。生物系的行政工作交由系副主任丁仁瑞掌管。生物研究所的工作，也交由沈、毛两位负责。

1984年后，陈士怡先生正式离休，沈桂芳也脱离了杭州大学，调任省委组织部担任领导。因此，杭州大学重新任命丁仁瑞任生物系系主任，兼生物研究所副所长，毛树坚任生物研究所所长兼生物系副主任。两人的职务交叉。从此，杭州大学生物系与杭州大学生物研究所，成为“两块牌子一个班子”的教学与研究机构。

据笔者回忆，当年江、陈两位先生极力倡导成立生物研究所的目的有二：一是可以争取到一定数量从事研究工作的编制，让这部分人员专心从事研究工作，保证一些科研项目的顺利进行。二是有一个机构专门管理科研项目，从而可以使科研的人力资源与财力资源得到合理的管理，达到“人尽其才，物尽其用”，把生物系的人力、物力的能量发挥到极致。

根据江、陈两位先生留下的对研究所有关的目的和意愿，当年笔者与沈桂芳、丁仁瑞

以及陈永寿(动物学教研室教师,兼任生物研究所秘书)等,大体做了下列的工作:

1. 归纳全系教师的科研项目,平衡全系的科研资源,尽量使全体教师都能发挥力量,参与科研工作,做到"人尽其才"。

2. 在经费上"专款专用",对于无经费来源的自立科研项目,在经过所内评估后,适当给予补助。意图仍然是为了"人尽其才",让有科研能力的人,人人都能从事科学研究。

3. 参与科研项目的立题、申报、结题、评审、报奖等事务性工作。

4. 参与招收研究生的各项事务性工作,做好研究生的有关管理工作。

在这些工作中,陈永寿老师(后调中国海洋研究所任研究员)出力殊巨,遗憾的是陈老师英年早逝。笔者在写这篇回忆文章的时候,借此对故人表示怀念与敬意!

光阴荏苒,江希明、陈士怡两位先辈早已驾鹤西归,他们所从事的教育、科研事业的功绩,也渐行远去。笔者回忆与追思的这篇小文,是希望先辈们的这段作为和经历能留作历史,同时也把他们的理念与思想,以及他们孜孜不倦的精神,永远深深地刻在后辈们的心中!

2016.4

一张照片记录着一段历史

陈　娴

我应生命科学学院周宏老师的邀约,协助她整理校友会的照片。其中一帧有关杭州师范学院时期的江希明教授的照片,引起了我的注意。因为不久前,在生命科学学院举行的"纪念江希明教授诞辰100周年暨缅怀前辈师恩座谈会"上,我曾经听到过江希明教授的有关经历。我意识到,这帧照片或许不单是与江希明教授的经历有关,甚至与我省高等教育的发展有关。因此,我专门为这张照片作了点采访和了解,主要的采访对象是毛树坚老师。

这帧照片的标题是"杭州师范学院生物系全体教职员合影",时间是在1963年9月7日,照片的背景是当年杭州大学生物系大楼(现在浙江大学西溪校区北苑内)。据毛树坚老师介绍,照片上前排居中的是江希明教授。另外,还有当年杭州大学生物系的三位教师:蔡壬侯、方云亿和毛节荣老师,当年他(她)们还都是讲师。照片上还有多位杭州大学化学系的教师,如戚文彬、洪琳、杨国樑及陈振初老师等。这帧题为生物系全体教职员合影的照片中,为什么会有化学系的老师?这引起了我的好奇。据毛老师分析:当年师范学院培养的中学生物学师资要求"一专多能",既要能教生物学,又要能教化学。所以,有可能当年生物与化学是合在一个系的。后来又向照片中的杨国樑老师请教,杨老师当年才二十出头,是个意气风发的年轻教师,现在也已经是白发苍苍的退休老教授了。据杨老师回忆:大约是在1960年的下半年,杭大化学与生物两个系都有几位教师调去杭师院,但在一年以后，仍然调回到了杭大。这帧照片可能是原杭大的教师要告别杭师院回杭大的一帧“告别照”。至于当年生物与化学是否是一个系？杨老师说：没有这个印象。

照片上的杭州师范学院，其起源要追溯到1956年。当时在杭州六和塔旁的秦望山上，已经有一所浙江师范学院（杭州大学的前身）。但由于中等教育的发展，对中学师资的需求量很大，当年浙江师范学院培养的毕业生，还远远不能满足需求。因此，浙江省委、省政府又准备另外筹建一所师范专科学校。筹建人之一就是曾经担任浙江师范学院总务处处长的王绍良。1956年12月，一所名为“杭州师范专科学校”的高师，正式挂牌招生开学。杭州师范专科学校办学两年以后，从专科升为本科，同时更名为杭州师范学院。在升格为学院以后，为加强领导，于是在当年刚由浙江师范学院更名的杭州大学内，抽调一位副校长——江希明教授，担任杭州师范学院的院长，时在1959年4月。

江希明教授担任杭州师范学院院长后，根据教育部对高等师范院校的要求，着手全面规划，完善专业设置，积极引进人才，以达到本科教学的人力资源配置。此外，他还积极提倡教师开展科学研究，提高师资水平。杭州师范学院在实质达到升级以后，于1962年又与浙江教育学院、浙江体育学院合并，并更名为“浙江师范学院”。在这个进展过程中，江希明教授付出了他的睿智和精力，可谓功不可没。

江希明教授在主持杭州师范学院工作的同时，在杭州大学生物系还有一个科研摊子等待他指导。因为自1958年，中国科学院实验生物研究所朱洗教授等提出“人工催产繁殖家鱼”的课题后，浙江省作为淡水水产的强省，被要求积极投入家鱼人工繁殖的科研与生产中。当年杭州大学动物生理学教研室也参与此项研究，江希明教授成为当然的领军人物。

1962年，对知识分子的政策有所宽松，科学研究氛围也有所改善，杭州大学生物系的科研等待江希明教授率领上马。由此，在1963年春，杭州大学生物系动物生理学教研室组织了一个颇具规模的科学研究队伍，在江希明教授的率领下，开赴浙江湖州菱湖浙江淡水水产研究所，开展“家鱼人工繁殖中的鱼类生理学研究”，重点研究鱼类生殖过程中的磷代谢以及人工繁殖中催情剂的选择。

由于杭州大学对江希明教授的需要，江希明教授在1963年8月被免去浙师院院长的职务而回到杭州大学副校长的岗位。

接替浙江师范学院院长职务的是著名老教育家郑晓沧（宗海）教授。

一帧照片，涉及江希明教授的一段经历，同时也涉及我省三所高校的创始与发展历史：一是在全国高校院系调整后，继承于浙江大学文、理学院及之江大学等学校的浙江师范学院的始建与发展。二是由浙江师范学院发展起来的杭州大学的建设与发展。三是当今浙江师范大学的前身——杭州师范学院（后来更名为浙江师范学院）的始建与发展。因此，值得作一记录！

至于今日杭州师范大学的前身——杭州师范学院，那是杭州市委、市政府在1978年经国务院批准，另行建立的一所高等师范院校，与本照片中的杭州师范学院完全是两回事。

2015.8

编者注：陈娴，浙江大学历史系2012级学生，应邀参加本文集部分文字工作。

秦望山点滴

——浙江师范学院生物系忆往

毛树坚

自从浙江大学生命科学学院举行过“纪念江希明教授诞辰100周年暨缅怀前辈师恩座谈会”以后，我们这些耄耋老人的记忆闸门被打开，对生物系许多往事的回忆，例如：我们年轻时刚步入社会的那种青涩纯真，对未来生活的憧憬，对科学事业的崇敬与追求，对工作的认真负责，对学习的刻苦努力，对知识如饥似渴地吸收，对老教师的尊重，以及年轻人之间的和谐快乐等，如清泉般汩汩流出，堵也堵不住。年轻的朋友要我们把这些写出来，说这些都是历史，可以供后人借鉴与参考。但是，毕竟过去一个甲子多了，回忆也只是一鳞半爪，点点滴滴。

为了缅怀这段历史中的恩师故人，表示对他们的敬意和慰藉他们的在天之灵，同时也祈福这段历史中还健在的老师、同事、学长们健康长寿，以及祝愿现在更多年轻朋友事业有成和健康快乐，不揣浅陋，姑妄记之。

月轮山还是秦望山?

钱塘江下游闻堰到闸口的一段，有个倒之字形的大曲折，因此钱塘江也名之江、浙(折)江。浙江的省名也由此而来。就在这个大曲折的江北岸，有两处著名的建筑：一是宋朝绍兴年间所建的六和塔，一是民国年间所建的钱江大桥。在这两大建筑的近旁有一些绵延的山包。有山有江有桥有塔，构成了一条绝妙的风景线。在这样绝妙的风景中，在山包的南山坡又点缀了一群红、绿、灰、白、黑五色相映成趣的洋楼，这就是昔日我国13所教会大学之一的之江大学的旧址。难怪，之江大学在当年被列为世界上有绝妙风景的大学之一。

1952年秋，全国高校院系大调整。之江大学走在调整的前列，在1951年的冬季就被撤销，其工学院并入浙江大学，文理学院一部分去复旦大学，一部分建成浙江师范学院，商学院则独立为浙江财经学院。在1952年秋后，浙江财经学院被撤销，并入上海的华东财经学院。从此，原之江大学旧址就完全成为浙江师范学院的校址。

之江大学旧址包含三个山包：头龙头在东，二龙头居中，三龙头在西。浙江师范学院继承之江大学的布局，教学、办公、宿舍主要在二龙头，头龙头仅有5间一般教职员的宿舍，三龙头在之江大学时期基本未使用，到了浙师院时期，造了5幢平房(作为学生宿舍)和一所大礼堂(兼作食堂)，现在早已拆除。

对于之江大学旧址所在山包的名称有两种称法：一是称为秦望山，传说是秦始皇东巡时,从海上航行到杭州,下舟到这个山上瞭望江南,因此称为秦望山。这是杭州耆宿钟毓龙老先生所著《说杭州》书上说的。另一种是称为月轮山,这是浙江大学有关校史中的称法。其实,月轮山是六和塔所在的山包,海拔154米,山形圆盈如月轮,故名。六和塔所在的月轮山与之江大学的二龙头相隔好几个山包,因此之江大学的二龙头不会是月轮山。那么,为什么二龙头会有月轮山之称呢?据笔者分析:这是由于曾在之江大学执教并居住过的,被誉为一代词宗的夏承焘教授的斋室名为"月轮楼",并著有《月轮山词论集》的缘故。诗词家、文人借附近富有诗意的地名(月轮比秦望更有诗意)为斋室名、别号名、著作名是常有的事。不能粗心,不察其由来与辨别其虚实,而妄相跟风。

早在20世纪30年代,之江大学才子、著名译界前辈、莎翁全集译者朱生豪先生在和他夫人、女诗人宋清如女士(笔者的老师)的爱情通信和著作中,都称之江大学的山包为秦望山。最近笔者查"百度",之江大学旧址已被列为全国重点文物保护单位,对之江大学的旧址,所有文献都称为秦望山,无一有称月轮山的。浙江大学毕业生张吉著的《之江大学旧址建筑史初探》(2009年,浙江大学出版社)一书中,明确写道:"1907年之江学堂买秦望山荒地开办学校……"。笔者也曾在之江大学旧址三个山包上住过7年半,当年之江大学留下的师生都称二龙头为秦望山,不见有月轮山的称法。

秦始皇东巡到过不少地方,因此被称为秦望山的也不只一处。据查,苏州有一座秦皇山。浙江诸暨枫桥镇乐山村也有一座秦望山,是会稽山脉的一座名山,秦始皇到过的事迹留有刻石,因此又称刻石山。当然,这些都是题外话,与之江大学无关。

之江大学旧址

秦望山二龙头是之江大学与后来的浙江师范学院的中心。从山下杭徽公路有一条成S形的鹅卵石子路通往山上,当年称"小S路",路长约百米,在半路有一小亭子,原意可能为歇脚或观景,在亭中可眺望到之形钱江的江面,同时也给小路装饰之美。小S路到山上接一东西向的横路,并且直面一建筑物——经济学馆。经济学馆有三层(局部四层),上面有一哥特式教堂结构的钟楼伸向天空,钟楼四面皆是钟面,非常宏伟。经济学馆由中国著名报人史量才先生单独捐资建造于1936年,在之江大学时期是商学院的中心,浙师院时期其一楼东侧是总务处,包括财务会计室、收发室,团委、学生会、工会的工作室在一楼西侧,二楼是医务室。

经济学馆有南、北两出口,南口接小S路,北口横有小路,贯通东西两侧的建筑物。东边是东斋,是学生宿舍,西边是西斋,也是学生宿舍。东、西斋的南边各有一个运动场。东斋的较小,仅可玩排球或网球;西斋的较大,有两个排球场、篮球场、网球场,还可玩单、双杠、走天桥等。现在在西斋的南边造了些建筑物,占去了不少运动场地。经济学馆的正北有一水泥大道直通学校的中心——慎思堂。大道两侧是大草坪,从大草坪到慎思堂是要走上一个约有20级的台阶。慎思堂前东西两侧各有一株大樟树,很有气度。慎思堂是学校的心脏地区。浙师院时期,一楼有院长和党委办公室、教务处等,二、三楼都是教室。在历史上,孙中山先生1912年曾在这里作演讲,并在慎思堂前与(之江大学)全校师生合影留念。

草坪的东西两侧各有一幢重要的建筑物，东侧是工程馆，在之江大学时期是工学院的中心，到浙师院后是生物系和教育系的用地。西侧是科学馆，是原之江大学贮存理科仪器设备的地方，曾藏有约20架生物显微镜，后来都移交给了生物系。科学馆在浙师院时期是化学系的办公室和实验室。

二龙头之东，隔一条山涧是头龙头。山涧终日流泉淙淙，两边山崖上满是映山红（杜鹃花），涧上筑有一个水坝，流泉被拦，形成一个小水潭。水潭上有一木桥，之江大学时期名为“情人桥”。山、水、桥、花、声、香汇聚一起，情人偎依徜徉其间，的确是一幅富有诗情画意与浪漫情趣的美景。但是到了浙师院时，“情人桥”被改名为“劳动桥”，美景与浪漫气氛全消。情人桥上方，在山涧西侧的丛木中有一白房子，之江大学时期是之江大学附属中学的用房，后来改作职工宿舍。过了情人桥就是头龙头，原来只有5间教职员宿舍，每间仅前后两室，外加一厨房，比较简陋，被称为“五间头”。浙师院成立后加建了10间类似的平房宿舍。估计如今已全部拆除。

二龙头之西是三龙头。在两山包间的山麓开凿了一块约有一个足球场大小的平地，是之江大学的大操场。浙师院成立后，在三龙头西边山麓又开辟了一个更大的操场，名为“新操场”。在大操场北侧半山坡上筑有一个风雨操场（健身房）以及一些体育教学用房。风雨操场在浙师院成立初期经常作开大会用。估计现在已经拆除。

三龙头原是空地，浙师院成立后造了些平房作学生宿舍用。又在从二龙头通三龙头的小路南侧开辟一平地，建筑一五层的教学大楼。当年负责这项工程的是数学系的张明樑先生，张出身于之江大学土木系。当年见他赤膊在烈日下勘量土地，非常积极。后来在杭州大学创建经济系和经济学院时，张又是主要力量，曾出任经济系主任和学院院长。

从二龙头的慎思堂爬坡向上，右首有一石头小屋，是教堂式的礼堂，名为“都克堂”，由之江大学时期美国新泽西州都克家族捐建。从都克堂前小路向西、向上则有韦斋，之江大学时期为女生宿舍，后来改为单身教师宿舍。生物系的薛艳庄、项斯端、方云亿、陆曼琦、魏崇德、梁海曼以及笔者都住过。再向上有绿房子、灰房子、红房子等建筑，都是教师家属宿舍。红房子有上红房子、下红房子两幢，比较高级。之江大学时期司徒华林（燕京大学校长司徒雷登之弟）与李培恩等校长曾居于此。浙师院时期陈立院长，江希明、朱福炘两位副院长也曾居于此。二龙头山巅有一称为“天文台”的建筑，又称“费城观象台”，为1912年所建。在20世纪50年代初，笔者见时已毁，生物系教师还去清理过废墟。

从二龙头西侧向下走，有一个汽车库，再往下走是一条可以通汽车的路，弯曲而下，被称为“大S路”，是秦望山通往山下的第二条路。以往山上不通汽车，要乘汽车必须到车库。

这里再提一段旧事。昔日教育家陶行知先生曾对理想的大学校址提出过五个要求：一要雄壮，可以令人兴奋；二要美丽，可以让人欣赏；三要阔大，可以使人胸襟开阔，度量宽宏；四要富于历史，使人常能领略历经千百年的文物，以启发光大国粹的心理；五要便于交通，使人常接触外界之思潮。陶行知先生考察国内外数十所大学后，对国内大学进行比较后，对之江大学、东南大学和香港大学三所较为满意，而以天然环境论，当推之江大学为第一。

从阳明馆到工程馆

老浙大生物学系设在庆春街浙江大学校园内的阳明馆中。钢筋水泥结构的阳明馆，在当时浙大校园内是比较起眼的一幢建筑。1952年全国高校院系调整时，浙江大学生物学系在阳明馆前面留下了一张珍贵的历史照片。当时在前排就座的教授中已无贝时璋、罗宗洛、朱壬葆等教授的身影，原因是贝时璋等多位老教授已先于院系调整被调去中科院，组建或主持有关的研究所工作了。照片里十多位教师中，仲崇信教授于院系调整后到了南京大学，蒋天鹤教授到了军事医学科学院，周本湘先生去了华东师范大学生物系，庄雍熙、胡步青两先生随蔡堡教授去了浙江医学院生物学教研组。系主任江希明先生则率领王曰玮、吴长春、董聿茂几位教授以及毛节荣先生和俞志隆、项斯端两位研究生，还随带工友胡品堂等人留在浙江，组建新成立的浙江师范学院生物系。其时陈士怡教授刚从法国返国，先被调整到浙江农学院任副教务长，1958年又被委参与筹建杭州大学，在杭州大学与浙师院合并后回归并主持生物系，直至20世纪80年代中期。照片中余下的师生，由谈家桢教授带领并入了上海复旦大学生物系。

浙江师范学院生物系设在秦望山的工程馆。江希明先生在组建生物系时，先从人事上调集与老浙大生物学系有关的人才，最早参与生物系组建的有吴宝华、陆曼琦两位。吴宝华是浙江大学生物学系1937届毕业生，曾任谈家桢先生的助教。继而邀请浙大生物学系首届毕业生郁永侁先生来浙师院任教，郁曾担任过贝时璋先生的助教。还从外地调来蔡壬侯先生与金逸民先生，他们两位都是浙大农学院的毕业生，而且在湄谭时期的浙大工作过。这些浙大的毕业生参与浙师院生物系的建设，都是江希明先生以后秉承竺可桢、贝时璋等前辈办学理念办生物系的有利因素。江先生还积极培养新生力量，除了俞志隆、项斯端两位研究生从老浙大调整过来以外，又接受薛艳庄、梁海曼两位年轻人，他们是从华东师范大学毕业后分配来的。后来又有诸葛阳、毛树坚、华启洪、张冠春、丁仁瑞等留系工作。以后还每年留一定数量的毕业生。江希明先生根据生物科学各分支学科的领域，给年轻人分配好发展的方向和进修的任务，有的还送出去作长期或短期的进修。历史证明，生物系早期的这批师资，是后来生物系完成教学任务的基本力量。特别是当年的年轻教师，几十年后都先后成了生物系的中坚与骨干力量。也是从老浙大生物学系到今日浙大生命科学学院，传承中不可或缺的接力棒。江希明先生曾说过："我国第一代生物学家秉志先生，对于我国生物科学的发展起很大的作用。他对他的学生的发展都是有规划的。伍献文搞鱼类，张孟闻搞两栖爬行类，蔡邦华搞昆虫……一个个都安排好。这些人都是后来各学科的领军人物。"江先生就是效仿当年秉老先生的方法，培养了生物系各学科的一批师资和人才。

自从老浙大生物学系被撤销，浙江师院生物系在很长一个历史时期，成了浙江省内唯一的生物系。秦望山的工程馆继承老浙大的阳明馆，成了培养生物科学人才的摇篮！

第一次教研会巧逢董老新婚

以前学习苏联，教学与科研有一个组织，称作教研组（室）。当时全系只有两个教研组：动物学与植物学。笔者参加的是动物学教研组。当从学生身份转变到教师身份参加第一次教研会时，心里很是忐忑，简直不知所措。但是我看诸葛阳似乎没有什么不安的表现，因为他有社会经验。记得当时吴宝华先生腿伤，教研组会议在吴宝华先生家里举行。吴先生对我们很友善、关心，总是笑嘻嘻地关照我们，解我们陌生的尴尬。教研组正在谈教学计划、开设课程等议题时，看见董聿茂先生与一位女士从外面走来，董老似乎有点腼腆，不好意思。吴先生就笑着说：董先生还是新婚期，刚从上海归来，应该给我们吃喜糖。这时我们才知道董老丧偶多年，最近才续弦新婚。听说促成这段婚姻的是华东师范大学生物系的郑勉教授。郑老是著名的种子植物专家，著有教科书《植物学》，全国高校生物系学生几乎都读他的书。董师母名汪澄，我们也称她汪先生，是华师大生物系的绘图员，调来浙师院不久，担任图书资料员兼绘图员。后来知道汪先生是艺术大家刘海粟的高足，早年在上海美术专门学校读书，是著名演员赵丹的同学。笔者以及当年许多年轻教师，在教学中都能自画挂图或在黑板上当场画几笔，也是得力于平时汪先生的指点或熏陶。

天目山采集——为实习做准备

笔者于1953年参加工作，江希明先生找我谈话，要我跟从郁永侁先生做“组织胚胎学”课程助教。强调要打好基础，而且基础要广，动物学的基础要打扎实，“脊椎动物比较解剖”要熟悉到能开课。英语很重要，至少要能看参考书等等。接着江先生说，利用暑期，你们几个年轻人请王曰玮先生带你们上一次天目山，采点标本，学点野外知识，对你们有用。实际上，系主任心中在盘算要建立生物系的野外实习基地。一个是山上——就是这个西天目山，当时要我们去摸摸情况。另一个是海滨——他当时还在筹划。这些，我们当时并不很清楚。

上天目山采集，由王曰玮先生带队，植物学教研组有方云亿、俞志隆、项斯端、梁海曼、华启洪，动物学教研组有毛节荣、薛艳庄、诸葛阳、毛树坚，还有一位工友胡品堂。此外，浙江农学院有两位老师搭伙同行。一位是园艺系教授李曙轩先生，是方云亿的夫君。李先生态度和蔼，对王先生也很尊重，没有教授架子。他还带有照相机，为这次活动留下了一些照片，如今成了很有纪念意义的珍贵历史文物。另一位是植物保护系的李参先生，他已做过一段时间的昆虫学助教，这次顺便也去熟悉一下天目山，采些昆虫标本。在后来采集过程中，我们常向他请教，足可做我们的昆虫学老师。根据江先生对我们动物组几位年轻人的分工：诸葛阳的发展方向是脊椎动物学，所以除了采集昆虫标本外，更要关注山上的鸟类、兽类。薛艳庄和我的发展方向不在动物学，完全是帮着采点昆虫，借以增加点动物学知识。毛节荣先生虽然当年还是助教，但他从博物馆练习生出身，有丰富的生物学野外采集标本的经验。江希明先生嘱他今后专攻动物学，所以这次他参与动物标本的采集，他除了可以指导几个动物组年轻人的工作之外，还协助王曰玮先生指挥整个队伍的工作。

当年整个社会崇尚节约俭朴，人人都很吃苦耐劳。我们自王先生起都自带简约铺盖行李，从武林门乘长途车到於潜县藻溪镇(今属临安市)，然后步行进山。西天目山山麓有一禅源寺，已很破败，仅存一前殿及侧屋数间，殿内有泥塑菩萨二三尊，披彩衣。后面佛殿均被日寇炸毁。寺内有出家人数人，不穿僧衣穿便服。我们因要每天上下左右四出采集，因此不住山麓而上半山老殿。老殿也破败，我们自行打扫清理出数间空房，席地打开铺盖，还留出一间作工作室。环顾四周，想起曾经看到的资料：在20年前，徐悲鸿曾经带领一批学生上天目山写生，住在老殿，可能就是住在这几间房间内。由此又联想到，在进天目山时，路过一处名为"天然居"(又名"留椿屋")的别墅，据说是20世纪30年代著名影星胡蝶住过的，是她的丈夫潘瑞声为她建造的。一种穿越时空、历史的思古悠情，油然而生。

西天目山各处的地名都颇有诗意，如：倒挂莲花峰、四面峰、仙人锯板、五世同堂、大树王、开山老殿等等。对游人旅客非常有吸引力，但我们都无暇顾及。

我们每天早上7时起身，可见山雾阵阵从窗外涌入，扑面有丝丝凉意。向窗外望去，云雾缭绕山间，飘忽不定，山间林草青黛相间，远近山峦重重叠叠，时隐时现，如国画泼墨。真是身在画中而不自知！早餐以后，我们基本上分动物与植物两队，向林密草高的深山进发，去寻找动植物标本。植物组人员都身背采集箱并携带高枝剪，由王曰玮先生率领出发。动物组人员都手持网兜，腰挂昆虫麻醉瓶等，跟随毛节荣先生向昆虫多的地方行进。中午有时回老殿用餐，有时带干粮充饥。天目山上柳杉树参天，底下终日不见太阳，林间灌木杂草多生蚂蟥，人经过时，蚂蟥纷纷依附叮上，不到吸足人血不会离开。最可怕的是，蚂蟥在叮人吸血时，人常全然不感觉。蚂蟥在未吸血前，体径扁小仅两三厘米，吸血后通体盈血，体径粗圆，可达10厘米或更大，煞是吓人。当年我们没有好的防护用品，唯有扎紧裤管袖管领口，防止蚂蟥入侵。但我们每个人或多或少给蚂蟥叮过。晚上，我们在老殿前空地张开白幕布，点上汽灯，许多昆虫就扑火而来，以蛾类为多，就是所谓"飞蛾扑火"。在白幕布下采到了不少昆虫标本。我们采到的昆虫标本，依靠昆虫检索手册与图谱，在山上可初步鉴别到科，个别也可鉴定到属或种。及至回校，这些昆虫标本后来都交给了魏崇德(魏自南京大学生物系毕业分配来浙师院生物系，当时他尚未报到)，因为他以后是昆虫学老师。

海滨实习——随董老出海

1954年夏，1957届学生正值完成一年级学业，根据教学计划，需要进行一次野外实习。系主任江希明先生的计划是：一年级结束进行海滨实习——选择舟山群岛，二年级结束进行山区实习——选择西天目山。董聿茂老先生原是海洋生物学专家，但董老年事已高，江先生委托吴长春先生带领队伍去舟山海滨实习。同去的教师有：吴宝华、项斯端、毛节荣、薛艳庄、诸葛阳、魏崇德等，还委派实验员徐关龙做吴先生的助手，处理事务工作。当年的舟山属海防前线，有许多地方是军事禁地，去实习要办许多手续。至少有三方面的工作要做：一是向专员公署、县、乡三级地方政府申报和沟通；二是与海军驻军沟通；三是与乡以下当地渔民沟通。如果要出海，要租用渔民的渔船，就要与船老大(船长)沟通，得到船老大的同意和指导。好在徐关龙这方面的能力很强，在吴长春先生带领下都解决得很好。不但顺利地进行了这次海滨实习，而且对以后的实习也做了预案，打下了基础。当地海军驻军，长期身处海岛，非常孤寂，有这样一批大学生去与他们接近，而且还有女大学生，他们欣喜若狂，非常欢迎，举行了好几次军民联欢会。笔者没有参加这次实习，这些情况都是听其他老师说的。徐关龙还说了一个小故事：吴长春先生长得有点胖，因此行动比较缓慢，其他师生都很照顾他，特别是学生总是抢着帮他拿东西、拎包等。吴先生每天都拎一只鼓鼓囊囊的皮包，于是每天有学生抢着去帮他拎包，但他总是死活不让别人拎，因此拉拉扯扯。原来包里有着这次实习的全部费用，好几千元人民币（当时的几千元可是笔巨款）。学生不知道，他又不好说，拉扯了好几天。后来学生知道了秘密，就不去拉扯了。

在这次海滨实习将要结束时，江希明先生在杭州交给我一个任务，要我陪同董老去宁波再到舟山定海拜访舟山专员公署领导。原来，董老是知名的海洋生物学家，他表示要到浙江沿海岛屿去看看，采点标本，省有关部门就安排一艘渔政指挥船“浙渔1号”为董老出海走一趟。在出海以前，董老要拜访一下有关领导。我陪同董老乘长途车去宁波，早上从杭州出发，中午在曹娥江边吃饭，摆渡过江，傍晚到达宁波，住宁波招待所。路上走了10个小时。第二天去专员公署拜访焦专员。焦专员在办公室接待我们。专员办公室中除一写字桌外仅一文件柜和几把椅子，还有一张帆布行军床，床上有床草绿色薄被，别无他物。给我的印象是：简约、清寒。焦专员听了董老的简单叙述后，表示大力支持董老的活动，言语中对知识分子多有溢美之词。当天我们住舟山招待所，等待已在舟山海滨实习的吴宝华、魏崇德、诸葛阳几位老师及一位学生张钧生。我们几人都将随董老乘“浙渔1号”出海。住在舟山招待所时，遇到了一件生活上的尴尬事：早上起身后通常要做的事是上厕所解大便，招待所的公厕出人意料，竟是一排敞开的约有十来个人可解手的座坑，每座之间相隔约半米，无间隔板，因此十来个解便者排排坐，一览无遗。我去就厕时见董老也坐在那里，我是无论如何也无法“完成任务”的。这种如厕情景，与现在住星级宾馆的进洗手间，有天壤之别。

“浙渔1号”是一艘百来吨位的小铁壳渔轮，是日本人在投降后留下的，当时用作鱼汛时期的指挥船，船长姓鲁，山东人，性格开朗，与我们相处融洽，但在海上时一切都要听他指挥。他手下有水手七八人，其中一人是轮机长，一人相当于大副。省水产部门派了浙江省海洋研究所一位张姓技术员相陪。小张与我们年龄相仿，毕业于上海吴淞水产专科学校。吴淞水专是当年全国少有的一所水产专门学校，为我国培养了不少早期的水产人才，是后来上海水产大学的前身。吴宝华先生等四位都刚经历过海滨实习，所以对海洋生物的观察与采集已有一定的经验，只有我是“门外汉”。

渔轮在东海舟山群岛间转悠，有时几十小时不见陆地，大海茫茫，海天一色，沧海一小舟，风浪一起，小舟颠簸，有时甚至觉得顷刻可以倾覆。我们都呕吐不已，甚至连黄色的胆汁都吐出来，浑身软瘫，动弹不得。只有董老面不改色，岿然不动。水手们说：“我们都相信菩萨，在这个时候，只有菩萨可以帮我们安心。”有时候我们可以看到海面上出现一条“线”，线两边的海水截然不同，一边的海水是碧蓝碧蓝，清澈透明，一边的海水是浑浊黄色。董老解释这是不同洋流所致。我们听了似懂非懂，只能感悟到自然界的奇妙。

我们除在渔轮上拖网外，也去海岛滩涂采集或上鱼市场搜集标本。从渔轮上岛要靠小舢板摆渡，小舢板靠在滩涂上，人常要脱去鞋袜下水才能上岸。我们都是涉水而过，吴宝华先生则常面有难色，水手们就背她几步路。我们一共走了七八个岛，如岱山、六横、桃花、青滨、庙子湖等。当年上岱山岛，一上岛就有咸鱼的腥味扑鼻而来，看到的房屋都是平房，房顶的瓦片则是薄薄的石板，据说是因为常有台风的缘故。40年以后我又去岱山，只见高楼大厦林立，昔日小渔岛的印象已经全无。我记得当时到了东边某岛后，鲁船长曾开玩笑说："不能再出去了，再出去就要到日本了。"我们收采的标本，在董老的指导下，用福尔马林或酒精浸泡，这些工作张钧生做得最多。

海滨实习以及我们采集的标本总量很可观，回学校经过整理、鉴定后，举办了一次展览会。也相应地出了不少论文，这些论文在1956年的全校科研大会上做了报告，在全校有较大的影响。

不过半夜不回宿舍

当年助教的主要工作有三项：第一是听主讲教师的课，并协助主讲教师准备教具等。第二是为学生解答疑问或上集体辅导课解答学生的提问。当年，还提倡下学生寝室辅导、答疑。第三是理科各系助教要上实验课。但是比上实验课更艰辛的工作是准备实验的材料，如植物学实验课，要在事前把实验用的植物材料采集好，动物学也是如此。笔者所带的"组织胚胎学"实验要观察许多切片。早在全国高校院系调整之前，系主任江希明先生未雨绸缪，委托毛节荣先生制作了一批动、植物学切片标本，但都是一些常用的切片标本，稍微专门一些的组织学标本都缺少，胚胎学的标本更没有。我的早期助教生涯中，制作切片标本成了我的主要工作。

辅导答疑工作可以显示出助教的学问与功底，学生的提问各种各样，常常难以回答。当年在助教中流传有两句话："教授吃肉，助教啃骨头"，"教授把已知的讲了，留下不知的要助教回答"。由此，当年的助教的确非用功多读书不可，否则就要在学生面前"插蜡烛"（回答不出问题，尴尬地站着），蜡烛插多了，必然被淘汰。这就是所谓"压力变动力"！

当年生物系办公室、实验室夜间的灯光在子夜12时以前，几乎是不会熄的。每夜巡夜工友总要到生物系来转一转（因为看到有灯光），提醒一句："时光不早了，早点休息吧！"总务处领导根据巡夜工友的反映，甚至提出："生物系的老师为家里省电费，晚上都赖在办公室到半夜。"总务处的说法当然荒谬，但也反映了当时教师工作的热情。不过，"孵"办公室的多是住单身宿舍的青年助教。有家室的教师有时夜间也来办公室看书，但到八九点钟就回家了。孵办公室最晚的，一个是梁海曼，一个就是笔者。梁兄有时看书，看着看着就睡着了，叫他一声就醒了，接着再看。看书多的，梁兄可算一位，我主要是做切片。

在冬天的夜间，办公室里生一炭盆，晚上围着炭盆边烤火边看书，其乐融融。记得俞志隆先生常常一杯茶、一本书，围着火盆。棉鞋烤焦了好几双，翻出白色棉絮，我们笑他回家要被夫人"吃牌头"。

有一件笔者终生难忘的事：某一冬日之夜，我因准备实验课至凌晨2时许，走出工程馆回宿舍韦斋。周围一片漆黑，连一盏路灯也没有，只见道路还白蒙蒙稍稍有点影子。我仗着路熟，就摸黑穿过大草坪，走到了慎思堂西侧近都克堂处。岂知一到这里，真的是伸手不见五指，眼前一片黑天鹅绒般的纯黑，连慎思堂、都克堂那样的建筑物都隐没在纯黑中间。我顿时失去了方向感，寸步难跨。四更天的寒风呼呼地带来远处猫头鹰的啸叫。我真的感到孤独无助，呼天地而不应。站了足有二三十分钟，见到从三龙头方向有两支手电筒光过来，估计是巡夜的工友。待他们稍走近，我先咳嗽两声，然后轻声问："有人吗？"来的两人用电筒光照了照，问我怎么回事。我说明了原委并且问他们：为什么没有路灯？他们说过半夜1时以后路灯就熄了。他们把我护送上韦斋，说下次不要这样晚了，不安全的。我向他们道过谢。从此以后，我真的再也不敢如此"深夜不归"了。

晨练与体育活动

当年，新民主主义青年团（即后来的共青团）组织对青年助教的工作抓得很紧，一个时期有一个时期的中心工作或重点议题。有一个时期提倡青年们积极参加体育锻炼。各系的青年教师都组织锻炼小组。生物系助教也组织了锻炼小组，组长是魏崇德。早上锻炼小组都上大操场锻炼身体，先是由锻炼小组长领着做广播操，接着自由锻炼，有的打球，有的在单双杠上活动，有的做仰卧起坐等，最简单的是跑长跑，沿着大操场跑三圈算完成锻炼任务。我对"锻炼"有点害怕，因为从中学开始检查出肺部有结核点，医生嘱咐不能剧烈运动，后来通过静养恢复了健康。我一向崇尚"静养"，不大搞什么锻炼。另外就是晚上睡得太迟，早上起不来。所以我对于晨练，全是应付态度，不得已而为之。早晨我总是匆匆而来，选择跑短跑，三下五除二，跑几分钟了事。有一天，由于上一晚睡得迟，起身后有点晕乎乎，待到跑短跑冲出几十米，腿一软，一个趔趄，跌扑在跑道上，跑道是煤渣地，手掌、膝盖都擦破出血，只能上医院打破伤风预防针。从此我慢慢退出锻炼小组活动。同组的梁海曼、诸葛阳等也不是锻炼积极分子，可能也不了了之，小组长魏崇德后来怎样，我记不得了。

青年助教中的体育活跃分子当推化学系的钱逢麟，还有数学系的张明樑、物理系的洪士棡等人，每天下午4时半以后，在西斋前的篮球场上总可见到他们的身影。打球打得赤膊。生物系只有魏崇德与徐关龙可以打两下球，但也不大去参与。老教师中间，化学系的周洵均与唐愫夫妇有时同时出现在东斋的排球场上，生物系江希明与俞志隆两先生也曾出现在排球场上。总之，生物系在体育活动方面是弱势。

聚餐与郊游

生物系在初建时期，大多数教师源自老浙大，有如一个大家庭，非常融洽。平时几位女教师如吴宝华、汪澄、陆曼琦、方云亿、薛艳庄等，在闲谈中谈到谁谁会烧什么菜等。不知是谁提出，可以各显神通，每人烧一个菜合起来，来一次大聚餐。我们一些单身年轻人也在边上鼓动，并得到了江希明先生等老教师的首肯。就这样，真的来了一次大聚餐。有的是从家里烧了菜带来，还在实验室里安了一只煤炉（这是违规行为），可以当场烧炒菜肴。至今比较记得真切的是，吴宝华先生烧了一只"芙蓉蛋"：用鸡蛋白炖火腿丝、鸡肉丝，外观白嫩如脂如玉，鲜美无比。可吴先生还说因缺少一样食材，不够完美。方云亿先生好像是从家炖来了一只鸡。薛艳庄现场做了西菜"色拉"……全系老、中、青教师进行了一次非常快乐的大聚餐。用今天的话说："不在乎菜，重在过程，重在参与"。聚餐间听江、王、吴几位老先生讲，老浙大每年在欢送毕业生时都要有一次聚餐，师生同乐，和谐可亲，饮酒要饮到"不醉不归"的程度。许多老先生都曾"醉态百出"过，如贝时璋先生醉了要哭；谈家桢先生善于"劝酒"，把人一个个醉倒，最后自己趴在桌子上；某先生是醉后话多，某先生则沉默寡言……这些老一辈知识分子，在科学事业上、学问追求上一丝不苟、严肃认真，但在生活中的表现却是如此天真率性，无矫揉造作。这只有在"思无邪"的人格条件下才能做到，只有有高超"慎独"修养的人才能做到，只有在诚信坦率的群体中才能做到。今天的我们，做得到吗？为什么？值得深思。

江希明先生还说了一个饭桌上的真人真事：甲某和乙某两先生（姓名我没记住）都喜食鸡、鸭的屁股（尾脂腺的部分），一日同桌吃饭，上了全鸡煲，甲先生伸筷在煲中找鸡尾，找不到，就急着问："屁股在哪里？"其实，鸡尾已被乙先生"捷手先得"吃在嘴里了。乙用筷指着自己的嘴说："屁股在这里。"大家哄堂大笑。当时的气氛似乎继承了老浙大生物学系时那种师生同乐和谐的传统。

记得全系有几次郊游活动，目的地有玉皇山、南高峰等，具体的细节已经记不清楚。有一次吴宝华先生带了她女儿周亚先，陆曼琦先生带了他的儿子黄忞，当年都只有十来岁。我们这些年轻人基本都参加，留有几帧照片，很有纪念意义。有一次出游归来，路过黄龙洞路口大树下的一口井，发现井里竟有涡虫。涡虫是研究再生生理很好的材料。江先生非常重视，当场找瓶子采了标本，嘱咐毛节荣先生记下地点，再做仔细调查。及至30多年后，我的家就住在黄龙洞附近，每经过这里，就要回忆到当年情景。恩师西归，物是人非。叹人生之苦短，叹人生之无奈。

建系伊始，系务工作千头万绪，系主任江希明先生为提倡"大学教师必须进行科学研究"这一治学理念，就带头立题"杭州西湖水体生物资源与生态环境的调查研究"。研究的助手是他的助教薛艳庄。魏崇德与笔者也常帮忙做一些工作，有时梁海曼也参加，可以算是课题组的编外人员。做这个课题的调查时，我们常出没于西湖的一些景点，在完成工作之余，有时可以"游山玩水"，甚至到楼外楼等饭店用膳。我第一次吃到西湖名菜"龙井虾仁"、"虾仁锅巴"就是在这次活动中。中国菜肴讲究色、香、味三个亮点，而楼外楼的虾仁锅巴还要加上第四个亮点——声。服务员端上一盆黄澄澄、香气撩人的糯米锅巴，大厨则手持刚炒好的虾仁羹料，倾锅浇淋到锅巴上，只听见"滋"的一声，顿时虾仁与锅巴的香味扑鼻而来。江希明先生不吃鱼腥，但吃虾仁。所以我们虽然吃不到杭州最经典的名菜——西湖醋鱼，但吃到了更贵的虾仁名菜。最后必须补上一笔，所有这些开支，都是江先生自费请客。公费吃喝，当年大家连想都没有想过。

还有一次郊游，什么起因，有多少人参加，都记不清了。但记得有徐瑞云先生和她的侄儿徐某参加，还应该有薛艳庄、梁海曼、魏崇德与笔者等人。徐君（名字记不了）在上海俄专读书，刚毕业，我们年龄相近，谈得很融洽。我们一起在西湖中（自）划船，在我们的怂恿下，徐君用俄文朗诵了一首诗，里面有"小船沿着小河慢慢淌去…"句，我们不约而同地哼出一支童歌："Row row row your boat..."。我们用英语唱，他用俄语唱，非常愉快。这位徐君，只见过一面，但终生未忘。算来他也是已过八旬的老人了，不知现在安康否？

学俄文与读书报告

全国高校院系调整，据说是为了加速培养专业人才，适应新中国成立初期的人才需求，所以将大学都办成专科性质的学校。与此同时，大学的外语教育几乎全部从英语改为俄语，因此作为大学教师都要掌握俄语。在当年浙师院生物系内，吴长春先生早年曾在张学良将军担任校长的东北大学中执教过，掌握俄语（作者自注：在看了吴先生亲属写的文章，才知道吴先生的俄语，是他后来因病在北京休养时，向一位俄国老太太邻居学的）。俞志隆先生自学俄语也已有一定的阅读能力。吴先生自愿帮助大家学习俄语。因此由系主任担纲组织一个俄语学习班，每周周五下午为集体学习时间。

学习以自学为主，依靠字典自行阅读一本统一的俄语教材，每到周五下午集体学习时，由吴先生随意指定某位出来解读，有语法上问题，由吴先生辅导解释。以后由于专业的关系，动物学与植物学两教研组分别阅读不同的教材。

我在大学时读过一年俄语，照理这种学习并不困难。但是由于我准备实验材料，要做大量的切片标本，常常没有时间去翻字典自学教材。有一次，在周五中午临时抱佛脚，找到外语系助教叶志洪，请他帮我阅读一下，以便应付下午的集体学习。岂料被人发现而受批评。

“读书报告”就是小型的学术讲座，是老浙大的传统。笔者在贝时璋先生和谈家桢先生的传记中见到有读书报告的记载，那时称为“书报讨论”。如果再推远一点，贝先生留学德国的母校图宾斯大学动物学系，每两周就举行一次这种学术活动。笔者认为，这是老浙大为建立学术氛围，特别是培养年轻人的三大法宝中最重要的一项（其他两项：一是导师制，一是强调动手能力）。每位教师根据自己的专业，阅读学术文献，也可结合研究心得，做学术报告。我的第一次读书报告是江希明先生指定的，阅读 Joseph Needham 所著 Chemical Embryology 一书中有关“Sex determination（性别的决定）”的问题，因为我当时是“组织与胚胎学”课程助教。第二次轮到我报告时，我正在参加江先生“涡虫再生生理”的研究，涉及碱性磷酸酶（AKPase）与酸性磷酸酶（ACPase）的组织化学，正在读 Pearse 的 Histochemistry 一书。我就结合1953年 Watson 与 Crick 刚发表的关于核酸双螺旋结构的文章，做了关于核酸的组织化学反应的报告，顺便还谈到核酸可能是蛋白质合成的模板。因为内容比较新，受到江先生较好的肯定。

由于每人都结合自己的读书心得做报告，内容丰富多彩，既活跃了学术气氛，又相互补充了知识，“读书报告”的确是一个做学问的好法宝。别人的许多报告，我已记忆不多，唯有在系里公布信息的小黑板上见过植物学教研组华启洪的读书报告题目《谢维尔错夫错在哪里？》（注：谢维尔错夫是苏联的生态学家），题目中有两个“错”字，觉得古怪，竟然终生未忘。

回忆这段历史，总是使我感到当年我们年轻教师的那种勤奋刻苦、奋发向上的精神，教师之间的和睦友爱，以及对老教师的那种尊重，是今天所不及的。不知青年朋友们以为然否？

与生物系的读书报告类似的学术报告，还在江希明先生所主持的浙江省动物学会中进行。当年，动物学会汇集了省市（主要是杭州市）的动物学工作者，在学术上有影响的主要有四位：江希明先生、蔡堡先生、董聿茂先生、陈士怡先生。围绕江先生的是浙师院生物系的教师，蔡堡先生身边有浙江医学院生物学教研组的教师，如庄雍熙、胡步青、耿家举、黄美华等。庄、胡两位原来也是浙大生物学系的教师，全国高校院系调整后到了浙江医学院，黄美华跟随胡步青先生研究蛇类，后来成为知名的蛇类专家。蔡堡先生知识渊博，曾在学会中开设过两次讲座。一次是讲“发生学”，从受精卵讲到三胚层发育以及以后器官形成过程中的诱导作用，还讲到德国实验胚胎学家 Spemann 的胚胎诱导工作，讲得很仔细。作为胚胎学的助教，我受益匪浅。第二次是讲“脑干的结构”，也许是内容太专业、太复杂，听者茫茫。蔡先生只讲了两次，草草结束，非常可惜。

导师制与进修计划

我国传统的培养人才的方法中，最常见和最有效的，就是师父带徒弟的“师徒制”。在现代培养高科技人才中，也有人主张采用“老师带学生”的方法（杨振宁教授曾有这种意见）。其实，这种方法（式）的本质，就是老大学中的“导师制”，过去，清华大学实行过，老浙大生物学系也实行过。

江希明先生重新建立浙师院生物系后，缺乏师资，只能自己培养。因此对新吸收的助教就实行导师制的方式培养。所谓导师制，主要是强化师生关系，强化导师的责任，强调一对一负责。当年薛艳庄的导师是江希明先生，我的导师是郁永侁先生，诸葛阳的导师是潘锡九先生，魏崇德的导师是吴宝华先生，梁海曼的导师是王曰玮先生。

实行导师制后，就在导师的指导下制订个人的“进修计划”。进修计划包括下列内容：进修方向，指某一学科方向；进修目标，指要达到某一目标，一般是以能开课作为目标；进修年限；进修方法；检查方法等等。进修方法中可以写明读哪些书，做哪些研究等等。

在我们当助教的最初几年，江先生对我们的进修计划检查得很严格，在学年结束时，他要我们汇报一年中读了哪些书，做了哪些事，有时还要问问读的书里的具体内容。植物学教研组的检查，他都委托王曰玮、吴长春两位先生。

向科学进军与申请副博士学位

1951 年以后，青年团中央提出：“学习是青年团员特别突出的任务”。浙师院也通过两条线：一条是行政——系主任主管，一条是青年团组织，对青年助教的学习进修抓得很紧。1956 年，全国从上而下提出了“向科学进军”的口号，又在媒体上大力宣传苏联的学位制。据称：苏联的大学本科毕业生，都授予有关专业的专家称号，在获得专家称号后可以进一步申请副博士学位。由此，高校青年教师大受鼓舞。向“科学进军”和向副博士进军，成了青年教师，特别是理科的青年教师最为时尚的口号和向往的追求目标。

为配合这种形势，浙师院也召开了全校的科研大会和科研成果展览会。各系展出科研成果并进行学术报告会。生物系将上山下海几次实习的成果作了展出，也将形成的论文做了学术报告，在全校颇为瞩目。历史系与笔者同届毕业的青年助教朱子善，在短短的三年中出版了专著，被视为青年助教的学习榜样。在文艺界，青年作家刘绍棠的创作成就，被高度赞扬。一时全校的学术氛围大增，教师从事科研的干劲也有显著提高，特别是青年助教，几乎个个摩拳擦掌，准备大干一场。也有人直接提出向副博士进军。更有趣的是，当时放映表现苏联人民幸福生活的电影《幸福的生活》《蜻蜓姑娘》等，一些年轻人看得都晕乎乎的。我清楚地记得，政治系一位朋友很认真地对我说："按照现在情况，大约10年，我们都可以有自己的汽车和房子。"

可惜，好景不长。1957年，反"右"风暴突然降临，对"只专不红"、"白专道路"等等的批判，铺天盖地而来。曾经弥漫一时、欢笑一场的"向科学进军"与"申请副博士学位"等等，都烟消云散。汽车、洋房当然更不用谈了。

兄弟系科

当年浙师院初成立时，在秦望山上共有10个系。文科有中文系、历史系、教育系、外语系。系主任大多是老浙大的原系主任：中文系是著名作家王西彦教授，历史系是法国史专家沈炼之教授，教育系是比较教育学专家王承绪教授，外语系是鲍屡平教授。理科有数学系、物理系、化学系、生物系、地理系。系主任也大多是老浙大的原系主任。数学系开始时主任是毛路真教授。江希明先生的夫人徐瑞云教授开始时留在老浙大数学系任系主任。后来为照顾江、徐伉俪的生活，毛路真先生与徐瑞云先生两位系主任的工作对调了一下，所以浙师院数学系的主任就换成了徐瑞云教授。物理系主任是朱福炘教授。化学系主任是王承基教授。地理系主任原来是李春芬教授，但李先生在全国高校院系调整时去了华东师范大学，所以系主任换成严德一教授。

另外还有一个体育系，从浙江师专时期就建立的。开始办在体育场路的省体育馆，后来搬到山上，所以特地在秦望山三龙头之西，新开辟一个大操场。体育系的主任是很著名的舒鸿教授。舒鸿先生是当时沪上著名影星舒适的哥哥，兄弟俩面目极像。舒先生另一亮点是曾经在美国当过国际裁判，吹过某国对某国的国际篮球比赛的哨子，因此名噪一时。舒鸿先生皮肤黝黑，脸庞俊俏，轮廓分明，有点像英国电影中的大侦探福尔摩斯。一开口，一口地道的上海本地口音，"侬个嗒，伊个嗒……"。

当年与生物系关系深的有三个系，最深的一个是化学系。生物系有三四门课仰仗于化学系，如《分析化学》《有机化学》《生物化学》以及《物化胶化》等。系主任江希明先生与王承基先生的交情也较深。有一次化学系一位工友跑到我们办公室来，手持一张字条，交给江先生。我斜眼一瞥，上面有潦潦数字"我已断炊，请急救"。我一头雾水，不知何事。只见江先生笑嘻嘻地从柜子中摸出一条香烟交给工友。原来是王承基先生的香烟断档，要求江先生支援。化学系有位全校年事最高的王琎老先生。王老是我国早期庚款留美生，化学界的老前辈，分析化学的奠基者。用现在的话说，当然就是大师级的教师。他教过生物系1956届的"分析化学"课。王老教上课时集中精神于自我演讲，眼睛不直视学生，眼光从学生的头上掠过。当要发表自己的意见或表述自己的工作时，常常说"兄弟认为……"或"兄弟曾经……"。同学们听后觉得有点好笑："有谁能与他称兄道弟啊！""有机化学"、"生物化学"课先是洪琳先生教的。后来从浙江医学院调来唐愫先生（化学系周洵钧先生的夫人）教“生物化学”。唐先生的编制先落实在化学系，后来又从化学系转入生物系（但是她的助教钱逢麟仍然留在化学系）。教育系在工程馆三楼，与我们同一大门进出，所以也熟悉。教育系由浙大与之江两校的教育系合并而成，教授最多，有8位。年岁最高、资历最深的是郑晓沧（宗海）老先生。郑老早年留学美国，师承著名教育家杜威，是杜威教育学派的重要人物之一。杜威来华讲学，郑先生作过翻译。郑先生是世界名著《小妇人》的中文译者。笔者听吴宝华先生说，郑先生身材矮小，慈眉善目，待人和气，背后被人戏称为“小妇人”。笔者见到郑先生时，郑老已高龄，但亲切、和蔼有加，礼数周正。笔者当年只是20出头的小助教。在食堂的餐桌上遇到郑老，他笑眯眯地轻声问道：“先生是哪一系的？”笔者答：“生物系。”“噢，是江希明先生的系，你贵姓啊？”“我姓毛。”“噢，是毛先生，府上在哪里？”笔者答：“桐乡。”“噢噢，与我们海宁是邻居，很近。”……此时笔者的局促不安，可以想象了。陈立先生在浙师院先是副院长，后是院长。他所在的是教育系心理学教研组。陈立先生是著名的心理学家，他的专业领域与江希明先生的人体生理学领域，有一块共同的区域，那就是巴甫洛夫的“大脑两半球的高级神经活动学说”。他曾经为我们做过“读书报告”，也曾带着朱祖祥、邵宗杰等人与我们一起开过学术讨论会。教育系还有一位资深教授就是赵冕先生，曾留学美国。可惜赵先生在1957年反“右”运动中没有逃过厄运，后半生遭受很大冲击。数学系与生物系的关系特别密切，数学系主任徐瑞云先生是江希明先生的夫人，所以两系被人戏称为“夫妻系”。笔者曾经在江、徐两位的家中偶遇数学界大师级人物陈建功先生。江先生介绍说：“这是我们系的毛树坚。”陈老原来是坐着的，就微微地站起来，轻声地说：“噢，是毛老师。”这样一位高龄的大师级教授，站起来称我老师，真让我很尴尬！但是细思之，教育系的郑老，数学系的陈老，他们有那么崇高的社会和学术地位，为什么对一个不相识的年轻人会如此和善，如此有礼数？这就是当年知识分子的教养与涵养，一种平等的“人格认知”，用如今有人很喜欢用的一个名词就是“贵族精神”。这种涵养与礼数，现在我们能有吗？是值得深思的。当年，笔者自认为是最年轻的“大学教师”，但陈老身边有一助教，只有19岁，比我还小两岁，给我印象极深。徐瑞云先生在“文革”中受冤离世，对江希明先生是晴空霹雳。笔者在“牛棚”中陪伴江先生度过了这段悲凄的时光。当然，这是后话。

当年因为教师人少，年轻助教都住在西斋、韦斋等几个宿舍，又在东斋后面一个食堂用膳。每天都低头不见抬头见，互相之间都很熟，特别是与化学系钱逢麟、童守农，教育系金锵以及团委曾钜生等，极熟。可惜，钱兄英年早逝，童兄一生坎坷，郁郁而故，钜生也未尽天年。还有一位教育系的郭行一，是住在西斋时候的邻室，郭兄讲究每天锻炼身体，身体很棒。哪知在1958年下放萧山，竟罹钩端螺旋体病而故，一去未归。我借写这篇小文的机会，向昔日的先辈师尊和几位故人表达一个晚辈和老友，在暮年时对他们的怀念和天各一方的问候！

兄弟系科的人或事，很多很多，说不尽写不完，只能割爱。真是纸短忆长啊！

跳交谊舞

在1952年全国高校院系调整之初，秦望山上有两所院校，一为浙江师范学院，一为浙江财经学院。后者只“存活”半年，在1952年秋，即并入上海的华东财经学院。两个院校的师生共同经历了一个“三反运动”，所以学生中有不少共同的活动与交往。当时的学生，很明显地显示出有几拨群体。一拨是原之江大学的学生，衣着讲究，用俗话说，很是“洋”气。西装革履不说，还有夏天穿中式纺绸衫，一副当年沪上商人小开模样。女生中也有穿旗袍的(当时社会上已见不到穿旗袍的了)。同学中男女交往比较公开，常有挽臂同行，出没在校园中。另一拨是原浙江大学学生，是当年最常见的学生装束。还有一拨是师专学生和师院新招学生，“土”气很重。有不少来自浙南、福建小城镇和山区农村的学生。衣着装束明显有差别，特别是有的男生穿有搭襻的黑色布鞋(这种布鞋一般是女性穿的)，福建来的学生有不少根本不穿鞋，在校园和教室中都赤脚。当然，随着时间推进，这种“城乡差别”也自然慢慢消失。

在这种氛围中，却不可思议地突然吹起了跳交谊舞的风，据说这是北京吹来的风。学生会邀请几位财经学院的学生作指导。原先会跳的先在都克堂翩翩起舞，一些胆子比较大的也跟着进入舞池。从此，都克堂中就响起了“蓬嚓嚓”的声音。

每周六晚上，学生会与教工工会的一些工作人员就把都克堂的椅子搬到四周，还在中央的磨光水泥地上洒上滑石粉。另外还准备音响设备，开始是用录音带(因为老唱片中都是“靡靡之音”)，后来也用唱片。放的乐曲大多是苏联歌曲，如红莓花儿开、山楂树、喀秋莎、三套车、纺织姑娘等，也有很多是粤曲，如彩云追月、步步高、葬花、游园惊梦等，偶尔也有西洋的小夜曲与摇篮曲。除了放乐曲之外，因为跳舞的人乐感不强，旋律不明，分不清三步四步(一放音乐，就有人急着问：“三步还是四步?”)，所以还要辅之以大鼓，就形成随着舞曲的“蓬嚓嚓”声。这在都克堂外面也可以听到。

教师光临舞池的以教育系的周豹为最，每场必到，而且满场飞；还有一位叫庞英，俄文教师，夫人是白俄罗斯人，也是俄文教师。生物系教师去的人不很多，仅三五人，如笔者、魏崇德、张冠春、薛艳庄等几位，还有一位先是学生，后为教师，1956届毕业生游树鹏，他腿长，跳起来舞姿优美。树鹏已于前几年去世，但是他挺拔而优雅的舞步，还留在许多人的脑海中。陈立院长很喜欢跳舞，在都克堂常可看到他与夫人的身影。生物系江希明先生是不跳舞的，当年许多年轻教师曾拉他跳舞，都没有成功。但听说有一次，陈立院长夫妇曾在江先生家中跳舞，由徐瑞云先生钢琴伴奏。江先生家是秦望山上唯一有钢琴的人家，这架钢琴在“文革”期间，“被送”给了杭大幼儿园。

苏联专家的检查

1955年冬，教育部苏联专家总顾问费拉托夫从北京来杭州检查浙江师范学院，全校视其为头等大事，上至院长下至助教、工友都动员起来了。把校园的角角落落都打扫干净。系里每个房间，每张桌椅、每个橱顶，都戴了白手套摸过，保证没有灰尘污渍。每个教师对自己的教学、科研都做了总结,以备专家检查提问。

据我回忆,苏联专家在学校检查了好几天。开始是专家向全校教师做了个报告,主要是介绍苏联大学的情况。印象较深的是谈到对青年教师的培养,他用游泳做比喻,说不能让年轻人在河水中自生自灭。我曾两次遇见专家,一次是专家由院领导(可能还有省领导)陪同来生物系参观。专家一进工程馆大门,就从上衣口袋中掏出小木梳,梳了几下头发,估计是一路走来被风吹乱了头发。事后大家议论,在这样严肃的正规场合,竟然可以做梳理头发这样的小动作,甚为诧异。第二次是我在为1958届学生上"组织与胚胎学"实验课,大家都在专心致志地观察显微镜切片。寂静中突然一伙人推门而入,一看是苏联专家。专家一进门就问:"助教呢?"(助教的发音与英语相近,一下子就能听懂),我立即略一举手,迎上前去,准备接受询问。专家不问也无表情,看了看正在观察显微镜标本的学生,就退了出去。课堂里的学生也自顾看标本,没有任何反应。这次实验课本是张冠春的课(我已调作"动物与人体生理学"助教),张有事请假,由我代班,实验内容是几种上皮组织的观察。

事后分析,专家一进门为什么就问:"助教呢?"因为助教没穿实验衣(白大褂),分不清助教与学生。因此,从苏联专家来过以后,生物系给助教都发了实验衣。

苏联专家检查结束,开了一个总结大会,焦梦晓副院长主持大会并讲了话,看上去有点紧张,讲话没有平日流畅。苏联专家做了检查总结,其中有对生物系的表扬:生物系小班(20人左右)实验课,秩序井然,教学效果好,符合教育原则。批评了浙师院教学点(教室)太分散。他看到学生课间时在校园奔跑,问:干什么? 回答是去上课。他认为教室的分布要合理。总结大会在晚上举行,地点在三龙头新膳厅(也作礼堂用)。全校师生参加,大家都站着,人头攒动,有点像农村看草台戏。江希明先生与徐瑞云先生俩人也挤在人群中,江先生穿了件蓝布棉大衣,很是醒目。后来听江先生自己说,这件棉大衣是一个亲戚的,随手拿来穿一下的。

苏联专家表扬了生物系,生物系一时声名鹊起。有些单位前来参观(当时称为"取经"),首先来的是上海师范大学生物系陆时帆先生一行。上海师大成立不久,生物系系主任陆时帆先生原是旧省立上海中学的名师(旧"省上中"是抗日战争前全国的名校)。随之而来的是浙江大学电机系主任寿俊良教授与总支书记林新民先生,他们也率领若干教师前来参观。江希明先生接待以后有事,嘱我带他们参观。由于林是原之江大学地下党负责人,之江大学撤销后在浙师院待过一段时间,担任团委书记,我认识他。相谈之下,听到不少褒奖的话。不久之后,苏州师范学院生物系系主任游先生(当年不用名片,所以不介绍名字)率领一批教师来参观。游先生是教组织胚胎学的,所以对组织胚胎学课程了解得很详细,与郁永侁先生交谈很久。苏州师院后来是苏州大学的前身的重要组成部分。当年上海中学(前身就是原"省上中")有一位生物教师叫顾巧英,是劳动模范,常常见报,红极一时。顾巧英也来参观,还给生物系学生做了报告。这些都是在苏联专家表扬以后发生的事。

过了几个月,江希明先生被委任为浙江师范学院副院长,由王曰玮先生接任生物系系主任的职务。江先生的职务是由国务院任命的,在《解放日报》上见报。在我记忆中,浙师院领导人的职务由国务院任命,仅见于江先生。江先生升任院领导,是否与苏联专家的表扬有关？有可能,但不敢肯定。

据笔者今日冷静分析,当年苏联专家对生物系的肯定和表扬是正确的。当年江希明先生在传承老浙大办学理念中,至少有三项是做得非常好的:第一,倡导高等学校教师必须进行科学研究,才能掌握科学的前沿知识,有利于教学,提高教学质量。这个观点到现在还有现实意义。它超乎至今还存在的,所谓把大学分成教学型、研究型两类的观念。第二,有一套行之有效的培养人才的方法,强调年轻教师要打好扎实的基础。第三,培养人才重视培养动手能力,强化教学中的实习与实验课教学。苏联专家表扬的小班实验课也即由此而来。

一项特殊的使命——面见谈家桢先生

魏崇德在南京大学有一位同班同学顾某。据说顾是基督徒,1953年毕业后被分配至某校,要他教有关进化论的课程,因与信仰有悖,他没有就任,就赋闲在家。1956年高教界与科技界吹响"向科学进军"的号角,因而他致信浙师院生物系,询问是否有适当的工作可以就职。1956年,中共八大后宣布阶级斗争基本结束,致力于国家的经济建设。浙师院经过苏联专家检查后,表扬多于批评,正在意气风发谋图发展。特别是生物系,还缺不少教师。因此江希明先生回复顾某希望能来杭州面谈一次。等了一段时间,顾某回信,说现在上海复旦大学也需要他,所以究竟到哪里去,很尴尬。又说他对杭州很喜欢,浙师院也很好,但复旦谈先生那里不好交代等等。江先生见信后就要我去一次上海,面见谈先生,请求谈先生松松手(复旦人多,不差一个人),让顾来杭州。江先生还写了亲笔信,叫我面呈。

在我去上海的火车上,巧遇浙师院党委书记朱子英与正在筹建杭州师专的负责人王绍良(王曾在浙师院任总务处长)。朱、王两位去上海出席一个会议。在火车上一路闲聊,拉近了我与领导之间的距离,我也向朱书记汇报了我去上海的任务。临别时,朱书记告诉我,他住在沧州饭店,有事可找他。

翌日,我先去江苏路顾某府上拜访,因为与顾某是同年龄段人,谈得很融洽。顾某仍表示他本人是愿意到杭州去。但是我想,复旦是全国重点的知名大学,而且在上海,在条件上是浙师院所不能比的。以我心度之,不会弃复旦而就浙师院,所以认为顾某说的是应酬话,不能当真。但是不管真假,至少顾某已经表达了愿意去杭州的愿望。与顾某谈话间,顾还请我吃了下午茶,有咖啡和点心,是下面咖啡店送上来的。不自然间觉得,上海的待人接物比杭州洋派得多。

再次日,我去复旦大学生物系找谈先生,谈先生在办公室接待了我,态度很随和,先问了一下几位老先生的情况,但讲到正事——顾某的问题时,态度很坚决,说复旦现在任务重,缺人。又说我还想把你们的某某调过来呢,你知道吗？我会意地点点头(其实我不很清楚)。因为他态度坚决,似乎没有商量的余地。我是"小字号"人物,还没有到能平起平坐与他争执的地步,虽然也讲了几句"你们复旦老教师多,培养人才容易","顾自己是很想去杭州的"之类的话,但毫不起作用。却被谈先生反问:"你想,他很想去杭州,可能吗？"最后只能怅怅地告辞,退出。我在返回途中直奔电信局挂长途,向江先生汇报结果。江先生电话中叫我去找朱子英书记，请示办法。我又立即赶去沧州饭店。朱书记嘱我："你明天去复旦找杨西光书记，说是我叫你找他的。请求照顾一下浙江小弟弟。你再把你们系里缺人的具体情况向杨书记汇报一下。"杨西光是大干部，要我去面见，有点胆怯。但接受朱书记的嘱咐，不敢去，也得硬着头皮去。第三天，我带着一颗忐忑不安的心去复旦大学党委办公室求见杨书记。办公室人带我到杨书记办公室，见到杨的秘书（姓名当时知道，后来忘了），秘书说：杨书记不在，有什么事可以向他说，由他转告杨书记。我在秘书面前就比较从容地讲述了有关顾某工作的情况。强调三点：一、浙师院是新建学校，缺少师资。二、顾某先联系浙师院，系里已为他安排了任务，现在等着他去工作。三、复旦是大学校，请照顾一下小兄弟，这是我们朱书记说的。秘书作了记录后说，等杨书记回来向他汇报。又说，恐怕主要还是要看生物系他们的情况。后来，等来的是谈先生给江先生来了封信。顾某一直在复旦执教。

由于这次交往，我与顾某建立了联系。顾兄曾为我在复旦图书馆借到了 Pearse 的《组织化学》原版书。在"文革"前夕，还接待过复旦大学生物系动物学教研室洪黎民副教授与顾兄，还有一位朱秀丽老师等一行，来杭州寻找实习基地。不久"文革"开始，听说他们都受到严重伤害。不知顾兄现在安康否？

1990 年，我胞兄树清自美国返家乡探亲，路过上海要我陪同拜访谈家桢先生。原来家兄与谈先生是二战时期在海外结识的老朋友。近日见谈老的令孙谈向东先生著的《谈家桢与大学科研》（2014 年，复旦大学出版社）一书，书中有谈老与家兄及另一名记者陆铿（大声）先生在开罗晤面的一段记载，还有三人的合影，如今三人都已不在人世。当时家兄拜访谈老后，急于离开上海，谈先生就邀请我们在他府上共进早餐，结识了谈夫人邱医师，我还谈了上面所述的 1956 年的往事，谈老还有点记得。谈先生在他七旬、八旬、九旬寿辰期间，都曾到过杭州。七旬大寿时，江希明、陈士怡两先生都健在。八旬来杭时，我去宾馆看望谈先生，有过叙谈。九旬那次在浙大潘云鹤校长接待他的座谈会上，还聆听过他关于目前教育问题的宏论。后来我又在西溪校区原生物系大楼接待过他，共同照了相。但此次一晤，竟是最后的永诀。现今，这段回忆中的江、谈两先生，朱、杨两书记，包括家兄等人，都已作古。我也已过八奔九，垂垂老矣。人生苦短。时乎，时乎！你可否走得慢一点？

别了，秦望山

1953 年后，浙师院在杭州城里（当年对市区的叫法）道古桥旁觅新址建新校舍，还在教师中公布建校方案。据笔者记忆，原方案中的教师家属宿舍分甲、乙、丙、丁四类型，但后来为节俭计，取消甲类，由原乙类升为甲类，为甲、乙、丙三类型。1956 年后，文科各系先后从秦望山迁移到新校舍。1958 年，理科各系也陆续下山。唯生物系迟迟不动，因为在道古桥（即后来天目山路北侧）新校址中尚未有生物系的用房。后来，浙师院用秦望山校舍与省委党校校舍作交换，生物系直到暑期才陆续下山。

省委党校是在文三路的北侧，与天目山路浙师院的后缘相隔一条路（当时文三路只有东段一小段已建成，浙师院北缘与党校之间还是田间小路）。党校的西侧有几幢大屋顶的建筑物，其中一幢还刚落成而未启用，是原省工农干部速成中学的房子。当时工农速中已完成历史使命而撤销，房子也归属党校，此时也一并交换给浙师院。生物系下山后就迁入原工农速中的新建大楼。用房当然比工程馆宽敞了许多。

笔者的宿舍在1957年暑期后从韦斋迁居绿房子。绿房子是一幢二层楼的建筑，小巧玲珑，在依山的林木间，颇具田园风光。我住在一楼103室，听说前任住户是外语系郑汝珍副教授，郑先生是归国华侨，长期单身，后调往北师大，与浙师院中文系1957届毕业生王剑芬结婚，王与内子是好朋友。在103室时的邻居，先有张明樑、周绿漪夫妇，后有许承威、盛奕夫妇。今张、周、许诸人都已作古。真是人生苦短！我在绿房子只住了约一年，就因生物系下山而离开了。

我是浙师院最后一批撤离秦望山的人员之一。在离开前，日夜有党校的人来绿房子看房子。因为党校已经把山上的宿舍分配给他们的教职工了。

社会上和学校里在反"右"的暴风骤雨以后，又在大张旗鼓地搞大批判、大跃进。"知识愈多愈愚蠢，知识愈多愈反动""贫贱者最聪明，高贵者最愚蠢"等口号铺天盖地而来。江希明先生的科研也在遭受批判。知识分子将向何处去？知识分子的命运不掌握在自己的手里！

在这样的风雨声中，我背着铺盖卷，乘着装有许多家具的卡车，从大S路下山，往城里道古桥驰去。我回头望了一眼秦望山，经济学馆哥特式的钟楼仍然矗立着，仍然像1936年初建时那样宏伟。

别了，秦望山！

信笔写来，已满满的拾多页纸了，有三万字了。就此搁笔。我写任何东西，都请我的老伴作第一读者，当镜子。记得在小学时喜欢金石之学，学刻石印。刻好以后总要放到镜子前，看看刻得如何。照镜子可以正衣冠，辨真伪，识是非，现在都很倡导。请老伴作镜子，我有三点要求：一是看看是否有"辫子"？自从巴金老人提倡说真话并做出垂范以后，我说话为文，总以说真话为第一标准。但是真话难听，真话难讲。说真话要让人抓"辫子"。所以在完成文稿之后，先让老伴检查一下有没有"辫子"。二是读起来有没有味道？因为真话常常会直率无味，而虚构的故事可以是曲折动听。"半夜鸡叫"讲周扒皮的故事情节曲折，可以入评书、上舞台，让两三代人受教育几十年，现在知道是虚构的。我的回忆是真实的，会不会索然无味呢？如果真的味同嚼蜡，那还不如不写，撕掉扔入纸篓。三是有没有自我吹嘘？回忆（或传记）文章有一个通病，就是拔高自己贬低别人，我希望不犯这个毛病。

内子看后，给了我一个很出乎意外的评语：你写的都是些"鸡毛蒜皮"，不登大雅之堂。开始不服气，但仔细一想，也是。我原本是一个小助教，接触的只是显微镜和几本洋装书，每天只是从宿舍到办公室、实验室，再到食堂。一年出不了秦望山这块670亩土地几回。接触外界极少，不了解任何事物的背景内幕，不参与任何事物的决策讨论，还有什么大事可写呢？

可是再仔细一想，我主观上的确是回避了不少"大事"和一些"小事"。

所谓大事，就是历次"运动"。有人统计，从1949年至"文革"，前后共有运动56次。这些运动从老浙大时师生参加的"土改"（浙大文科师生参加土改运动，理科没有参加）到"思想改造"，再到浙师院的"三反运动"、"武训传批判"、"批判胡适"到"反胡风学习"、"肃反运动”直到“反‘右’运动”、“交心运动”、“大跃进”、“三面红旗”……都搞得轰轰烈烈，无一落下。运动是什么？运动就是阶级斗争。阶级斗争是残酷的，是一个阶级打倒另一个阶级。笔者在本文中叙述到的早期浙师院的生活是和睦的、友爱的和愉快的，当时的青年教师是朝气蓬勃的，努力上进的。但是，每经过一个运动之后，总会产生许多不愉快的结果，总会使有些人抬不起头来。笔者个人，别无长处，但还有一点被称为“一切仁爱和良知的心理基础——恻隐之心”，看到有些人在运动以后耷拉着脑袋，我就不敢直视他们，特别是看到有些教授也被这样，我就有“斯文扫地”的感觉。由于我有这些观念和情愫，最后我把自己也搭进了运动的深渊，受侮几十年。回忆运动是痛苦的，我躲避痛苦。我对运动，一概不作回忆，不作记述。

所谓小事，就是同事、朋友间的一些小矛盾。人无完人，非完人之间有些龃龉琐事，就不必斤斤计较了。因此也不在本文中作回忆与记述。

作以上一点说明，算作本文的结尾！

2015 年 3—4 月写于美国南加州奇诺市，5 月完稿于杭州

［转载］

毛树坚忆浙大生物系历史

口述：毛树坚　　整理：陈凯伦

记录者语：早在 1930 年，浙江大学就成立了生物学系，由贝时璋先生担任第一任系主任，这是中国最早建立的高校生物系之一。老浙大生物学系鼎盛一时、蜚声国际，曾拥有贝时璋、谈家桢、罗宗洛等一批杰出的生物学家。在艰苦卓绝的抗日战争时期的流亡办学中，浙大生物学系仍有卓越的研究成果。但 1952 年全国高校院系调整，给浙大生物学系的存亡，出了一个历史难题。

院系调整后，浙大生物学系被撤销，但是浙江大学的求是精神继续在传承。原浙大生物学系系主任江希明教授调整到浙江师范学院生物系担任系主任，继续以老浙大的治学理念办学。经过半个多世纪的风雨，这个生物系，从浙师院而至杭大，经过与四校的其他属于生命科学的力量合并，又回归到了浙大，成为现在的浙江大学生命科学学院。

曾经的杭州大学生物研究所所长、生物系副主任毛树坚教授是这段历史的见证者。毛树坚教授从 1953 年起就开始在生物系做助教，从他的叙述中，我们知道了许多当时的故事，从而更加明白了求是精神传承的重要性。

从离开浙大到重回浙大

1952年全国高校院系调整，浙大生物学系解散。浙大理学院院长谈家桢先生率领了一部分生物学系师生，其中教授不到十位，还有几十名学生，合并入复旦大学生物系。

浙江师专、之江大学文理学院以及俄专等院校，再加上浙大文学院和理学院的一部分，一起组成了新的浙江师范学院，重新建立了生物系。

在院系调整之前，省里有一个浙江师专，是浙江大学与当时的文教厅合办的，办这个师专的目的是为了"培养我们自己的新一代教师"。当时师专六个系的系主任都是由浙大相关系的系主任兼任的，授课的教师也大多由浙大的教师兼职。学校地址就在现在的浙大之江校区，这也是调整后浙江师范学院的院址。

当时浙大生物学系系主任江希明先生带领部分教师留了下来，包括他在内有5位教授：江希明、董聿茂、陈士怡、王曰玮、吴长春，他们都是这个专业里的领军人物。除了留下来的五个教授，还有10个年轻的助教，另外还有5、6个讲师。这个时候系里的招生规模相对较小，只有30个人左右。

江先生是动物生理学家，是德国慕尼黑大学的博士。他秉承了浙大的求是精神与老浙大生物学系的治学理念办学。因此，老浙大生物学系的教学、科研以及人文精神等等，都得以传承。

1956年后，江希明先生出任浙江师范学院副院长，由王曰玮先生接任生物系系主任。其时，董聿茂先生担任浙江省博物馆馆长，但他一直兼职于浙江师范学院及杭大。1956年后，脱离博物馆，任职浙师院，并担任浙江省动物研究室主任，这个研究室是一个省级研究所的建制，"文革"后期合并入杭大。此是后话。

几年之后，省里领导觉得需要成立一个综合性大学，于是1958年，杭州大学成立了。杭州大学的师资都是从浙江师范学院过去的，办了半年，大家觉得有些吃力，同年十月，两所学校就合并了。

也是在这个时候，为了建好杭州大学，当时在浙江农学院做副教务长的陈士怡教授(著名的微生物学家，为酵母染色体外遗传研究做了很多贡献)被调到了杭州大学，兼生物系系主任。陈士怡先生1950年从法国留学归来，到浙大生物学系任教。院系调整后，先至浙农院任副教务长，并执教《动物学》，1958年，陈先生奉命参与筹建杭州大学，出任杭大教务长兼生物系系主任。不久，杭大与浙师院合并。陈任杭大生物系系主任，王曰玮为副主任。

这个时候的学生就开始多起来了，招生规模也扩大了，大概到一届50个左右。

到了"文化大革命"时期，出现了"砸烂生物系""读书无用论""高贵者最愚蠢"等口号，大家都开始批判生物系，实验室都被封闭。现在看来也许匪夷所思，但那时候，原来一些成绩，基本都被批判了。直到改革开放以后，在江希明先生(杭大副校长)和陈士怡先生(系主任)的带领下，生物系又重新走上正轨恢复起来，慢慢地招生规模发展到一年六七十人，之后杭大生物系迅速地发展了起来，专业进行了细分，研究所、重点实验室等陆续建立，同时也先后恢复了各专业的研究生招生工作。1998年的四校合并，生物系可以说是正式地重新回到了浙大怀抱。

传承浙大精神·重视师资

1952年全国高校院系调整之后，生物系面临重起炉灶的问题。

当时的局面是，从硬件上看，虽然一些离开的教授将手头做研究的仪器设备带走了，但是最基础的设备都留了下来，比如显微镜、玻璃仪器、部分动植物标本、切片标本以及一些化学试剂等等。当时我们用于教学的切片标本，上面都有着"浙江大学生物学系"的标签。

从软件上看，老浙大的求是精神被我们传承了下来，成为办学的支柱。拿清华老校长梅贻琦的话讲，"所谓大学者，非谓有大楼之谓也，有大师之谓也。"大学的好坏，取决于你有没有好的教授。当时留下来的老师几乎都是老浙大出身，老浙大的治学方法和理念得到了很好的继承。

其中，江希明先生起了非常关键的作用。一方面，抗战以后，老浙大生物学系的不少老师散落到全国各地了，江先生就想办法把他们调集过来。如吴宝华老师，抗日战争前是谈家桢先生的助教，后来避难在中学里。还有郁永侁先生，他是老浙大生物学系第一届的毕业生，做过贝时璋先生的助教，他当时在浙江省博物馆担任自然科学部主任。蔡壬侯先生，是浙大农学院早年的毕业生，英语很好，在国立编译馆工作过，又有农业教育的经验。江希明先生都把他们请了过来。郁先生是我的导师。

另一方面，江希明先生非常注重培养年轻教师，他对我们年轻教师的要求是非常高的。在他心中，大学老师应该要做到两点，一是一定要搞科研，二是要拥有广博的基础知识。在他看来，不搞科学研究的人，即使看了再多的书，也没办法走到学科的最前沿。

我们都对贝时璋先生的"三支粉笔"的故事印象很深。贝时璋先生当时给他的定位是胚胎学家、细胞学家，实际上在动物学方面，他门门课都能教。我没有听过他的课，但是我听吴宝华老师讲，他上课手里就是三支不同颜色的粉笔，别的什么都没有，所有的内容都在他脑子里。

讲胚胎学，外胚层用黄粉笔，中胚层用白粉笔，内胚层用红粉笔。从受精卵发育到一个胚胎，讲得清清楚楚。胚胎发育是很复杂的，现在用多媒体进行教学，那是很方便的，当时要靠嘴巴，靠黑板画图。

还有，王曰玮老师，我们聊起他时，常说他是党外的布尔什维克，为人很好，博学多才。他讲课的时候常常旁征博引，涉及的面很广，虽然听起来比较零乱，但抓来就都是知识。有些学生认为他讲得不好，我觉得他讲得很好，因为他博学，在王先生的课上可以学到好多东西，而死读书的那些同学，对他的讲课方式就不大适应了。

传承浙大精神·读书报告

在培养人才方面，我认为还有两件事是继承了老浙大的治学经验，一是读书报告，二是野外调查。

对我的成长影响非常大的一件事是做读书报告。当时江希明先生要求全系教师（特别是我们这些年轻的助教)每一个人都要定期轮流做读书报告,内容是与自己的研究方向相关的读书心得。对于系主任来说,这也是他了解系里教师情况的良好方式。江希明先生有时会把我们看的书拿过去,问问书里的内容,他对我们的学问抓得很紧。

对于青年教师来讲,也是提升自己的机会。由于当时的年轻老师普遍外文不好,做报告的老师常常拼了命看书,看到半夜。

当时的系主任就是抓教学,动物学方面,每门课的教学情况,江先生自己都很清楚。植物学方面的课,他委托王曰玮先生把关。助教也要下寝室给学生答疑。我们助教答疑,分为课堂答疑和下寝室答疑两种方式。我们下寝室的时候,学生常常会提出很多问题,问得很细,除了专业问题,还有其他各种稀奇古怪的问题,常常会把我们难倒,虽然有的问题促狭,不过也显示了当时良好的师生关系,现在回想起来还觉得很有趣。

传承浙大精神·野外调查

生物系在教学办学中,是非常强调动手能力的培养的,每年,会有一次上山,一次下海,老师们亲自去采标本。我记得第一次跟着王曰玮教授参加野外调查,大家都自己背了个行李,加一条被子,一条毯子,住在天目山的破庙里,请了一个农民给我们做饭,一早就出去采标本。天目山的蚂蟥多得不得了,那时候没有设备,我们每个人只能把裤腿扎紧。植物方面的老师采植物标本,我是采集昆虫标本。白天采集,晚上就整理标本或查对文献,进行初步鉴定。

后来我还跟董聿茂教授出过海,那次他带了四个助教。董聿茂是有名的生物学家,所以省里有关部门就借给他一条船,当时浙江省有三条铁壳的渔业指挥船,是日本人留下来的,叫浙渔1、浙渔2、浙渔3,省里借了我们其中一条。所以当年我们到了舟山后,把舟山群岛的主要岛屿都去了个遍。记得当时我们晕船,厉害的时候,手拉着床沿根本不能动,直吐到吐不出东西,连胆汁都吐出来了。但是董先生却一点不晕,照常拿了放大镜看标本。

艰苦中办学·坚守中收获

当时最艰难的事情可能就是办学经费的短缺。出去调研或者在实验室做实验,条件都是很有限的,连一个烧杯都是非常珍贵的。有一次,我曾经烧坏了一个烧杯。因为烧杯烧的时候一定要垫一个石棉网,不能直接烧。我因为心急了,没有垫石棉网,就把烧杯烧裂了。当时烧坏一个烧杯,我们年轻教师都是很紧张的,因为很怕江希明先生检查。当时有一个制度,报废的烧杯要报上去,要重新去领。当时一个保管室的老师,看我很紧张,她就说,那就不要让江先生知道好了,我才终于放下心来。

我们生物系的年轻老师都很用功,每天晚上工作到十二点以后,还要给学生准备实验。浙师院当时巡夜的人员,看到我们生物系的实验室灯一直亮到很晚,还以为我们是为了节省家里的电费才待在办公室里,其实我们住单身宿舍,根本不需要付电费。

1949年以后,强调教育与生产劳动相结合。因此,高校的科研当然必须与生产结合,为生产服务。这在高校的工、医、农院校的学科中比较容易理解并做到。但在一些属于理科的学科中，就存在一些理解与具体实行的问题。生物学原属"理科"，科学研究偏重于基础（理论）研究，如贝时璋先生的细胞重建研究，谈家桢先生的瓢虫色斑遗传研究，江希明先生的涡虫再生研究等，究竟如何去研究生产性的问题，实在心中没底。

所以我在生物系的几十年中，大家始终在基础研究与应用研究两个命题中折腾。江希明先生从涡虫的再生研究转到蜚蠊的代谢研究（认为可以结合除四害），但是在1958年又遭到批判。接着转到家鱼人工繁殖中的生理研究，但在"文革"仍然受到批判。在改革开放迎来第二个科学的春天后，转向肿瘤的免疫生物学研究，才做出了一点成绩。但是，大好的几十年时间过去了。我们的一代人，加上老一辈的人，治学的生命都在折腾中消耗了！

以我的理解，从江希明先生而至王曰玮先生、陈士怡先生对科研的态度是实事求是的，这就是求是精神。他们在基础理论研究的同时，尽量在能结合生产（实用）的范围中找研究课题，因而，在改革开放后，生物系能有较大、较多的科研成果。如，参与全国与浙江省动物志、植物志的编写，在地方志的编写中起到了主要作用，防疫工作中的鼠类研究，肿瘤防治中的免疫研究，鱼病的病毒学细胞学研究，小麦的遗传学研究，植物原生质体培养营养条件的研究，水稻基因工程研究，火腿生产中微生物发酵的催化研究等，成绩相当可观。

不是重点的重点

1956年，教育部组织苏联专家检查全国高校，当时教育部的总顾问费拉托夫，在检查了各个高校后总结说，浙江师范学院生物系是一个好的办学典型。之后其他高校的很多老师都跑过来参观。

说起来也很巧的，费拉托夫来检查的时候，正好来到我在带实验的班，正是一个小班，只有二十来个学生，大家静悄悄地在做实验，看显微镜。费拉托夫看了以后，就觉得这个场面非常符合他们苏联分小班实验的办学情况，所以他评价蛮高。

尽管当时条件很艰苦，但是还是取得了不少的研究成果。例如，对浙江地区及海洋的动植物资源（区系分类）的调查，为后来编写地方动、植物志做了准备，西湖水生生物学研究，家鱼繁殖的生理学研究等等。

从浙江师范学院开始，我们生物系的排名都比较靠前，那时候高教界人士，包括教育部，都说杭大是非重点大学的重点大学，全国的学术讨论和会议，都会请我们过去参加。

我常常跟我的学生说，我之所以能够像现在这样给你们上课，就是在20世纪50年代的时候打下的基础和积累的学问与经验。直到现在，我们当时一起走过来的老师们，还是保持着非常纯洁的友谊，这跟江希明先生当年教我们怎样做人的言传身教，密不可分，也跟浙大的治学精神对我们的影响密不可分。

编者注：本文原载《浙江大学报》第559期（2015.5.22）第4版。转载时有少许修改。

［附录］

生物系(1952—1998年)建制及系主任、教研室教师变迁一览

毛树坚　周　宏

(一)1952—1958年时期

1952年,浙江师范学院生物系成立
系主任(1952—1956年)　江希明
副主任　王曰玮
系秘书　陆曼琦(兼)
教　师　王曰玮　吴长春　吴宝华　陆曼琦　程纫兰　潘锡九　俞志隆　项斯端
　　　　毛节荣　薛艳庄　梁海曼　董聿茂(兼职)

1953年,设立教研组
动物学教研组　潘锡九　江希明　吴宝华　郁永侁　毛节荣　薛艳庄　魏崇德
　　　　　　　诸葛阳　毛树坚　董聿茂(兼职)
植物学教研组　王曰玮　吴长春　蔡壬侯　陆曼琦　俞志隆　项斯端　方云亿
　　　　　　　梁海曼　华启洪

1954年,增设动物生理学及植物生理学两个教研组
动物生理学教研组　郁永侁　江希明　张永葆　薛艳庄　毛树坚　张冠春
植物生理学教研组　王曰玮　梁海曼

1956年起,浙江省动物研究室学术由浙江师范学院生物系代管。(1971年之后浙江省动物研究室被撤销,人员全部并入杭州大学生物系。)
室主任　董聿茂
成　员　王复振　胡萸英　虞研原　张　炯　翁芷芬　陈毓山　蔡如星　陈永寿
　　　　陈佩华　田维顺　黄纯农　李桃生　邱启任　方根来　徐有荣　刘惠宾
　　　　汪富三

1956 年，生物系系主任江希明教授调任浙江师范学院副院长。

系主任(1956—1958 年)　王曰玮

副主任　薛艳庄

(二)1958—1966 年时期

1958 年，杭州大学生物系成立，浙江师范学院生物系并入杭大生物系。

1958 年“大跃进”，1959 年，生物系分设四个专业招生：动物及动物生理专业，植物及植物生理专业，生物物理专业，生物化学(含微生物)专业。学制由 4 年改为 5 年。增设生物物理学教研室。1962 年，国家执行“八字方针”，专业取消，学制仍改回 4 年制。生物物理教研室取消，大批教师外调。

系主任(1958—1966 年)　陈士怡

副主任　王曰玮　薛艳庄

动物学教研室　诸葛阳　吴宝华　毛节荣　魏崇德　张贞华　张淑德　张维贞　沈铁生　陈樟福　郑佩玉　洪庆华　毛树坚

动物生理学教研室　丁仁瑞　江希明　郁永侁　张冠春　虞承颖　蒋承浚　马志章　吴守平　乔锦祥　张宝昌　徐庆荣

植物学教研室　吴长春　王曰玮　项斯端　蔡壬侯　方云亿　陆曼琦　张朝芳　谢孝福　严素珍　应坚志

植物生理学教研室　梁海曼　李振唐　游树鹏　金逸民　汪曼丽　郑定光　计显光

生物物理学教研室　薛艳庄　陈士怡　王肖鹏　张统文　周灿松　史洪芳　沈应鋐　叶宜宾　林春甫

生物化学教研室　唐　愫　沈桂芳　翁醒华　邹庆华　江波立　蒋美珍　胡华萃　臧伟军　钱珠明　楼定淦

遗传学教研室　陈士怡　俞志隆　袁妙葆　周灿松　王志仁

(三)1966—1976 年(十年“文革”时期，暂缺)

(四)1977—1998 年时期

1978 年 9 月恢复由系主任主持工作。

1983 年成立杭州大学生物研究所，生物系与生物研究所实行“两块牌子，一个班子”的建制。

1995 年，生物系更名为生物科学与技术系。

系主任　陈士怡(1978.9—1984.4)

副主任　沈桂芳▲　周灿松△

所　长　陈士怡(1981—1984)

副所长　沈桂芳▲　毛树坚

系主任　丁仁瑞(1984.1—1987.1)

副主任　毛树坚　余象煜△　汪明荣△

系主任　丁仁瑞（1987.1—1990.10）

副主任　毛树坚　黄纯农　汪明荣△

所　长　毛树坚（1984.1—1992.7）

副所长　丁仁瑞

系主任　郑斯涌　（1990.10—1992.7）

副主任　黄纯农　陈启瑺▲　汪明荣△

系主任　黄纯农（1992.7—1996）

副主任　陈启瑺▲　吴雪昌　张　铭

所　长　黄纯农（1992.7—1996）

副所长　陈启瑺▲

1996年，生物科学与技术系又更名为生命科学学院，学院下设立生物工程系、生物科学系、生物医药系。

院　长　黄纯农（1996—1997.12）

副院长　陈启瑺　▲吴雪君　张　铭

所　长　黄纯农（1996—1997.12）

副所长　陈启瑺▲

生物工程系系主任　朱睦元

生物科学系系主任　丁　平　副主任　常　杰

生物医药系系主任　柯传奎（兼职）

动物学教研室　诸葛阳☆　董聿茂　吴宝华　毛节荣　魏崇德　毛树坚　张贞华☆
陈永寿▲　韦今来　郑佩玉▲　王淑霞　蔡如星　陈毓山
周　勤▲　姜乃澄☆　丁　平　俞大维　姜仕仁▲　郑　锋▲
赵志良▲　石斌山▲　周　宏　卢建平　杨万喜　吴惠仙▲
汪宝永▲

动物生理学教研室　丁仁瑞☆　江希明　郁永侁☆　郑斯涌　张冠春　虞研原
查士隽　张统文　马志章　田维顺　胡军祥▲　方根来▲
蒋承浚△　张宝昌△　王维义▲　张长琳▲　陆小兰▲
刘向红▲　汪信康▲　徐婉燕▲　金申初▲　王金福

植物学教研室　余象煜☆　项斯端☆　王曰玮　蔡壬侯　方云亿　张朝芳　郑朝宗
阮积惠　丁炳扬▲　叶亦聪△　陈宛如　陈启瑺▲　常　杰
周丽萍△　史美中▲　李　平▲　金维杉▲　鲍奕佳▲　于明坚
吴玉树▲　姜维梅　周启发

植物生理学教研室　梁海曼☆　李振唐☆　金逸民　游树鹏　汪曼丽　钱水苗△
余美玲△　张德美▲　钟华鑫△　方国伟▲　周菊华▲
徐礼根△　李凤玉▲　徐　程

生物化学教研室　唐　愫☆　沈桂芳▲　翁醒华☆　胡华萃　邹庆华▲　明镇寰
刘惠宾　赵　衍▲　厉　玲▲　费承伟▲　贺筱蓉▲　赵小力
李永泉△　李　加▲　袁永杭▲　王　进▲　唐　伟▲
吕建新▲　杨　帆

遗传学教研室　陈士怡☆　俞志隆☆　袁妙葆　徐阿炳　管启良　裴洪平△
周灿松△　赵章杏　黄纯农　李桃生　朱睦元　张毓芳▲
王君晖　边红武　来　芳▲　王林济▲　汪开治▲

微生物学教研室　陈士怡☆(兼)　翁芷芬☆　胡萸英　蒋承浚　曾云中　汪富三
陈佩华　徐有荣▲　吴雪昌　朱旭芬　朱晓平▲　吴根福
杨志坚　李卫旗　张东妮▲　崔志峰▲　左小明▲　童芍素▲
倪宝富▲　杜自进▲

细胞生物学教研室　毛树坚☆　邱启任　沈一雨　张　铭
(1980年成立)　李亚南▲　邵建忠　杭　绮▲　项黎新

生态学教研室　陈启瑞☆▲　诸葛阳　丁　平　石斌山▲　常　杰　葛　滢
(1992年成立)　蔡　飞▲　于明坚　裴洪平△　周　宏　刘季科

符号标记：☆ 曾任教研室主任；△ 调离教研室或生物系；▲ 已离开学校。

生物系46年间招生小统计

1952—1958年浙江师范学院时期
招收3届全日制专科生147名
招收6届全日制本科生243名
1958—1998年杭州大学时期
1958—1966年
招收8届全日制本科生243名
1970年11月—1977年3月
招收5届工农兵学员三年制本科生319名
1977—1998年
招收3届全日制专科生90名
招收22届全日制本科生1722名

瞬息永存篇

座谈会剪影

座谈会的九位倡议者

座谈会后留影

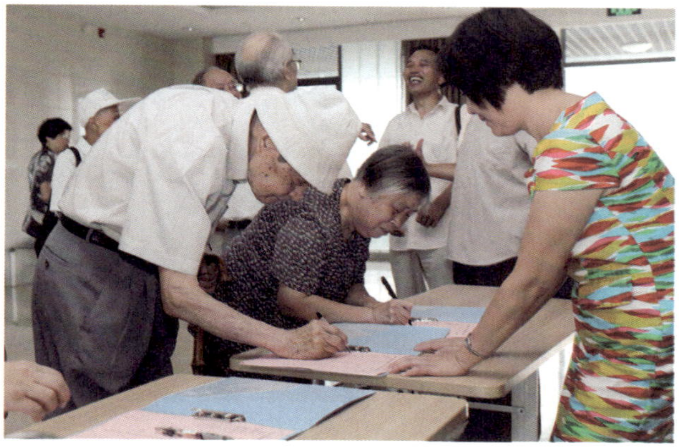

座谈会签到（从左至右俞志隆　应文霞　周宏）

丁仁瑞教授主持座谈会

罗建红副校长讲话

彭金荣院长讲话

陈子元院士讲话

郑树教授讲话

钱铭岐同志讲话

毛树坚教授讲话

薛艳庄教授讲话

郑斯涌教授讲话

马志章教授讲话

项斯端教授讲话

诸葛阳教授讲话

管敏鑫教授讲话

来自美国的校友杨亦农教授讲话

江璐女士讲话

校友学术汇报会主持人、报告人等留影（左起邵建忠　柯越海　杨亦农　管敏鑫　吴雪昌　胡汛　严庆丰）
座谈会照片均由曾新民摄影

历史生物系

1930年浙大生物学系系主任贝时璋

晚年的贝时璋院士

1935年生物学会欢送毕业会员（前左1吴长春　左5贝时璋　右5王曰玮　后右7江希明）——周亚先提供

抗战时期的老浙大生物学系,湄潭唐家祠堂旁边
——谈向东提供

1948年生物学系阳明馆前留影（前左6王曰玮　左8起谈家桢　董聿茂　吴长春　2排右4江希明）
——谈向东提供

浙江大学生物学系部分师生在1948年欢送谈家桢等三位出国留影，阳明馆前——江璐提供

1952年全国高校院系调整前老浙大生物学系全体师生在阳明馆前留影（2排左3陈士怡　左7起江希明　谈家桢　董聿茂　左11起王曰玮　吴长春　3排左3项斯端　右5俞志隆　前右1胡品堂）——罗祖玉提供

1952—1958年，浙江师范学院生物系在之江大学旧址工程馆

1958—1998年，杭州大学生物系新旧两幢生物教学大楼——源自杭州大学校友通讯录：生物科学与技术系分册

院士来访

童第周院士来杭参加免疫RNA学术会议——江璐提供

谈家桢先生在杭州——吴曾瑞等提供

1991年谈家桢院士参观杭大生物系动物生理实验室,与丁仁瑞教授交谈——源自杭州大学校友通讯录：生物科学与技术系分册

谈家桢院士由杭州大学沈善洪校长、薛艳庄书记陪同参观生物系——郁昭愈提供

1998年谈家桢院士参观浙江大学生命科学学院（西溪校区）——毛树坚提供

谈家桢院士向毛树坚教授询问生物系几位老先生的情况——毛树坚提供

姚鑫院士（左3）等参观生物化学实验室——胡华萃提供

江希明教授

江希明教授
——江璐提供

老浙大生物学系
时期的江希明
——江璐提供

1937年江希明（左3）、徐瑞云（左4）夫妇在德国，左为徐瑞云手迹
——项斯端提供

江希明、徐瑞云在德国留影

杭州大学副校长江希明（左4）——薛艳庄提供

江希明在实验室工作
——江璐提供

江希明在备课
——江璐提供

江希明与教研室同事（左丁仁瑞　右查士隽）
——胡华翠提供

1954年国庆节，江希明与浙师院生物系同事同登杭州南高峰（前左起张永保　郁永侁　俞志隆　江希明　毛树坚　后左起董聿茂　汪澄　张冠春　薛艳庄　华启洪　韩知风　梁海曼）
——薛艳庄提供

法国科学家李尘生(右2)来访（左起薛艳庄　江璐　项斯端　右1毛昭晰）
——项斯端提供

贝时璋院士细胞重建学术讨论会上的老浙江大学生物学系校友（左起姚鑫　王祖农　陈士怡　贝时璋　江希明）

与蔡堡教授等在一起（前左起江希明　蔡堡　吴宝华　后右3诸葛阳）——诸葛阳提供

江希明与他的第一位研究生周本湘（华东师大生物系教授）——江璐提供

在某鉴定会上发言，前左2为丁仁瑞
——丁仁瑞提供

江希明（右1）在省政协会议上发言
——江璐提供

1978年参加全国科技大会后在天安门留影
——江璐提供

与家人在一起（左女儿江璐　右夫人项斯端）——项斯端提供

1988年住医院期间会见来探视的（1958届）学生——余象煜提供

师恩难忘

陈士怡教授

陈士怡与教研室同事——周灿松提供

1993年春节与来拜年的同事合影（前左起黄纯农　陈士怡　汪明荣　后左起郁昭愈　汪富三　张铭　吴雪昌）——郁昭愈提供

法国巴黎大学生物学家来访——周灿松提供

王曰玮教授

1958年王曰玮在西天目山指导1959届学生实习——林秀玉提供

王曰玮在做学术报告——王文中提供

董聿茂教授

董聿茂与夫人汪澄（左）——源自董老纪念册

吴长春教授——吴巧湄等提供

生物系三老（左起董聿茂　王曰玮　江希明）——源自杭州大学校友通讯录：生物科学与技术系分册

吴长春在鉴定植物标本——吴巧湄等提供

植物学教研室同事（前左1郑朝宗　前左3吴长春　前左4蔡壬侯　中左2余象煜　中左3陆曼琦　后左1严素珍　后左2项斯端　后左4方云亿）——吴巧湄等提供

吴宝华教授

1956—1958年吴宝华（右1）在苏联进修时留影——周亚先提供

蔡壬侯教授

吴宝华在研究室——周亚先提供

蔡壬侯（右）与同事（左金逸民　中王曰玮）
——江璐提供

1980年蔡壬侯（中）与参加潮间带生态考察的研究生——蔡燕生提供

唐愫教授

庆贺唐愫70寿辰（左起胡华萃 周洵钧 唐愫 翁醒华）——翁醒华提供

唐愫与教研室同事及研究生——翁醒华提供

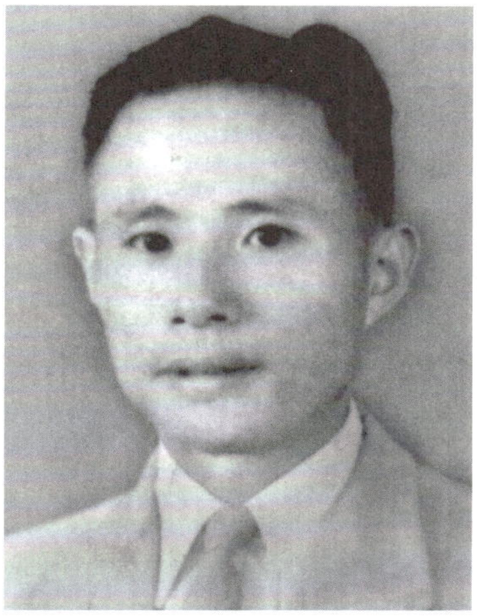

浙大生物学系第一届毕业生郁永侁先生（1933年）——郁昭愈提供

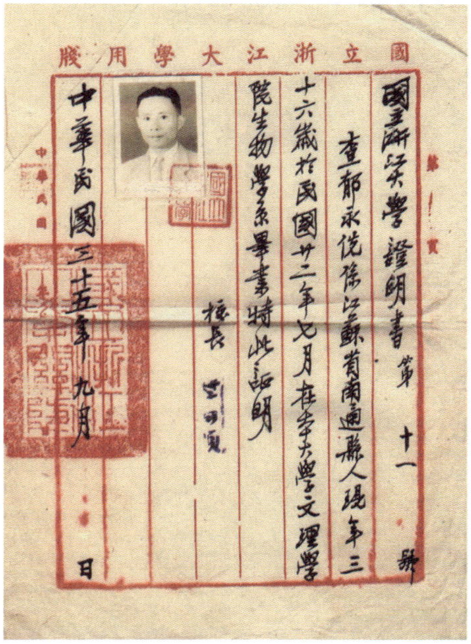

國立浙江大學用牋

國立浙江大學證明書 第十一號

查郁永侁係江蘇省南通縣人現年三十六歲於民國廿二年七月在本大學文理學院生物學系畢業特此証明

校長 竺可楨

中華民國三十五年九月 日

郁永侁的毕业证明书——郁昭愈提供

郁永侁在实验室——郁照愈提供

陆曼琦先生——黄定、黄宓提供

方云亿先生——李斌放提供

方云亿（居中坐者）在西天目山指导学生实习
——钱珠明提供

方云亿与家人（左起儿子李斌放　方云亿
李曙轩　孙子　儿媳）——李斌放提供

毛节荣先生与家人（左起长子毛承业　长女毛
学军　毛节荣　妻子卢文仙　幼子毛一心）
——毛毛提供

金逸民教授
——金一庆提供

学生为金逸民老师98岁庆生——徐礼根提供

金逸民指导学生阅读文献——金一庆提供

其 他

浙师院（1953级）首次开辟舟山实习基地时师生留影（3排左起徐关龙　梁海曼　魏崇德　诸葛阳　吴长春　董聿茂　吴宝华　薛艳庄　项斯端　沈宝生）
——郑朝宗提供

浙师院（1952级）毕业班留影——胡荚英提供

杭州大学恢复高考后1977级毕业生留影
——林娅提供

杭州大学生物系部分离退休教职工海宁观潮留影——毛树坚提供

凝结两代人心血的著作《浙江植物志》

凝结两代人心血的著作《浙江动物志》

本文集编辑委员会留影（前左起项斯端　薛艳庄　毛树坚　诸葛阳 丁仁瑞
后左起周宏　邵建忠　管敏鑫　丁平）（注：海外委员冯根生缺席）

沿着“求是”精神，踏着“创新”步伐前进！
——“第一读者”的读后感

邵建忠

编者按：作者邵建忠，浙江大学生命科学学院教授、博导，从事细胞生物学领域的教学与研究，曾任学院党委书记、副院长等职务多年。此次参与《文集》编委。在审读全集文稿后写下了这篇“读后感”。一、感念到生物系的前辈在历史上的办学、治学的理念与经历，铸就了浙大求是精神的传承，也为教育、科技界断层后新一代的迅速成长与崛起作出了贡献。二、如今，新一代精英正在风起云涌地追逐生命科学中的新生长点与新发现、新成就。沿着“求是”精神，踏着“创新”步伐，为实现把浙江大学办成世界一流大学而努力奋斗。三、作为后辈，应该记住历史，感念师恩，并且从中汲取力量！

本文题目为编者所加。

2014年春夏之交，生命科学学院毛树坚、俞志隆、薛艳庄、丁仁瑞、诸葛阳、项斯端、张冠春、梁海曼、魏崇德等九位离退休老教授（都是我的老师），通过浙大生命科学学院校友分会，倡议在第30个教师节来临之际，召开“纪念江希明教授诞辰100周年暨缅怀前辈师恩”座谈会，以表达后辈师生对前辈师尊的纪念和感恩情怀。倡议得到了广大校友的热烈响应与学校领导的大力支持。座谈会上，来自海内外百余位师生校友代表和嘉宾齐聚一堂，深切缅怀浙江大学生物学系以及在1952年后延续的浙江师范学院生物系、杭州大学生物系工作的先辈们为我国的教育与科学事业所作出的历史性功绩。座谈会后，九位教授又收到了不少纪念文稿。在毛树坚教授的积极组织下，编辑了《永恒的纪念——纪念江希明教授诞辰100周年暨缅怀前辈师恩文集》，并准备以此向浙江大学120周年华诞献礼。

笔者忝列《文集》编委，有幸先睹《文集》文稿，应主编之嘱，要我谈谈对《文集》的看法。思之再三，只能围绕《文集》，谈点浙大的求是精神以及各个历史时期生物系的办学、治学理念与成就带给我们后辈的“财富”和启示。

先辈的继承者，是断层时期的中流砥柱

《文集》中的文章都饱含深情的回忆，对前辈师尊励精图治，倾注毕生精力辛勤耕耘的感人事迹无限敬仰。曾经三尺讲台，如沐春风，而今春风虽已远去，但师恩浩荡永不忘怀。桃李不言，下自成蹊。从当年贝时璋先生创建的，又是江希明先生学习工作过的老浙大生物学系，到1952年传薪至浙江师范学院生物系、杭州大学生物系，再到1998年四校合并，得以回归新的浙大生命科学学院，求是精神与老浙大优良的办学治学传统，一代又一代地在各个历史时期的生物系传承与弘扬，生生不息。当年受到江希明教授等先辈亲炙的一

批年轻教师，经过半个多世纪的磨炼和成长，也都成为生命科学主要学科领域的专家学者和领军人物，他们是先辈们的继承者。在面对“文革”十年以后的断层，百废待兴，他们努力拼搏，开拓创新，奋勇前行，成为新的历史时期的中流砥柱。倡议召开座谈会的九位老教授就是其中的优秀代表。他们承上启下，历史铸就了他们担当重任的坚毅品格，也赋予了他们振兴教育事业的神圣职责。随着国家改革开放、科学春天的到来，他们迎来了一显身手的美好时光。在他们的辛勤耕耘下，学校教育科技事业出现了蓬勃发展的大好局面。一批批新一代的学子脱颖而出，成为今日驰骋在教育、科技等战线上的精英和栋梁之材。他们正在继续谱写浙江大学生命科学办学史上新的华丽篇章。昔日前辈们的科教强国梦想，如今正在新一代学子的努力拼搏中成为现实。

几代前辈的努力，抚育着新一代的崛起

春播桃李三千圃，秋来硕果满神州。经过几代前辈的辛勤耕耘，今天的母校又是桃李满天下，春晖遍四方。改革开放以来，众多新一代学子怀着科学报国的理想，追寻着当年前辈们的求学足迹，踌躇满志，远渡重洋。他们前往美国、英国、德国、法国、加拿大、澳大利亚等西方发达国家求学深造，进入了世界一流的科学殿堂，潜心学习研究，探求科学真理，勇攀科学高峰，在国际学术舞台激烈的竞争中脱颖而出。如今，一大批校友已成为世界著名大学、研究机构和企业的终身教授、知名学者，成为国际学术界公认的学术英才和学科领军人物。难能可贵的是，他们始终以前辈师尊为榜样，身在他乡，心系祖国，时刻不忘报效母校。如2010年春夏之交，面对生命科学发展突飞猛进、学科竞争日益激烈的国际局势，十余位旅居海外的优秀科学家校友，按捺不住对母校学科建设的牵挂之心和急迫之情，他们联合倡议学校建设一个面向未来生命科学发展方向并具有国际竞争优势的高水平生命科学研究院，以提升浙大生命科学的研究实力和学术水平。他们从全球生命科学与技术发展的战略高度，精心谋划，绘制蓝图，集聚人才。经过两年多时间的不懈努力，一个崭新的浙大生命科学研究院正式成立。如今，研究院犹如一艘满载着校友和师生们深情寄托与殷切期盼的希望之舟，从紫金港扬帆起航。人们期待着她在未来的航程中，劈波斩浪，铸就辉煌，从而在浙大生命科学办学史上留下新的浓重的笔墨。此外，在祖国日益昌盛的强大感召下，一批旅居海外的校友选择了回国创业发展。他们继承和发扬先辈们的优良传统，求是创新。他们中的众多英才，如今已成为中国科学院院士、美国科学院外籍院士、国家千人计划特聘教授、教育部长江计划特聘教授、国家“973”计划、“863”计划和重大科学研究计划的首席科学家以及具有突出贡献的中青年科学家等等。另外还涌现出一批德才兼备、锐意改革、勇于开拓的党政部门、大学和研究院所的主要领导以及企业界的风云人物。更值得敬佩的是，一大批校友们默默无闻地奋斗在国家科教等战线上，他们有的还获得全国劳动模范，国家五一劳动奖章、优秀人民教师、先进科技工作者等殊荣，赢得社会的尊重。

先辈的治学理念是培养人才的灵魂

当年江希明和陈士怡先生倡导“大学教师必须要有自己的科学研究”、“大学教师要有扎实的基础”、“生物学科学工作者必须要有动手能力”等治学、办学理念。这些理念与竺可桢老校长以及贝时璋、谈家桢先生提倡的"大学应当注重研究"的治学传统一脉相承,都强调大学教师要有比较渊博的知识,通过亲自的科学研究,掌握专业领域的前沿知识,然后才能掌握教书育人的真本领。因此,历史上的生物系历来十分重视对教师专业基础、科学素质和实践能力的综合培养。这种被称为"金字塔型"的培养方式,需要让教师有足够的时间、耐心和毅力去学习、思考和积累,不浮躁、不急功近利。当年江希明教授为了贯彻这方面的治学理念,要求教师通过广泛阅读来拓宽知识面,然后亲临其境地去研究探索,掌握前沿科学知识,从而到达应有的认知深度与广度。为此,他发动全系教师制订各种学习和研究计划,如讲师以上或有科学研究能力的教师制订"科研计划",年轻教师制订"进修计划",并为他们配备指导老师,实行导师制,一对一地进行科研与教学指导。此外,全系以教研组为单位开展"读书报告",交流前沿学科发展和科研成果,研讨学术问题,形成了浓厚的学术氛围,促进了年轻教师的成长与教学、科研的全面发展。从老浙大生物学系系主任贝时璋先生开始,一直到江希明、陈士怡教授,都十分重视师生动手能力的培养。当年办学条件艰难,很多实验设施甚至试剂都需要教师们自己动手制作,如玻璃仪器吹制,蒸馏水、纯酒精等的制备,果蝇等实验动物的饲养等。老浙大生物学系在贵州湄潭办学时常常断电,所以实验用的保温箱也只能靠燃烧炭精来维持温度。江希明先生当年研究蜚蠊呼吸代谢生理时需要用华勃氏呼吸仪,但是系里没有,江先生就带领课题组的薛艳庄老师等自己动手制作。许多教师还在实验技术上积极开动脑筋,如微生物学教研室的老师用玻璃管拉制显微解剖针,受到著名实验胚胎学家童第周院士的赞赏。艰苦的办学条件,并没有动摇师生们攀登科学高峰的信心,反而练就了他们过硬的动手能力,培养了吃苦耐劳、艰苦奋斗、创新创业的精神。这也使得生物系能够培养出众多一流的实验生物学家和优秀科技人才。如早年谈家桢先生的研究生施履吉先生(后来成为中科院院士)就是其中的代表,他不仅精于实验室技术,还会根据实验需要,自己设计和制作多种仪器设备,许多难度很高的实验,只要经他之手,总会完成得漂漂亮亮。施先生当年练得一手精湛的实验技能,一直被后人传为佳话。

青出于蓝的新一代精英人才

在重研究、重基础、重能力的治学理念指导下,历史上的生物系形成了浓厚的探索科学前沿、勇攀科学高峰的氛围,并由此带动了学科建设和人才培养。从20世纪30年代贝时璋先生开创细胞重建研究,到40年代谈家桢先生从事瓢虫鞘翅色斑变异的镶嵌显性遗传研究,再到50年代江希明先生开展涡虫再生机制与鱼类生殖生理研究以及陈士怡先生主持酵母分子遗传学研究等等,这些课题不仅都处于当年生物学研究的前沿水平,引起学术界的很大反响,而且还对国家经济建设作出了贡献。如江希明教授领导的鱼类生殖生理学研究,为我国家鱼在内塘的人工繁育,得到许多理论数据,极大地促进了水产业的发展。由于生物系具有长期的研究积累、深厚的学术功底以及优秀的人才队伍储备,即使在经历"文革"十年浩劫后,仍然能迅速地恢复办学实力,并追踪国际学术前沿。据丁仁瑞等教授回忆,"文革"结束后不久,江希明先生就敏锐地注意到肿瘤免疫学研究的前瞻性和重要性,他积极组织队伍,开展相关研究,并与郑树、丁仁瑞教授等一起,编写出版了《肿瘤生物学》专著。时至今日,三十多个年头过去了,肿瘤免疫学终于迎来了鼎盛时期,成为生物医学领域最活跃的研究热点之一。这不禁使人对江先生当年敏锐的学术眼光和对学科方向的把握肃然起敬。改革开放后不久，当年杭州大学生物学学科比较快速地又呈现出欣欣向荣的发展态势。一批传统的优势学科如动物学、植物学、微生物学、生理学、生态学等能立即出科研成果，而一些新兴的前沿学科，如分子遗传学、细胞生物学、生化与分子生物学、免疫生物学、细胞工程、基因工程、生物制药工程等，也能相继建立与完善，形成多学科的人才荟萃，协同发展的繁荣景象。早年受江希明、王曰玮、陈士怡教授等亲炙的许多老师，如俞志隆、项斯端、毛树坚、丁仁瑞、诸葛阳、梁海曼、黄纯农、郑斯涌、余象煜教授等等，都成为当年各学科的骨干与领军人物。光阴荏苒，日月如梭，转眼间他们中的多数教授，如今已进入耄耋之年，成为令我们后辈学生们敬仰的前辈师尊了。现在值得欣慰的是，当年他们所建设与发展的学科，如今都后继有人，有的取得了卓越的成就，成为当代的科技精英，如：杨焕明院士的基因组学研究、徐国良院士的表观遗传学研究、管坤良教授的细胞代谢与信号调控研究、管敏鑫教授的线粒体遗传学研究、杨小杭教授的干细胞生物学研究、冯根生教授的分子病理学研究、胡讯教授的肿瘤生物学研究、沈炳辉教授的基因突变修复机制研究、朱冠教授的病原生物学研究、杨亦农教授的植物分子遗传学研究、林鑫华教授的发育生物学研究、沈三兵教授的再生医学研究、丁焕根教授的蛋白质结构与功能研究、胡庚熙教授的生物医药应用研究、王广良博士的蛋白质修饰机制研究等等，都得到学术同行和社会的高度认可和赞誉。校友们优秀的研究与应用成果，可谓层出不穷，举不胜举。

前辈们崇尚教学，给后辈留下优秀的榜样

春风化雨，润物无声。历史上的生物系始终坚持以人为本，教书育人，形成浓厚的崇尚教学的氛围。笔者回忆当年在杭大生物系学习时，各门课程的主讲老师都是教师中的精英，他们都有扎实的基础，渊博的知识，独到的见地。老师们讲课都能达到条理清晰、说理透彻、举一反三、丰富多彩、融会贯通的境界，这与老浙大生物学系一贯的学养背景和学术传承有关。据说当年贝时璋先生始建生物系时，一个人开设全系的课，被戏称为“一人系”。实际是属于动物学范畴的课程，他都能讲授。贝先生讲课只带粉笔，不带其他东西，他在黑板上边画边讲，把一门动态的三维形态结构变化的《胚胎学》，讲得清晰透彻。使人感到贝先生授课“俯仰之间全是学问，信手拈来都是知识”。当年生物系的王曰玮教授，也能如此，他不仅能讲授植物学范围内所有的课程，还能开设《达尔文主义》、《米丘林学说》、《进化论》等。陈士怡教授是著名的微生物遗传学家，但是他当年担任了《动物学》、《组织胚胎学》和《无脊椎动物比较解剖学》的教学工作。他的教学内容博览广采，引经据典，能启迪人的智慧。

笔者的专业领域是细胞生物学，可以谈点细胞生物学课程方面的感受。我国由于“文革”等原因，在科技水平上也出现断层。20世纪的70年代《细胞生物学》几乎还处于空白时代，教学上一无教科书，二少参考书，三缺实验设备（如电镜）。我的导师毛树坚教授凭借年轻时接受的既广泛而又扎实的生物学知识基础，通过广泛阅读文献资料以及对学科内在逻辑的思考，编写了多达数十万字的教学讲义，其章节内容之系统和先进，令人赞叹，即使是在时隔三十余年后的今天阅读起来，仍不失为一部优秀的教材。毛老师授课也思路敏捷，旁征博引，缤彩纷呈，引人入胜。当年聆听他讲授《细胞生物学》课程的学生们如今回忆起来，还都记忆犹新，韵味无穷。所有这一切，用毛老师自己的话说："我之所以能够像现在这样给你们上课，就是在(20 世纪)50 年代的时候打下的基础和积累的学问与经验。"除了毛老师之外，当年其他的老师，也基本如此。回想起自己大学时代聆听丁仁瑞、诸葛阳等教授的讲座和报告，他们也个个都是基础扎实，知识渊博，才华横溢，时至今日仍印象深刻。

俗话说，冰冻三尺，非一日之寒。师辈们为什么能讲授如此多的课程，他们的讲课又为何能如此优秀卓越呢？原因很简单，就是他们严谨治学，对教育工作精益求精，一丝不苟。记得当年自己留校工作时，生物系以教研室为单位，几乎每周都要开展教学研讨，并汇报和交流科研进展，做到教学与科研紧密结合。根据学科发展动态，适时调整教学大纲，充实教学内容，鼓励教师编写教材。教学工作实行助教制度，年轻教师都要从助教做起，跟随主讲教师听课、带实验、答疑、批改作业，接受系统的培养和训练。年轻教师初次讲课，还要实行试讲制度，先尝试从某个章节开始讲授，教研室老师甚至系主任都会前去听课，针对讲课中出现的问题，有针对性地进行指导，不断改进和完善，提高教学水平。据毛树坚教授回忆，江希明先生有一个观念，认为助教阶段是大学教师最好的"补缺"和"加深基础"的时期。因为教学是一门综合性艺术，需要反复训练，积累经验，练就一身功夫。当助教可以拜师学艺，在教学艺术、专业知识、文化传承、教风学风等方面全方位向老先生学习，是补充学习的好机会。这种优良的崇尚教学的传统，在后来的很长一段时间内一直得以传承。这种崇尚教学的办学理念与榜样，值得我们今日继续传承。

沿着昔日"求是"精神，踏着"创新"步伐奋勇前进

长江后浪推前浪，江希明、陈士怡等教授的治学时代已经渐行远去。随着时代的进步，电子、数字、信息、智能化等技术水平不断提高，现代生物学技术也逐步取代过去的许多传统生物学技术，生物科学正在向揭开生命奥秘方向向前发展。今日的浙大生科院，实验设施设备精良，在办学的物质条件上，已远非老浙大生物学系可以比拟。但是，面对建设世界一流大学和一流学科的历史重任，我们还需要加倍的努力。

浙江大学的校训是"求是创新"，这是几代"浙大人"的实践形成的经验和训示，是"浙大人"共同的财富。《文集》中记载着这个财富，我在阅读《文集》的文章时，处处都可以触摸到这个财富。我们很需要借鉴这种财富来完成我们的神圣使命。传承老一辈师尊的教书育人的治学理念、对科学孜孜不倦的研究，同时还要不断地创新进取，像老一辈师尊一样，时时争取站在生命科学的前沿，只有这样，我们才能完成建设一流学科的使命。同时我们还要学习贝时璋、谈家桢、江希明等几位先辈办学的精神，他们在不同的历史时期，不同的环境条件，不同的社会需求，不同的困难逆境下，都有一股创新进取的奋斗精神，力争把生物系和生物科学办得出色，推向前进，我们也要有这种进取精神和毅力，才能完战建设一流大学的使命。

我们新一代的"浙大人"，特别是生科院人，面对时代前进的挑战，面对科技发展的挑战，面对生命科学发展的挑战，面对国家需求的挑战，面对人类需要的挑战。怎样办？《文集》给我们的启示是：沿着"求是"精神，踏着"创新"步伐，奋勇前进！

编后记

2014年5月的一天，我应我的老师——九位老教授的邀约，去参加他们的一次聚会，同时应邀的还有生命科学学院前任院长、校友分会会长管敏鑫教授和生科院前任党委书记、副院长邵建忠教授。老人们在聚会中谈到，他们希望在有生之年能为纪念他们的老师江希明教授诞辰100周年以及缅怀自1952年从老浙大延续的浙江师范学院、杭州大学生物系的先辈师尊，举行一次感恩座谈会。在可能的情况下，座谈会后出版一册纪念文集。他们希望校友会能帮助他们实现这个心愿。我们应邀的几个学生——在老人们心目中还是年轻人，在这种非常真诚的尊师感恩情愫的感召下，理所当然地答应帮助他们实现这个愿望。管敏鑫教授还主动承担，在举行座谈会的同时组织一次“校友感恩学术报告会”。

我在近几年，兼职做生命科学学院校友分会的工作，当然更应该力所能及地为实现老人们的心愿做点工作。在与有关方面层层沟通和请示以后，学校校友总会与生命科学学院有关领导都表示大力支持，我的工作就从此开始。我主要协助主编与各有关方面进行沟通联系，协助主编约稿、接稿、初审稿件、电脑编辑等。现在，《文集》即将交稿付印，捧着这沉甸甸的全集文稿，回想两年来自己参与编辑的全过程，真是受到许多深入心灵的教育，学到许多常规以外的知识，胜读十年书。

其一是尊师重道的深度化教育。《文集》的每一篇文章充盈着“尊师重道、感念师恩”的情愫。中国传统道德中有五敬：天、地、君、亲、师。如果撇开“君道”不谈。天地者，即大自然。人要敬畏大自然，人在大自然中生存，不应贪婪，应有自控，保持人与自然的协调、平衡与和谐。这是目前全世界全人类都应该做的事。亲与师，就是要讲孝道与师道，《文集》本身就是“尊师与感恩”的化身。我参与《文集》编辑，深深感受到这种传统道德和人性真善美的深度化教育，触及心灵，得益匪浅。

其二是浙江大学求是精神与治学理念的传承。《文集》反映出在1952年全国高校院系调整以后，浙江大学生物学系虽然被撤销，但是浙大的求是精神与生物学系治学理念仍在浙江师范学院、杭州大学生物系传承，而今又回归浙江大学生命科学学院。《文集》对这段46年的历史作了诠释，弥补了浙江大学生物学系历史的空缺。贝时璋老先生天堂有知，必然会为我们点赞。这在浙江大学校史中是一件大事，弥足珍贵。我作为《文集》编委而且能亲自参与其事，实属荣幸！

其三是我们的前辈，给我们树立了优秀的工作榜样。《文集》从总体的策划、定名、写序、写稿、审稿等一系列工作，无一不渗透着几位耄耋老人的汗水。特别是主编毛树坚教授，更是竭尽全力地付出。从座谈会的倡议到《文集》的策划，从向一位一位作者约稿，到一篇一篇地审稿，一字一句地斟酌。从秋到冬，从春到夏，两个轮回，七百三十个日日夜夜，都扑在《文集》上。这位八十多岁高龄的老人，置自身“脑梗”病患于不顾，只是一心一意于《文集》的早日问世。这是何等崇高的精神境界啊！

今年暑天杭城高温，全国之火炉。为赶出版时间，在8—9月的大热天，编委会委托89岁的项斯端、诸葛阳教授、87岁的薛艳庄、丁仁瑞教授审阅全集文稿，决定每一篇稿件的去留。为了《文集》能及时付印出版，用他们自己的话说：是恭恭敬敬、兢兢业业地拜读了《文集》的全部文稿，在三十六七(摄氏)度的高温下，挥汗完成了审稿任务。在四位老人中，诸葛阳、丁仁瑞两教授甚至还在病中。这样高龄的老人，在这样的条件下完成审稿任务，这在全国的出版界，恐怕也是没有的。这种工作的精神与作风，又是何等的崇高与令人敬佩！我们的师辈，永远是我们的榜样。

特别鸣谢旅美书法家、我的同窗好友钱少敏君为文集题写书名。最后还要向在工作中帮助过我的许许多多朋友再次说声“谢谢”！

周　宏

2016年11月于浙江大学紫金港

图书在版编目(CIP)数据

永恒的纪念:纪念江希明教授诞辰100周年暨缅怀前辈师恩文集/毛树坚主编. —杭州:浙江大学出版社,2017.5
ISBN 978-7-308-16911-0

Ⅰ.①永… Ⅱ.①毛… Ⅲ.①江希明(1913—1990)—纪念文集 Ⅳ.①K826.15-53

中国版本图书馆CIP数据核字(2017)第080601号

永恒的纪念——纪念江希明教授诞辰100周年暨缅怀前辈师恩文集
毛树坚 主编

责任编辑 沈国明
责任校对 冯其华
封面设计 刘依群
出版发行 浙江大学出版社
(杭州市天目山路148号 邮政编码310007)
(网址:http://www.zjupress.com)
排　　版 浙江时代出版服务有限公司
印　　刷 绍兴市越生彩印有限公司
开　　本 889mm×1194mm 1/16
印　　张 13.5
字　　数 323千
版 印 次 2017年5月第1版 2017年5月第1次印刷
书　　号 ISBN 978-7-308-16911-0
定　　价 48.00元
